本书为福建省社会科学基金项目"培养3—6岁儿童学习品质的感觉统合训练模式研究"（FJ2021X012）的研究成果

幼儿学习品质与感觉统合

邓　芳◎著

九 州 出 版 社 | 全国百佳图书出版单位

图书在版编目（CIP）数据

幼儿学习品质与感觉统合 / 邓芳著. -- 北京 ： 九州出版社，2024.10. --ISBN 978-7-5225-3315-5

Ⅰ．G442

中国国家版本馆CIP数据核字第2024MD5697号

幼儿学习品质与感觉统合

作　　者	邓　芳　著	
责任编辑	李　品	
出版发行	九州出版社	
地　　址	北京市西城区阜外大街甲 35 号（100037）	
发行电话	(010)68992190/3/5/6	
网　　址	www.jiuzhoupress.com	
印　　刷	北京星阳艺彩印刷技术有限公司	
开　　本	710 毫米 ×1000 毫米　16 开	
印　　张	19	
字　　数	235 千字	
版　　次	2024 年 12 月第 1 版	
印　　次	2024 年 12 月第 1 次印刷	
书　　号	ISBN 978-7-5225-3315-5	
定　　价	78.00 元	

前　言

　　学习品质是社会发展、情感发展、认知发展相互作用的核心，也是提高学前教育质量、促进学前教育教学转型的核心要素和关键抓手①。学习品质关注儿童如何学的过程，注重儿童教育的可持续性发展，代表着教育理念由以知识、技能为中心转向以素养、态度为中心。《3—6岁儿童学习与发展指南》使用"愿意""喜欢""主动"等词语来描述各个领域学习品质的目标，使用"不怕""敢于""乐于"等词语强调学习品质培养的重心。因学习品质概念的涵盖面广、边界模糊，且其发展具有隐蔽性、长期性等特点，因此，教师在落实"如何学"的教育理念时，存在"理解、识别与培养"方面的困难。理解与识别是教育理念转化为教育实践的桥梁，理念与实践的融合是培养的实施途径。学习品质是什么、包括什么、如何培养，是一线教师更为关注的问题。当前研究主要从家长和教师的角度分析学习品质培养所需环境，较少关注儿童个体。缺乏关于儿童如何学习、学习品质如何通过学习活动发展起来、学习品质的发展需要哪些生理和心理条件等问题的研究。儿童学习品质的培养不能

---

① ［美］Marilou Hyson:《热情投入的主动学习者：学前儿童的学习品质及其培养》，霍力岩等译，教育科学出版社，2016，第Ⅴ页。

离开具体、鲜活的学习活动，进行孤立的所谓专项训练是违背学习品质形成规律的[①]。3—6岁儿童是通过多感官参与的方式进行学习的，感官经验、情绪、运动共同促进了儿童学习。儿童动作发展，与认知、学习品质发展密切相关，而儿童的问题行为是活动参与性学习的破坏性因素，对学习品质具有一定的预测性。感觉统合理论从神经心理学的角度解析了神经功能统合障碍、问题行为和学习能力的相关性，针对儿童行为问题提出了治疗方案。实践证明，感觉统合训练能有效提高儿童的专注力、行为调节能力和参与游戏的主动性、社会性，改善儿童的问题行为和学习障碍。因此，从感觉统合训练的角度构建学习品质的培养模型，有助于教师更好地理解、评估学习品质，解决"隐蔽性""模糊性"问题，突破"理解、识别与培养"方面的困境。

根据相关研究调查发现，我国学前儿童的感觉统合失调率高达30%，且呈愈发严重的趋势。感觉统合失调会影响儿童的社交技能、情绪调节、运动技能、注意力、自我感知、学习与行为调节等。目前，幼儿感觉统合失调的改善仍以失调发生后的干预治疗为主，未能摆脱"以治病为中心"的行为模式和路径依赖[②]。感觉统合失调发生率的攀升，增加了医疗和教育负担。加强学生心理健康教育，已成为政府关心、社会关注、人民关切的问题[③]。针对这些问题，学者们提议在幼儿园中开展感觉统合教育，以达到防治一体的目的。一方面，可以改善儿童感觉统合失调问题；另一方面，可以促进儿童感官学习能力发展，提高儿童的社会适应能力

---

① 李季湄、冯晓霞：《〈3—6岁儿童学习与发展指南〉解读》，人民教育出版社，2013，第53页。

② 李哲、王莹莹、杨光：《幼儿感觉统合失调的体医融合防治体系构建——基于我国2120名幼儿的横断面研究》，《早期儿童发展》2023年第1期，第49—61页。

③ 中华人民共和国教育部：《合力筑牢学生心理健康防线》，2024-05-25，http://www.moe.gov.cn/jyb_xwfb/s5147/202405/t20240527_1132711.html.

和学习能力。而感觉统合功能的改善与提高，又能通过生理、心理和社会性三个层面促进儿童学习品质的发展，因此，有必要将两者结合起来研究。本书欲将感觉、运动、情绪和脑的整合功能联系起来构建培养学习品质的感觉统合训练模式。通过感觉统合教育帮助儿童运用感官能力进行学习、综合感官信息构建经验，增强儿童学习的主动性，进而促进儿童积极学习品质的形成。通过运动促进儿童脑区分化和神经网络连接，为学习品质的发展提供生理和心理基础。通过游戏的方式促进儿童知识、经验的整合，让儿童在游戏中体会快乐和成功，激发儿童学习的热情。本书试图从感觉统合教育、运动、游戏三个方面为教师提供教学参考策略，将学习品质培养目标融入现有的幼儿园课程体系之中，教会教师如何观察、评估、调整和反思，从而提高教师的专业技能。

　　本书共九章，第一章"感觉统合"包括感觉统合理论概述、感觉统合的神经基础、感觉统合理论的三大感觉系统、感觉统合障碍和感觉统合评估等五个部分。首先，回顾了感觉统合理论的历史发展，从最初的概念提出到 Ayres 博士的系统化理论构建，再到如今的多样化应用和发展。其次，介绍了感觉统合的神经基础。感觉统合的神经基础涉及中枢和周围神经系统的相互作用。大脑的不同区域，如大脑皮层、丘脑、下丘脑等，在感觉信息的接收、处理和整合中发挥着作用，并影响着儿童的学习。再次，从前庭觉、本体觉、触觉三大感觉出发，分析了感觉信息接收和处理的神经通路，探讨了感觉系统是如何影响儿童的学习与发展的。然后，详细介绍感觉统合障碍。通过列举不同类别感觉统合障碍在定义、临床表现、影响因素、治疗与干预上的区别，帮助教师和家长更好地理解感觉统合障碍。最后，介绍了五种不同的评估方法，帮助教师和家长掌握评估和干预的基本方法。

　　第二章"儿童学习品质"分别从学习品质的概念、构成要素和影响因素三个方面进行阐述。国内外研究的侧重点不同，在概念界定上，存在用"概念内涵"代替"概念"的问题；在构成要素方面，存在各要素间罗列层次不清晰、关系不明的问题。这些问题是导致当前幼儿园教师在学习品质培养中"理解、识别与评估"困难的关键。本书认为，对学习品质培养的研究应该回归其初衷，实现将教育重点由"学什么"向"如何学"转变。因此，本书从解决学习品质与学习关系问题的视角分析学习品质的构成，帮助教师明确儿童的学习方式、学习特点等问题。与其他研究不同，本书在分析学习品质的概念和构成要素时，增加了感觉统合理论的视角。学习品质的本质，是儿童对环境刺激信息进行加工处理过程中产生的生理和心理反应，是儿童由感觉刺激开始，将各种物理刺激转化为生物电信号，并结合自身的感官经验内化这些信号而产生的一种能力和行为表现。

第三章"感觉统合与儿童学习品质的关系"对 3—6 岁儿童学习品质、感觉统合发展特点和相关调查进行分析。调查发现，3—6 岁儿童的学习品质发展水平较高，但六大维度间存在差异性。学习品质发展的热情高于投入，年龄是影响各维度发展均衡性的主要因素，且年龄和性别存在交互影响的关系。3—6 岁儿童感觉统合失调率为 34.25%，以轻度失调为主。感觉统合各维度发展的敏感期不同，4 岁儿童的本体觉发展最好，5 岁时儿童的前庭觉发育最佳。女孩感觉统合发展水平普遍优于男孩，男孩感觉统合失调率高于女孩。感觉统合失调在一定程度上影响儿童学习品质的发展。感觉统合失调对独立、渴望、坚持三个维度的学习品质发展产生了负面影响，其中"独立"受本体失调和前庭失调的双重影响。

第四章"3—6 岁儿童学习品质发展核心"，创新点在于从感觉统合理论的视角提出了学习品质的三大核心，明确了三大核心要素之间的关系。本章主要包括学习品质核心要素和学习品质培养基模两个部分。基于感觉统合理论提出了学习品质的三个核心要素："能学""会学""好学"，且三个要素间是彼此联系、层层递进、循环往复的关系。能学是指学习信息收集、加工、学习行为输出等基础能力。会学是指良好的感官信息整合能力。好学是指获得学习心流体验的能力。三大要素具有感觉统合发展的连续性与阶层性特点，要素间逻辑清晰、功能突出，有利于教师的理解与识别。学习品质培养基模秉承"以基础促发展"的理念，以感官启动、感官学习、感官整合为基础促进儿童学习品质的发展。感官启动是指儿童启动感官系统进行学习，并建立感官反应的过程，强调神经网络的构建。感官学习是儿童运用感觉对信息进行关联与判断，建立感官学习策略，形成感觉动作与感知动作的过程，注重感官系统间的联络与整合。感官整合是儿童将感官信息进行整合，建立感官剖面，形成感官经验并产生适应性反应的过程，突出经验的整合与转化。感觉统合培养基模的三个层面与三大要素相互呼应，能从理论上丰富学习品质的培养体系。

第五章"学习品质培养的核心立场：儿童立场"，对"儿童立场"存在的问题、学习品质培养的关键点以及学习品质培养的实施途径进行分析。数字化离身学习、过度教育、唯中心论等问题，是当代学前教育面临的主要困境，这些问题在一定程度上影响了学前教育质量，制约了儿童学习品质的发展。学习品质培养的核心在于树立正确的教育观念，而"儿童立场"是教育回归儿童的关键。因此，教师要从儿童出发，树立正确的儿童观。本研究提出，教师可从环境支持、儿童经验架构、儿童基质坚守等三个方面回归儿童立场。感觉统合教育、运动、游戏，是顺应儿童天性、回归儿童立场的教育方式，更是学习品质培养的有效实施途径。

第六章"感觉统合教育"，从感觉统合失调的原因、感觉统合教育的价值及特点分析为什么要实施感觉统合教育。当前，神经系统发育异常、感知空间不足、过度教育、过度感官刺激、不良的生活行为习惯和运动不足，是导致儿童感觉统合失调的主要原因。这些问题的症结在于教育立场的偏移。回归儿童立场能促进儿童感觉统合的发展，而感觉统合的教育方式又有利于教师正确把控儿童立场的中心。感觉统合教育的儿童立场属性能促进学前教育回归儿童立场，因此，不管是感觉统合失调的防治还是实现儿童立场回归，感觉统合教育在幼儿园课程中都具有较高的价值。如何开展感觉统合教育，是教育实践中教师最为关注的问题。本书从感觉统合活动方案的设计流程和实施途径两个方面，为教师提供教学指导，以解决教师专业技能不足的问题。

第七章"智障儿童感觉统合教育"，从智障儿童的生理、心理特点入手，为教师提供智障儿童感觉统合教育指导。这一章首先分析了智障儿童的特点，旨在增加教师对智障儿童的了解。其次对比分析了感统疗法和运动疗法的区别与融合机制，帮助教师明确感觉统合治疗与运动治疗在内容、治疗目的、理论基础、基本构架等方面存在的差异。而智障儿童不仅需要感统疗法也需要运动疗法，教师应将两者进行融合，以提升康教效果。以游戏为融合载体，以儿童主动性参与为治疗核心，以感觉和动作为基础评估模式，能帮助教师有效整合两种治疗方法的优点。调整体育游戏规则、游戏组织是感统疗法与运动疗法相融合的教学实践方法。

第八章"培养儿童学习品质的体育游戏"，对体育游戏的创编原则、方法等做了详细介绍。游戏是幼儿园活动的主要形式，3—6岁儿童学习品质的培养对幼儿园体育游戏的创编提出了新的要求。教师如何围绕儿童的学习品质发展需求设计体育游戏，是实践教学中面临的又一问题。针对不同维度的学习品质发展，体育游戏创编要遵循主动性、挑战性、

前　言 | 7

发展性等原则，特殊儿童则在此基础上增加无障碍性、公平性、生活性原则。游戏的方法与步骤也需要根据学习品质的发展需求进行调整。针对不同年龄段儿童、不同要素学习品质发展的游戏方法，要凸显针对性、适宜性。

第九章"学习品质与运动课程模式"，以运动脑科学为基础构建培养学习品质的课程体系，在有效调控运动剂量效益的基础上提出课程目标、内容和评估方法。针对家长和教师最为关注的专注力问题，首先分析了影响儿童专注力发展的教育因素，其次探讨了运动促进专注力发展的效益来源，然后总结归纳了何种剂量的运动有助于专注力发展，最后依据剂量关系构建课程体系。本章创新点在于明确了儿童专注力发展与运动剂量的关系，为课程体系的构建提供了理论基础。通过梳理有关运动与脑科学的研究成果发现，运动通过脑区激活与神经网络连接、认知处理优化、动机激励等方式改善儿童的专注力。对运动效益来源的梳理，明确了运动促进儿童学习品质发展的神经机制。运动效益课程体系构建将运动课程目标从单纯的运动技能学习上升到身、心、脑的发展，是本研究的理论思想转化为实践指导的重要成果。"三大原则"和"三大课程体系结构"从理论和实践层面为教师提供教学指导，并以专注力发展为例向教师呈现学习品质课程体系应具有的特征，指导教师构建的方法。

本书前五章从理论上分析了学习品质培养中的相关问题，理论研究发现感觉统合教育、运动、游戏是培养3—6岁儿童学习品质的有效途径。第六章至第九章针对学习品质培养提出感觉统合教育、运动、游戏的教学指导策略。总体来说，本书从感觉统合理论的视角阐述了学习品质是什么以及如何培养；帮助教师明确立场，确立以儿童发展为中心的学习品质培养观；从感觉统合教育、运动、游戏三个方面提供教学参考策略，旨在帮助幼儿教师打破"能歌善舞技能取向"的禁锢，更加注重观察、引导、创设、反思等专业技能的提升。本书所提供的教学建议和课程模式仅供参考，由于每个儿童、每所幼儿园的情况具有较大差异，教师在运用前须进行本土化调整。

　　本书以理论和实践相结合的方式向教师展示了感觉统合发展视域下3—6岁儿童学习品质培养的策略，希望教师不仅能在理论上重视儿童学习品质的培养，更能在教学实践中不断调整和改进自己的教学方法和教学内容，以促进和支持儿童学习品质的可持续发展。

目　录

第一章　感觉统合

第一节　感觉统合理论概述

一、感觉统合理论的发展

Sherrington C.S（1906）和 Lashley K.S（1960）最早提出了"感觉统合"这一专业术语，并将其应用于行为和脑神经科学领域。Sherrington 在他的著作《神经系统的整合作用》（*The Integrative Action of the Nervous System*）中提出，神经系统通过一系列固定的细胞（神经元）工作，这些细胞通过"突触"（synapses）连接，形成反射弧，这是神经系统整合的基本单元，也是感官信息被大脑接收和处理的关键。Lashley 通过实验证明，记忆和学习并非局限于大脑的特定区域，而是可以在整个大脑皮层中分布。他们的研究强调了神经系统的整合作用，还有大脑在处理复杂感官输入时的复杂性和灵活性。1969 年，美国临床心理学家 A. Jean Ayres 博士首先提出了感觉统合理论，这是一种解释大脑如何接收、处理、整合来自不同感官系统的信息的理论。Ayres 认为，感觉整合过程对儿童的健康发展至关重要。她制作了感觉统合训练评估量表 SI，用于评估儿童的感觉处理能力，可帮助人们识别那些可能在感觉整合方面遇到困难的儿童。1972 年，Ayres 正式出版了感觉统合理论的第一本著作《感觉统合与学习障碍》(Sensory Integration and Learning Disorders)，详细阐述了感觉统合障碍与学习障碍之间的关系，并提出了相应的干预策略。1979 年，她又出版了《感觉统合与儿童》(Sensory Integration and the Child)，进一步探讨了感觉统合在儿童成长中的作用，以及如何通过感觉统合训练来支持儿童的成长。感觉统合理论是在各国问题儿童明显增多的背景下提出的，Ayres 发现，发展性障碍儿童，特别是自闭症儿童，普遍存在感觉问题，这些儿童在感觉和运动方面的表现较为异常。Ayres 认为，发展性障碍儿童的感觉和运动障碍可能与中枢神经系统有关，她将神经科学与儿童行为表现联系起来分析感觉问题产生的原因，并由此提出感觉统合理论。感觉统合理论认为，感觉问题（感觉统合障碍）是中枢神经系统功能整合不佳造成的。

1972 年，第一个感觉统合功能障碍研究中心（CSSID）成立。1983 年，该研究中心更名为国际感觉统合组织（SII）。起初，CSSID 的课程主要侧重于知觉运动技能，而非感觉统合。后来，Ayres、Dottie Ecker 和 Mary Silberzahn 一起丰富和完善了感觉统合课程的教学体系。1989 年，SII 出版了《感觉统合与运用测验》，感觉统合理论开始拥有了自己的评估工具。但之后，感觉统合理论迎来了分裂发展期。1991 年，Fisher 和 Murray 发现，感觉统合理论忽视了儿童自我感知的作用，他们在感觉统合理论的基础上加入了社会心理因素，构建了螺旋上升的感觉统合理论发展模型，称为感觉统合的螺旋模型。他们认为，感觉统合是一个动态的、不断发展的过程，涉及个体对感觉输入的自我调节和对社会环境的适应，个体的自我感知在感觉统合中起着关键作用。自我感知包括个体对自身身体状态和情绪状态的认识，这些内在的感知影响着个体如何解释和响应外部的感觉输入。除了生物学因素外，社会心理因素，如个体的社会经验、情绪状态、动机和认知因素等，对感觉统合也有重要影响。螺旋模型强调，个体通过与环境的不断互动来调整和优化自己的感觉统合能力。

感觉统合理论主要在作业治疗领域应用，因此很多定义沿用与作业治疗相关的术语，且经常被误解和混用。2007 年，Lucy Jane Miller 为了解决感觉统合理论不易理解和接受的问题，对感觉统合障碍进行重新定义与分类。Miller 将原来的术语"感觉统合失调"（sensory integration dysfunction，SID）修改为"感觉处理障碍"（sensory processing disorder，SPD），并将感觉处理障碍分为感觉调节障碍、感觉辨别障碍、感觉动作协调障碍。根据个体对感觉刺激行为反应的不同，感觉调节障碍可进一步细分为感觉过度反应、感觉反应不足以及感觉寻求三个亚类；将运用障碍和姿势调整障碍列为感觉动作协调障碍的子类，感觉辨别障碍则依据不同的感觉种类进行划分。同年，Miller 团队针对感觉统合理论提出一个 STAR（Sensory Treatment and Research）实践模型，从互动、治疗、指导、教育等四个方面构建新的实践指导流程。2013 年，在 Miller 团队的努力下，感觉处理障碍正式被纳入美国精神医学会出版的《精神障碍诊断与统计手册（第 5 版）：DSM-5》中，成为自闭症谱系障碍的诊断标准之一。自此，感觉统合障碍才开始正式被列为一种精神类疾病。2020 年，美国孤独症专业发展中心（NPDC）也将感觉统合训练纳入治疗方法中。后来，学者们将 Ayres 提出的感觉统合理论命名为 Ayres Sensory Integration®（ASI），而将 Sensory Processing Dysfunction（SPD）作为 Miller 感觉统合理论的代表，着重突出她在感觉统合分类上的贡献。感觉统合的研究开始逐渐细分，研究者们开始针对不同的感觉统合障碍进行单独研究。

我国大陆地区引入感觉统合理论较晚，主要从台湾地区和香港地区引入。香港地区主要采用了 Miller 的感觉统合分类理论，将感觉统合障碍称为感觉讯息处理障碍，以协康会为代表。台湾地区则引进美国和日本的感觉统合理论。1982 年，郑信雄访问位于美国的艾尔斯个人感觉统合治疗室，并将感觉统合理论与训练引入台湾，1983 年在台北进行了首次小学校园感统训练。1990 年，陈文德从日本留学归来，将日本的感觉统合理论与实用方法应用于台湾地区的幼儿教育界。1991 年，郑信雄又引进感觉统合量表，并编制感觉统合检核表，对学习困难儿童、阅读困难儿童、自闭症和情绪障碍儿童进行感觉统合治疗。1992 年，北京医科大学精神卫生研究所与我国台湾地区陈文德创办的"奇德儿脑力开发教育联盟"合作，将感觉统合训练引入我国大陆地区。任桂英（1994）、黄悦勤（1997）先后对我国大陆地区选用的评定量表进行信效度测试。此后，感觉统合训练才开始在医院、康复机构、幼儿园推广并实施，其应用范围也扩大到了学习障碍儿童、自闭症、注意力缺陷多动症、脑瘫、智障儿童。

二、感觉统合理论的假设

1. 中枢神经系统的可塑性

儿童大脑中枢神经系统的功能和结构，可以通过后天的训练得到塑造，感觉刺激训练可提升大脑神经功能的可塑性，进而改善儿童的行为问题。可塑性是指大脑结构具有可进行自我改变的能力，即大脑能够随着经验和环境的变化而调整其结构和功能。大脑的可塑性是感觉统合治疗有效的关键。感觉统合治疗通过精心设计的丰富感觉输入和多样化的感官经验，促进儿童神经通路的构建与成熟，从而有效提升感觉统合能力。中枢神经系统在持续的感觉刺激下能够发生结构和功能上的改变，从而适应环境变化。感觉刺激能带来神经元和神经网络的适应性变化，输入量的增加能够提高神经元树突的密度和感觉器官对信息刺激的敏锐性。不同种类的感觉刺激和神经通路的感觉刺激，能改变神经元之间的连接模式，重组神经网络，如增加初级运动皮层和次级运动皮层的连接。William Jenkins 和 Michael Merzenich（1987）的猴子实验证明，经过触觉训练后，猴子大脑中手指皮层区的面积增加，手指的触觉感知敏锐性提升，触觉神经网络更加发达。

2. 感觉统合是不断发展成熟的

儿童的感觉统合功能在出生时并不成熟，它是在环境刺激下不断完善和发展的。0—3 岁为儿童大脑发育的黄金期，3—7 岁为儿童大脑可塑性的最佳时期，7—10 岁为感觉统合矫正期。儿童感觉统合的发展受遗传和环境因素的双重影响。由于儿童早期感觉统合功能处于发育阶段，几乎所有的儿童都存在一定的感觉统合失调症状。经过环境刺激和后天教养，儿童的感觉统合能力不断发展，感觉统合失调症状会随年龄增长而逐渐减轻或消失。例如，在儿童早期因视觉与本体觉整合功能尚未发育成熟，几乎所有儿童的阅读都要经历"镜像字"阶段。在本体觉发育初期，儿童经常出现肌肉力量控制不准确的问题，用手拿捏物品时容易用力过大或过小。这些问题随着儿童操作次数的增加将会得到改善，最后儿童便能整合触觉、视觉、本体觉，形成良好的操作技能。

Ayres 将儿童的感觉统合分为四个层级：第一层为感觉系统，第二层为感觉动作能力，第三层为感知动作能力，第四层为功课学习训练的准备①。感觉统合能力是儿童从 0 岁到 7 岁逐渐发育成熟的。神经系统通过统合各种感官信息来构建对环境的理解，感官体验是感觉统合发展的基础。Ayres 强调感觉统合是以层级的方式发育成熟的，前一层级的发育程度是后一层级发展的基础，但前一层级发育出现障碍时会影响后一层级感觉统合功能的发展。初级感觉阶段（0—1 岁）是所有感觉统合发育成熟的基础，视觉、听觉、味觉、触觉等基本感觉最先发育成熟。感觉动作阶段（1—3 岁），儿童通过感觉器官获取内外环境的感觉刺激，并计划与执行适应行为反应。高级感觉阶段（3—11 岁）的发展建立在感觉动作发育成熟的基础上，儿童将感官体验应用到感觉信息的组织、加工和处理中，形成复杂的认知、执行适应性动作任务的过程。只有初级感觉和感觉动作发育成熟，儿童的高级感觉才开始发展。感觉统合理论假设每个阶段是层层递进并不断发育成熟的，这与皮亚杰的认知发展理论相似。每个阶段的行为模式是逐渐发展而不是突然改变的，前一阶段的特征与后一阶段的特征会有所重合，即在某个时期，儿童的行为模式会同时出现两个阶段的特点，并且这一过程会不断反复。

3. 大脑功能是以一个完整的整体进行运作的

感觉统合理论认为，大脑各个感觉系统间是相互联系、彼此关联的，感觉信息的加工处理是感觉系统间信息整合的结果。前庭觉系统是感觉统合的三大感觉系统之一，对儿童的警醒水平具有重要影响。Ayres 指出，大脑是一个有组织的系统，各系统间功能的整合是感觉统合发展的基础，也是儿童学习的基础。感觉间整合可以发生在单个神经元、细胞核、间脑、整个脑半球甚至两个脑半球之间，中枢神经系统通过聚合来自不同

---

① ［美］卡洛尔·斯多克·克朗诺威兹：《帮孩子找到缺失的"感觉拼图"》，周常译，中国发展出版社，2017，第 270 页。

感觉器官的感觉信息完成信息整合 ①。在聚合过程中，许多细胞突起在一个位点上形成突触，大量的信息被聚集 ②。这种信息的聚合与整合帮助儿童形成了对周围环境的整体认知。大脑对感觉信息的加工处理不是单个感觉系统可以独自完成的，例如，视觉信息加工形成视知觉信息的过程，需要整合视觉、触觉、前庭觉和本体觉等信息。

4. 适应性反应是感觉统合功能的外在表现形式

适应性反应促进感觉统合功能，儿童行为的好质素反映感觉统合功能 ③。适应性反应是儿童对环境刺激所产生的行为表现。感觉统合治疗的核心原理是，通过有目的的感觉刺激和儿童的主动参与，诱发适应性反应，旨在通过增强儿童的感觉处理能力来改善问题行为。治疗过程中，儿童首先需要调节对感觉输入的响应，然后辨别不同的感觉信息。最后这些信息与儿童的感官经验相结合，并与当前环境的要求相协调，以形成有计划和组织的行为。感觉统合治疗涉及一个复杂的信息加工过程，其中包括自上而下的高级认知功能，如注意力控制和决策制定以及自下而上的感官信息传递。这种双向加工过程确保儿童能够对环境变化做出灵活而有效的适应性反应。

5. 儿童具有通过感觉动作活动发展感觉统合能力的内驱力

Ayres 认为，儿童感觉统合失调是因为缺乏参与感觉运动活动的内驱力，因此，儿童参与感觉动作活动的主动性是治疗感觉统合失调的关键性因素。这一假设在 Fisher 和 Murray 的感觉统合螺旋模型中体现最为突

① Lane S J, Mailloux Z, Schoen S, et al. "Neural Foundations of Ayres Sensory Integration®," *Brain Sciences*, 2019, 9(7): 153.
② ［美］安妮塔·邦迪、［美］雪莱·莱恩主编:《感觉统合理论与实践》，韩平等译，厦门大学出版社，2022，第60页。
③ ［美］安妮塔·邦迪、［美］雪莱·莱恩主编:《感觉统合理论与实践》，韩平等译，厦门大学出版社，2022，第16页。

出，内驱力是产生适应性行为的必要条件。

在自闭症儿童的感觉统合治疗中发现，自闭症儿童尝试和接受新经验、新挑战的内驱力不足，他们的感觉统合能力也明显低于普通儿童。儿童通过参加感觉动作活动可以获得满足感、自信、自我控制，而自我实现的获得又进一步增加了儿童参与活动的内驱力。因此，内驱力和自我实现是感觉统合治疗的核心要素。

三、感觉统合的理论依据

皮亚杰认为，儿童的认知发展是阶段性的，每个阶段具有不同的思维特点。儿童的认知发展阶段具有顺序性，即每个阶段的发展都必须建立在前一阶段的基础上，不能越级发展。他将儿童的认知发展分为四个阶段：感觉运动阶段（0—2岁）、前运算阶段（2—7岁）、具体运算阶段（7—11岁）和形式运算阶段（11岁以上）。

1. 感觉运动阶段（0—2岁）

感觉运动阶段的儿童通过感觉和运动发展认知，他们主要运用不同的感觉器官进行学习。儿童从最初的反射动作中慢慢发展主动控制的能力，通过感觉器官观察周围的世界，并进行探索，积累经验。感觉运动阶段的感官发展和感官经验是儿童感知觉、概念、语言等发展的基础。客体永久性概念的获得，证明儿童是通过动作来完成知识和经验的同化与顺化的，从只有被感知才意识到客体的存在，再到客体永存的认知发展成熟，是一个连续发展的过程。感觉运动阶段先后经历了反射活动、初级循环反应、二级循环反应、二级循环反应间的协调、三级循环反应、符合问题解决等 6 个次级阶段 ①。儿童经过"反射—非反射—身体图示—心理表征"等不同阶段的功能发展，最终获得客体永存的概念。

儿童通过触摸、抓握、品尝和观察等感觉探索行为了解物体的属性，形成对事物特征的认知，如物体的形状、颜色、材质和温度。翻身、坐立、爬行、行走等动作技能的形成增加了肌肉的控制和协调能力。儿童开始认识身体与空间的关系，运用有目的的身体活动探索与认知世界。儿童通过视觉、听觉、触觉、味觉、嗅觉等与身体动作相联系，建立了感觉—动作身体图式，这为未来高级感觉统合功能的发展奠定了基础。此阶段感觉统合失调会影响儿童感官的敏锐性，降低对感官刺激的识别度，并影响神经系统兴奋与抑制的调节。

2. 前运算阶段（2—7 岁）

前运算阶段的儿童开始运用符号理解周围世界，通过不同形式的身体活动和不同种类的感觉刺激，促进大脑神经网络的连接。自我中心、泛灵化、刻板思维和前逻辑推理是此阶段儿童认知发展的主要特征。儿童的符号思维在前期具体形象思维发展的基础上逐渐形成，他们能将感官感知与感官经验相结合形成自己的认知模式，并逐渐构建起符号与感官之间的联系。随着儿童行为活动的增加，了解的知识、经验越来越丰富，他们会逐渐减少自我中心、泛灵化、刻板思维，从而更好地理解主体与客体的关系。儿童的大脑神经细胞连接增强，接收不同感觉信息的大脑皮层活动增加。

随着神经通路的活跃和连接增强，儿童对事物的感知能力不断发展，感知动作能力也随之发展成熟。身体的自我感知帮助儿童获得感知概念，与周围环境的互动、反馈，帮助儿童建立动作行为与环境反馈间的联系。

---

① 洪秀敏：《儿童发展理论与应用》，北京师范大学出版社，2015，第 104 页。

若此阶段儿童缺乏必要的感官刺激，将影响他们对事物特征的感知，难以建立感官体验与概念之间的联系。感觉统合功能的发育异常不仅影响儿童的认知功能，还影响儿童的语言发展（语义理解与发音）和社会交往（情绪的识别与自我情绪调节）。

3. 具体运算阶段（7—11岁）

具体运算阶段是儿童高级认知功能的发展期，此时儿童的排序、归类和概念能力开始发展。

经过前运算阶段大脑皮层的发育成熟，儿童已经呈现去自我中心化趋势，开始进行高层级的推理运算。然而，此时儿童的运算推理还需要结合具体事物进行，尚未达到抽象符号推理阶段。6—7岁时，儿童已能掌握数的守恒，7岁后了解质量、数和位置守恒，此后逐渐掌握时间、面积与体积守恒等[①]。守恒概念的掌握，标志着儿童对世界的认知从依赖于感官知觉转移到了逻辑推理[②]。

具体运算阶段是感觉统合高级功能的成熟时期，此时儿童已经具备学习和准备能力。感觉统合功能的成熟，特别是不同感觉系统间信息整合功能的发展，让儿童学会运用感官经验来思考和解决问题，并根据环境不同进行自我调节和控制。此阶段的感觉统合失调常表现为对活动缺乏参与的热情、无法长时间专注于学习活动，社会交往方面也可能存在适应群体困难、社会规则意识淡薄等。

4. 形式运算阶段（11岁以上）

形式运算阶段代表儿童的认知发展进入高级阶段，已接近成人水平。此阶段，儿童的抽象逻辑思维发展，可以脱离实际操作解决问题，也可

---

① 洪秀敏：《儿童发展理论与应用》，北京师范大学出版社，2015，第106页。

② ［英］H.鲁道夫·谢弗：《儿童心理学》，王莉译，电子工业出版社，2016，第170页。

以基于假设进行思考。儿童的思维发展已经系统化、理性化、抽象化、综合化，其运算的方式更为复杂，对抽象事物的推理更为全面客观，并具备更为高级的解决问题方式。儿童的逻辑推理能力、抽象思维、灵活思维、系统思维均得到发展，思维模式由具体形象思维转向抽象逻辑思维，并构建起身体与心理之间的联系。

形式运算阶段，儿童的感觉统合高级功能已经成熟，其推理、运算、判断、计划调整等认知功能的发展影响着儿童对感觉刺激所做出的行为决策。儿童如何计划、执行与调整行为表现，不仅与感觉统合功能有关，还与儿童的思维模式密不可分。计划、执行与调整行为是儿童适应不同环境的基础，社交互动技能也是由此发展而来。此阶段的感觉统合失调将影响儿童的行为模式和个性发展，主要表现为适应性行为困难，进而影响儿童的学业和将来的工作。

第二节　感觉统合的神经基础

感觉统合理论是解释神经系统功能与行为表现障碍关系的理论，对神经系统功能的解析是理解感觉统合理论的核心。感觉统合是指神经系统处理和加工感觉刺激的过程，神经系统的协调与整合是儿童认知世界的生理基础。神经系统负责接收、处理和传递信息，根据神经系统的结构和功能可分为中枢神经系统和周围神经系统两大类。中枢神经系统中，大脑主要负责处理感觉信息、控制运动、思考、记忆和其他复杂功能；脊髓则负责连接大脑和周围神经系统，传递信息和执行一些简单的反射动作。周围神经系统包括自主神经系统和躯体神经系统。自主神经系统，通过感知器官、腺体的压力和牵拉刺激以及机体对化学、疼痛和温度的感知，来调节机体的血压、心率、呼吸和消化功能[①]。躯体神经系统负责将来自皮肤、肌肉和关节的感觉信息传递到中枢神经系统（大脑和脊髓），同时将中枢神经系统的运动指令传递到肌肉，以控制和指挥身体活动。感觉统合理论更注重中枢神经系统和躯体神经系统的功能。

一、中枢神经系统

中枢神经系统由脑和脊髓组成，脑负责处理感觉信息，脊髓负责接收和传递感觉信息。脑的结构和功能如表 1-1。

表 1-1 脑的结构和功能

结构	主要功能
大脑皮层	自主运动、感觉、学习、记忆、思维、情绪及意识中枢
丘脑	将感觉信息传递到皮层中间站
下丘脑	饥饿、干渴、体温和其他内脏及躯体功能控制中枢
胼胝体	连接大脑两个半球的纤维束
中脑	信息传导和转换中心
小脑	控制肌肉的紧张程度和身体的平衡，并协调熟练动作
网状结构	觉醒、注意、运动和反射中枢
延髓	呼吸、吞咽、消化及心率控制中枢
脊髓	感觉和运动神经冲动传导通路；局部反射（反射弧）

注：本表内容来自《心理学导论：思想与行为的认识之路》（第 13 版）[②]中的人脑结构以及重要脑区功能简图。

---

① [美]安妮塔·邦迪、[美]雪莱·莱恩主编：《感觉统合理论与实践》，韩平等译，厦门大学出版社，2022，第 55 页。
② [美]Dennis Coon，John O. Mitterer：《心理学导论——思想与行为的认识之路》（第 13 版），郑钢等译，中国轻工业出版社，2014，彩图 2.19。

（一）大脑皮层

大脑皮层是大脑半球的外层，由密集的神经元网络组成，是调节高级脑功能的中枢，包括感知、思维、决策和语言等。来自感觉器官的信息通过神经传导通路传递，并最终汇聚于大脑皮层。作为感觉系统的指挥中心，大脑皮层对接收到的感觉信息进行全面的检测、加工、调节、辨别、组织和计划。经过一系列复杂的处理后，大脑皮层将感觉刺激转化为具体的执行指令，并通过脊髓向下传递，指导身体的运动和行为反应。在大脑解剖学上，大脑皮层被分为额叶、颞叶、顶叶、枕叶等四个不同的脑叶，每个脑叶有不同的功能。各脑叶之间通过神经纤维相互连接，参与复杂的神经网络，共同支持各种认知和感觉功能。

1. 额叶

额叶是人类大脑中最大的部分，对认知功能至关重要，特别是在执行功能、决策、社交和情绪调节等方面。同时，额叶也负责运动控制。额叶包括初级运动区、额叶联合区、布洛卡区、前额叶区等。初级运动区位于额叶顶部，呈弧形，主要控制身体运动。它接收来自感觉系统的信息输入，帮助规划和调整运动反应，以适应外部环境。在执行动作时，初级运动区整合来自肌肉、关节和皮肤的感觉反馈，以精细调整运动。初级运动区在跨模态整合中也发挥着重要作用，它能够将视觉、听觉和触觉等多种感觉信息结合起来，以协调个体对环境的感知。额叶联合区负责加工和处理各种感觉刺激，它将接收到的感觉刺激与过往经验、记忆进行联系，进而识别感觉刺激的新异性。同时，它还参与其他高级活动。例如，语言。额叶联合区通过与顶叶、颞叶和枕叶等其他脑区连接，参与感觉信息的整合。这种整合能力使得儿童能够将来自不同感官通道的信息融合在一起，形成统一的感知体验。布洛卡区位于左侧额叶联合区，是人类的语言中枢，主要控制语言的产生和表达。前额叶区位于额叶前端，负责自我概念的形成，是额叶中最发达的部分，包括背侧前额叶皮层和腹内侧前额叶皮层。背侧前额叶皮层在执行任务时具有规划、组织功能，它还是行为决策风险评估中心，具有抑制冲动行为的功能。腹内侧前额叶皮层在情绪调节、奖赏与动机、社会认知和道德评判方面具有重要作用。其中，眶额皮层与情绪加工和调节的关系尤为密切。背侧前额叶皮层和腹内侧前额叶皮层通过与其他感觉处理区域的连接，参与感觉信息的整合。这种整合对于形成统一的感知体验和适应性行为至关重要。前额叶区功能障碍可能导致执行功能障碍、情绪失调、决策困难和社会行为异常等问题。

2. 顶叶

顶叶位于大脑的顶端，是躯体感觉的接收中心，主要接收触觉、压力、温度、疼痛等感觉信息，还负责空间定位和注意力控制。例如，儿童通过触觉和动手操作来探索和理解物体的功能，识别物体的质地。顶叶包括初级躯体感觉区、次级躯体感觉区、顶上小叶、顶下小叶四个部分。初级躯体感觉区负责接收和处理来自身体各部位的感觉信息，如触觉、压力、震动、温度和疼痛等，是儿童探索环境和学习新事物的基础。次级躯体感觉区则负责接收和处理更为复杂的感觉信息，如识别物体的形状、大小等。顶上小叶负责空间定位、视觉空间感知和注意力控制，与空间感知和视觉信息处理密切相关。顶上小叶可以帮助儿童理解自己在环境中的位置和与周围物体的相对距离，对精确的手眼协调和运动规划至关重要。顶下小叶参与处理空间信息、数学思维、语言理解和注意力分配，在多模态感觉整合中起到核心作用，整合视觉、触觉和本体感觉的信息，帮助儿童形成对环境的全面感知。顶叶的功能障碍可能导致感觉丧失、空间定位困难、注意力缺陷、数学和阅读理解障碍等问题。

3. 颞叶

颞叶位于大脑的两侧，负责处理听觉信息、记忆、情感和语言理解。颞叶包括初级听觉皮层、次级听觉皮层、威尔尼克区、颞下回、海马体、杏仁核。初级听觉皮层和次级听觉皮层负责接收和处理听觉信息，如声音的频率、识别和定位。威尔尼克区主要功能是语言的理解，与布洛卡区共同构成大脑的语言中枢。颞下回主要功能为面部和物体识别。海马体是形成记忆和巩固长期记忆的关键结构。杏仁核是情感处理和情绪记忆的中心。海马体和杏仁核相互配合形成情感记忆，对于学习和决策至关重要。颞叶功能障碍可能导致听觉障碍、语言理解困难、记忆问题、情绪失调和社交行为异常等问题。

4. 枕叶

枕叶位于大脑皮层的后部，主要负责接收和处理视觉信息。枕叶包括初级视觉区、次级视觉区和视觉联合区三个部分。初级视觉皮层和次级视觉皮层，是视觉信息处理的起点。初级视觉区主要接收来自眼睛的视觉信号，负责基本的视觉特征提取，如边缘检测、方向和运动。次级视觉区用于处理更高级的视觉信息，如物体识别、形状识别和颜色感知。视觉联合区处理物体和场景的理解、立体视觉与运动、视觉记忆的检索以及视觉指导的行为。枕叶在视觉注意力的调节中也起着重要作用，它可以帮助儿童集中注意力于视觉场景中的特定元素。枕叶还参与将视觉信息与其他感官信息（如听觉和触觉）整合，形成多感官的感知体验。枕叶的功能障碍可能导致视觉障碍、空间定位困难、物体识别问题和学习障碍。

（二）间脑

间脑位于中脑和端脑之间，包括上丘脑、背侧丘脑、后丘脑、底丘脑和下丘脑，主要功能为控制神经内分泌活动、调节体温、调控情绪和昼夜节律。背侧丘脑是大脑皮层的主要感觉中继站，它接收来自身体各部位的感觉信号，并将这些信号传递到相应的大脑皮层区域。背侧丘脑不仅处理视觉、听觉信息，还参与运动和认知功能的调节。后丘脑是视觉、听觉信息传递的中继站，但与背侧丘脑在信息处理上存在差异，主要处理与空间定位和注意力相关的反应。底丘脑主要负责声音的定位和识别，并与运动控制有关，特别是通过与基底神经节相互作用，参与调节运动的启动和抑制。下丘脑通过垂体调节神经内分泌活动，还可通过血液调节体温等，并与边缘系统相互作用，参与情绪和性行为的调节。间脑功能障碍将影响儿童的记忆、情绪调节、注意力等，降低儿童的学习能力和整体认知功能。

（三）脑干

脑干主要由延髓、脑桥和中脑组成，负责连接上下感觉传输通路，同时还是生命的调节中枢。延髓负责控制呼吸、心跳和血压的基本功能，并含有许多与味觉和触觉相关的核团，这些核团影响儿童的初步感觉处理。脑桥负责传递大脑皮层发出的运动指令，参与调节睡眠、注意力和眼球运动等功能。中脑负责感觉传导、视听信息的处理、眼球运动控制以及自主神经系统的调节等。脑干的网状结构接收感觉系统传来的信息，并将这些信息传输到中枢神经的各个部位，在学习活动中具有维持警觉和唤醒的作用。

（四）小脑

小脑是运动调节中枢，位于枕叶下方，由古小脑、旧小脑和新小脑组成。小脑具有控制身体运动、肌肉张力，调节神经—肌肉兴奋性，协调眼球运动，维持身体平衡等功能。古小脑主要接收前庭觉信息，用于维持身体平衡和协调眼球运动。旧小脑主要控制肌肉张力，协调四肢运动。旧小脑和古小脑共同参与处理前庭信息，对维持身体平衡和姿势控制至关重要。新小脑参与复杂运动的规划和协调，调控精细运动，如手眼协调。新小脑通过接收来自大脑皮层、脊髓和前庭系统的感觉信息来调整运动，帮助儿童完成复杂的运动技能。小脑功能障碍将影响儿童的双侧协调。

（五）边缘系统

边缘系统由海马体、杏仁核、下丘脑等组成，参与动机、情绪、体温等内环境的调节。海马体是记忆形成和存储的关键结构，帮助儿童将感觉体验转化为长期记忆，使儿童能够从过去的经验中学习并适应新环境。例如，海马体帮助儿童记住特定感觉刺激与特定动作或反应之间的关联。杏仁核负责情绪处理，特别是恐惧和愉悦情绪。杏仁核对情绪性感觉信息的评估和反应起关键作用，因此会影响儿童的情绪调节能力。例如，杏仁核帮助儿童识别潜在的威胁并产生适当的情绪反应，这对于社交互动和环境适应是必要的。海马和杏仁核的配合形成情绪记忆，促进了儿童对复杂环境的适应性和学习能力。下丘脑负责调节情绪，特别是学习活动中的情绪体验，是学习动机的主要控制中枢。下丘脑还与内分泌系统紧密相连，通过激素调节影响身体对感觉输入的响应，帮助儿童维持生理平衡，确保他们能够在各种感觉环境中保持稳定和舒适。边缘系统还与注意力、决策和解决问题等认知功能有关。边缘系统功能异常会影响儿童学习的注意力。

二、周围神经系统

周围神经系统是连接脑、脊髓和各器官系统的各种末梢结构的神经组成[①]。周围神经系统负责自下而上的感觉信息传导（感觉神经元）和自上而下的动作指令传递（运动神经元）。上行通路将感觉信息从身体各部位传递到中枢神经系统，下行传导则将中枢神经系统的指令传递给肌肉和腺体，从而控制身体的运动和腺体分泌。周围神经系统包括 12 对脑神经和 31 对脊髓神经。

1. 脑神经

脑神经是与脑相连的 12 对神经，负责传递头部、颈部、胸部和腹部的感觉和运动信息，主要控制脑部和部分内脏的协调。12 对脑神经按出入颅腔的前后顺序依次为嗅神经、视神经、动眼神经、滑车神经、三叉神经、外展神经、面神经、位听神经、舌咽神经、迷走神经、副神经和舌下神经，每种神经各 1 对。其中，嗅神经、视神经和位听神经是纯感觉部分，将嗅觉、视觉、听觉冲动传向中枢；动眼神经、滑车神经、外展神经、副神经、舌下神经是运动性部分，把中枢的信息传给感受器[②]。在儿童学习活动中，脑神经主要支持视觉和听觉感知，参与面部表情和语言表达，并维持身体平衡和协调。例如，视神经和动眼神经的协调配合促进了儿童视觉感知的形成，眼球运动控制和视觉专注是阅读、观察等学习基础能力发展的基础。听神经负责听觉信息的传递和内耳平衡信息的接收，有助于儿童语言学习与理解。迷走神经调节心脏、呼吸和消

---

① 运动解剖学编写组:《运动解剖学》, 北京体育大学出版社, 2013, 第 423 页。
② 百度百科:《周围神经系统》, 2023-12-05, https://baike.baidu.com/item/%E5%91%A8%E5%9B%B4%E7%A5%9E%E7%BB%8F%E7%B3%BB%E7%BB%9F/1561008.

化等节律性功能，对于维持身体内稳态平衡和专注学习状态非常重要。副神经是迷走神经的一部分，副神经通过调节杏仁核和前额叶皮层的活动，帮助儿童更好地管理情绪。此外，副神经还与海马体等脑区相连，有助于提高儿童的学习记忆能力，从而提高学习效率。

2. 脊髓神经

脊髓神经负责躯体感觉与动作信息的传导。脊髓神经包括 8 对颈神经、12 对胸神经、5 对腰神经、5 对骶神经和 1 对尾神经。脊髓神经主要帮助儿童感知学习活动的外部环境（如触觉、痛觉和温度觉），执行大脑发出的学习活动行为指令，并参与维持身体的协调和平衡。例如，儿童通过触觉学习物体的质地，通过听觉和视觉学习物体的视听特征。脊髓神经具有向上传导感觉刺激信息和向下传递动作指令的功能，影响儿童对学习信息的接收和学习行为的控制。脊髓神经的反射机制可以帮助儿童学习基本的运动技能，如站立、走路和跑步。儿童通过最初的模仿和练习获得基本的运动技能，随着动作技能的熟练程度提高，逐渐达到自动化阶段并进入更高级的技能学习。脊髓神经传递的感觉信息（如触觉、痛觉和温度觉），对于儿童的认知发展至关重要，它可以帮助儿童理解哪些行为会导致疼痛（如触摸热物体）或其他不适，从而规避危险行为。

第三节 感觉统合理论的三大感觉系统

感觉统合理论提出人体有七大感觉：视觉、听觉、触觉、味觉、嗅觉、前庭觉和本体觉，后来又增加了内感觉。不同的感觉刺激对儿童的学习与发展具有重要影响。感觉刺激可以促进大脑神经元之间的连接，提高大脑的处理能力和对环境的感知能力，为学习打下基础；还可帮助儿童形成与环境互动的动作模式，从而提高手眼协调能力，增强儿童对环境的记忆，为学习和认知提供支持。听觉和视觉刺激对儿童的语言发展至关重要，有助于儿童理解语言，形成语言能力。通过对他人的动作、表情和声音的感知，儿童可以学习如何与他人互动，发展社交能力。但感觉统合干预的重点是触觉、前庭觉、本体觉三种感觉的整合，因为这三种感觉失调的发生率较高。

一、触觉

触觉主要包括痛觉、温觉、压觉、震动觉、纹路感知、皮肤牵拉和关节运动等。不同的触觉感受器接收不同的触觉刺激信息。触觉是儿童安全感的来源，儿童早期的触摸经验对大脑神经发育具有重要影响。感觉统合理论认为，早期的拥抱和抚触能安抚婴儿情绪，有利于儿童情绪的自我控制。而胆小、退缩、固执、挑食等问题行为往往与触觉功能障碍有关。更为重要的是，触觉刺激有利儿童专注力发展和警醒状态的调节。触觉信息主要来源于皮肤。皮肤表层有默克尔盘和触觉小体两种机械感受器，主要接收表层触觉，如触觉的位置、运动方式、接触部位的大小、物体的材质和形状等。皮肤深层有鲁菲尼氏小体和帕西尼氏小体两种机械感受器，主要接收深层触压觉，如振动的频率、施加压力的大小等。从皮肤到大脑皮层的触觉通路有两条：内侧丘系通路和脊髓丘脑侧束。内侧丘系通路主要负责传递精细触觉、振动觉和本体感觉信息，脊髓丘脑侧束主要负责传递痛觉、温度觉和粗略触觉[1]。这两个通路通过

---

① [美]E. Bruce Goldstein, James R. Brockmole：《感觉与知觉》（第十版），张明等译，中国轻工业出版社，2018，第352页。

多级神经元系统将触觉信息从身体传输到大脑的相应处理区域。触觉感受信息经常与本体觉感受信息同时传导和加工，同属躯体感觉系统。触觉和本体觉信号会在顶叶聚合后投射到大脑前运动规划区①。

触觉信息投射到初级体感皮层（S1）和次级体感皮层（S2）。S1 和 S2 是参与物体操纵、抓握和触觉辨别的区域。反过来，发送到 S2 的信息在连接现在和过去的触觉体验中发挥作用，这对运动规划至关重要。触觉刺激作用于皮肤，被机械感受器（如默克尔盘和鲁菲尼氏小体）感知。感受器产生动作电位，沿触觉神经纤维（主要为 Aβ 纤维）传递到脊髓。在脊髓，触觉信息经过脊髓背角神经元的传递，最终通过丘脑外侧核到达大脑皮层的初级体感皮层（S1）。初级体感皮层（S1）参与触觉的感知和解释，并将信息传递到其他脑区，如运动区、前额叶等。

触觉是儿童最早发展的感官之一，它与视觉、听觉等其他感官相互配合，共同促进儿童的认知发展。通过触摸和探索物体，儿童能够获得关于物体的形状、大小、质地和温度等信息，这些信息有助于儿童建立对物体的认知和理解。在运动过程中，触觉帮助儿童感知自身的位置和运动状态，从而更好地控制动作。例如，在爬行、走、跑等运动中，儿童需要依靠触觉来感知地面的质地和稳定性，以保持平衡和协调。此外，触觉还可以帮助儿童掌握和提高各种运动技能，如抓握、操纵和协调等。通过不断触摸和探索，儿童能够提高自己的动手能力和操作能力，促进运动技能的发展。通过触摸儿童能够感受到父母和亲人的关爱和安全感，从而建立对他们的信任和依赖。

新生儿期，婴儿主要通过触觉来感知世界，用口和手探索周围环境。婴幼儿期，他们能够更准确地感知物体的形状、温度、硬度等属性。触

---

① [美]安妮塔·邦迪、[美]雪莱·莱恩主编：《感觉统合理论与实践》，韩平等译，厦门大学出版社，2022，第 69 页。

觉的发展有助于儿童掌握复杂的动作技能和空间定位能力，同时对儿童的语言发展也具有重要影响。学龄前期，儿童能够更好地感知物体属性，提高手眼协调能力，发展精细动作技能，如写字、绘画等。学龄期，触觉的发展有助于儿童提高注意力、专注力，发展社交技能，形成自我意识。触觉的发展在一定程度上影响着儿童的学习、运动和社交能力，有助于儿童形成稳定的动作模式，提高运动技能，增强自信心。

2. 本体觉

本体觉是指感受关节活动、身体动作、身体位置、动作方向和速度、抓握力量等[①]。本体觉感受器主要为皮肤、肌梭、肌腱和关节。皮肤中的默克尔盘和鲁菲尼小体能感知外界的压力、振动和抚摸等触觉刺激。当触觉刺激作用于皮肤时，机械感受器会产生动作电位，这些动作电位随后沿着触觉神经纤维传递到中枢神经系统。肌梭是一种特殊的肌肉感受器，存在于骨骼肌中，能感知肌肉的长度、速度和张力变化。当肌肉受到牵拉或收缩时，梭内肌纤维会产生动作电位，这些动作电位随后沿着肌梭神经纤维传递到中枢神经系统。肌腱连接肌肉与骨骼，肌腱中的本体觉受体细胞能感知肌腱的张力变化。关节囊中有关节感受器，对关节的位置和运动非常敏感，能够检测关节的伸展、屈曲、旋转以及其他运动。当关节移动时，关节感受器会发送信号到中枢神经系统，提供关于关节位置和运动的信息。这些信息通过后索通路（薄束和楔束）传递到延髓，再经由丘脑腹外侧核传递到大脑皮层的初级运动区和辅助运动区，参与运动控制和协调。

本体觉帮助儿童感知自身的位置、运动和力量，从而建立对物体的

---

① [美]安妮塔·邦迪、[美]雪莱·莱恩主编：《感觉统合理论与实践》，韩平等译，厦门大学出版社，2022，第63页。

认知和理解。在抓握、操纵和探索物体的过程中，儿童通过本体觉感受到物体的质地、重量和形状，对物体进行分类和识别。本体觉提供的自我感知信息可以帮助儿童建立空间概念和方向感，提高空间认知能力，并有助于儿童更好地控制自己的动作。儿童本体觉发展具有阶段性特点。新生儿期，婴儿通过吸吮、抓握等动作来探索周围环境，本体觉初步形成。婴儿期，婴儿的头部和身体运动能力迅速发展，本体觉逐渐成熟。他们能够感知身体的平衡，发展出坐、爬、站等基本动作。这一时期的本体觉发展对儿童的动作协调和空间定位能力具有重要影响。幼儿期，儿童的本体觉进一步发展，他们能够更准确地感知身体各部位的位置和运动。本体觉的发展有助于儿童掌握复杂的动作技能，如走、跑、跳跃等。学龄前，儿童的本体觉继续发展，他们能够更好地感知身体在空间中的位置和运动。本体觉的发展有助于儿童提高手眼协调能力，发展精细动作技能，如写字、绘画等。学龄期，儿童的本体觉逐渐成熟，他们能够更准确地感知身体各部位的位置、运动和张力。本体觉的发展有助于儿童提高注意力、专注力，发展社交技能，形成自我意识。青春期，本体觉的发展趋于稳定，但仍在一定程度上影响着儿童的学习、运动和社交能力。本体觉的发展有助于儿童形成稳定的动作模式，提高运动技能，增强自信心。

3. 前庭觉

前庭器官包括半规管、椭圆囊、球囊，负责接收动作方向、速度和角度变化的信息。半规管检测头部角速度、角加速度。每个耳朵内都有三个半规管，分别位于三个不同的平面上，它们共同检测头部的上下、左右和前后运动。当头部移动时，半规管中的内淋巴也会随之流动，刺激半规管内的感觉细胞，产生神经冲动，传递给大脑。大脑通过这些信息来判断头部和身体的位置和运动状态，从而维持身体的平衡和协调。

半规管在儿童学习活动中起着重要的作用,例如在学习骑自行车、跳跃、投掷等运动技能时,半规管可以提供头部和身体的位置信息,帮助儿童保持平衡和协调。此外,半规管还可以帮助儿童在阅读和写作时保持头部和颈部的稳定,从而提高注意力和学习效果。对半规管最有效的刺激是角运动的、短暂的和快速高频的、至少每秒2°的头部运动[①]。

椭圆囊和球囊内含有大量的液体,当头部运动时,囊内的液体随之移动,从而带动毛细胞纤毛弯曲,刺激毛细胞产生神经冲动。这些神经冲动通过前庭神经传递到大脑,使我们感知到头部在空间中的位置和运动状态。椭圆囊主要检测水平方向的头部运动,而球囊主要检测垂直方向的头部运动。椭圆囊和球囊对头部位置和运动状态的感知,帮助儿童维持身体的平衡和协调。椭圆囊和球囊与视觉信息的整合,帮助儿童在头部运动时保持清晰的视觉感知(如追视和视觉稳定),从而观察到周围环境的变化。椭圆囊和球囊与半规管协同配合,半规管检测头部的角运动,而椭圆囊和球囊检测头部的线性运动,帮助儿童全面感知头部在三维空间中的运动状态。前庭信息传递到前庭皮层的通路主要有4条:前庭脊髓通路负责将前庭信息传递到脊髓,进而影响身体姿势和肌肉张力,参与身体平衡的调节和姿势的维持;前庭眼动通路控制眼球运动,保持视觉稳定;前庭小脑通路将前庭信息传递到小脑,参与协调运动和维持姿势稳定平衡;前庭丘脑通路将前庭信息传递到丘脑到达大脑皮层,参与对前庭信息的意识感知和高级处理,感知头部位置和运动的空间定位。

前庭觉是儿童通过内耳的前庭系统感知头部位置和运动的能力,在儿童的平衡、协调、空间定位和认知发展中发挥着关键作用。在婴儿期,前庭觉的发展主要通过婴儿与母亲的身体接触和运动刺激来实现。当母

---

① [美]安妮塔·邦迪、[美]雪莱·莱恩主编:《感觉统合理论与实践》,韩平等译。厦门大学出版社,2022,第78页。

亲抱着婴儿摇动或哺乳时，婴儿的前庭系统会感受到头部的位置变化和运动，从而促进前庭觉的发育。这种早期的前庭刺激有助于婴儿建立平衡感和空间定位能力。在幼儿期，儿童开始通过自主运动来进一步发展前庭觉。他们学会了爬行、站立、走、跑、跳跃等动作，这些活动需要良好的前庭觉来维持平衡和协调。通过不断的运动实践，儿童的前庭系统得到了进一步的锻炼并日益成熟。在学龄期，前庭觉能够帮助儿童在阅读和写作时保持头部和身体的稳定，从而提高注意力和专注力。此外，前庭觉还有助于儿童在空间定位和方向判断方面的发展，这对于学习几何和地图等非常重要。前庭觉的发育不良或受损会影响儿童的平衡、协调、空间定位和认知发展。

第四节　感觉统合障碍

一、感觉统合障碍的定义

感觉统合理论强调个体在接收和处理感觉信息时的整合与协调，因为这可以使个体实现与环境的有效互动，产生适应性行为。感觉统合障碍是指个体在感觉信息的接收、处理和整合过程中存在缺陷或障碍，导致其对环境的感知和互动出现异常，从而在日常生活、学习或社交互动中出现困难。感觉统合障碍（Sensory Integration Disorder, SID），也称为感觉处理障碍（Sensory Processing Disorder, SPD）或感觉统合功能失调（Dysfunction in Sensory Integration, DSI），是一种神经发育障碍，主要表现为个体在接收、处理和组织来自视觉、听觉、触觉、味觉、嗅觉和前庭觉等多种感官系统的信息时出现困难，影响个体的日常功能和社会互动。Ayres、Miller 和 Dunn 是感觉统合理论研究领域的先驱。Ayres 最早提出感觉统合障碍（SID）的概念，认为感受统合障碍会使大脑无法适当地处理感官信息，导致个体在行为、学习和日常生活中遇到困难。Miller认为，感觉处理障碍是指个体在感觉信息的接收、分析和利用过程中存在缺陷或障碍，导致其对环境的感知和响应出现异常。Dunn 认为，感觉统合功能失调是个体的神经阈值过高或过低，表现为对感官刺激的过度反应或反应不足，导致个体适应性反应出现困难。

二、感觉统合障碍的分类

1. Ayres 的感觉统合障碍分类

（1）运用能力障碍

运用能力障碍是指个体计划新动作的能力存在困难，涉及运动控制问题，如平衡问题或精细运动技能困难等。Ayres 通过因素分析发现，运用能力障碍包括躯体运用障碍、双侧整合与顺序障碍、语言指令运用障碍、视觉运用障碍。躯体运用障碍通常与大脑处理感觉信息和组织运动的能力有关，而非肌肉无力或感觉丧失。通常表现为在执行有目的的或精细的动作时遇到困难，影响日常生活技能，如穿衣、写字、骑自行车等。双侧整合与顺序障碍可分为双侧整合障碍和顺序障碍。双侧整合是指身体两侧以协调和有序的方式进行动作的能力。双侧整合障碍表现为在执行需要双手或双脚协同工作的任务时遇到困难，例如，同时使用双手做事或交替使用手脚进行活动时动作不协调。顺序障碍涉及个体在执行一系列动作时，难以理解或执行按特定顺序排列的动作。语言指令运用障碍是指个体在理解和执行口头指令时遇到困难。主要表现为无法正确响应简单的命令，如儿童听到"把球给我"的指令后无法及时做出传球动作。或者在执行复杂的指令时，如多步骤的任务指令，表现出挑战困难。语言指令运用障碍与听觉处理、注意力、记忆或语言理解能力有关。视觉运用障碍涉及个体在处理和解释视觉信息方面的困难，包括对颜色、形状、空间关系或运动的视觉感知问题。受视觉运用障碍影响的儿童在阅读、写作、识别面孔或导航环境中会遇到困难。

（2）感觉调节障碍

感觉调节障碍对感觉刺激的反应性存在问题，表现为对感觉刺激的低反应性或高反应性，分为感觉过度、感觉迟钝、感觉寻求三个亚型[1]。感觉过度是指个体对通常被大多数人视为温和或中立的感觉刺激有过度的反应，表现为对声音、光线、触觉或气味等过度敏感。这些个体会避免某些环境或情境，以免感到不适或痛苦。感觉迟钝的个体对感觉刺激反应不足，导致他们需要寻求更多的感觉输入，例如，通过拍打双手寻求强烈的触觉体验。这种寻求行为是因为他们没有从环境中获得足够的感觉信息。感觉寻求/渴望，通常表现为个体积极寻求额外的感觉输入，因为他们对感觉刺激的感知不够强烈。这可能导致一些重复性或强迫性的行为，如不断地触摸物品或人，或寻求强烈的感觉体验。感觉调节障碍会响儿童的日常活动和学习。在一般人群中，感觉调节障碍的发生率为5%—15%。而在自闭症谱系障碍（ASD）等特定群体中，这一比例可能高达60%—90%[2]。感觉调节障碍的亚型并不是孤立存在的，一个个体可能同时表现出多种亚型的特征。感觉调节障碍涉及个体在接收、调节以及响应环境中的感觉输入时所面临的困难。这种障碍会影响个体的日

---

[1]　Ayres, A. Jean. "Types of sensory integrative dysfunction among disabled learners",*The American Journal of Occupational Therapy*, 26(1972):13-18.

[2]　Baranek G. T. "Efficacy of Sensory and Motor Interventions for Children with Autism", *Journal of Autism and Developmental Disorders*, 32(2002): 397-422.

常生活，包括学习、社交和自我照顾等多个方面。现代社会中，感觉调节障碍的发生率呈现出一定的上升趋势，这与人们面临着越来越多的感觉刺激有关。例如，电子设备的普及使得人们长时间处于视觉和听觉的过度刺激之中。

2. Miller 的感觉统合障碍分类

Miller 团队根据受影响的感官系统和症状特点，将感觉处理障碍（SPD）分为感觉调节障碍、感觉辨别障碍和感觉动作协调障碍。感觉调节障碍包括感觉过度反应（感觉过敏）、感觉反应不足（感觉迟钝）和感觉寻求三种情况。感觉辨别障碍包括视觉、听觉、触觉、前庭觉、本体觉、嗅觉、味觉的辨别障碍，常表现为个体难以准确识别或解释感觉刺激的特定属性，如强度、持续时间、空间位置和时间特性，因而影响他们对环境中物体的识别、定位以及对疼痛或温度变化的感知。感觉动作协调障碍是由感觉处理问题导致的运动协调和运动控制障碍，包括运用障碍和姿势障碍。有这类障碍的个体在维持平衡和姿势稳定性方面存在问题，在计划和执行动作序列方面存在困难。运动障碍影响他们的精细运动技能（如系鞋带或使用餐具）和粗大运动技能（如跑步或跳跃）。Miller 的分类详细区分了感觉处理障碍的不同亚型，并试图将这些分类与神经生理学特征联系起来。

3. Dunn 的感觉统合障碍分类

Dunn 在对感觉统合障碍分类时，更强调儿童在感知和处理外界感觉信息上的个体差异。Dunn 基于神经阈值的高低和行为反应的一致性或相抗衡性构建了四象限模型，用神经阈值连续体和自我调节连续体将感觉处理分为四个象限：高神经阈值—低注册；高神经阈值—感觉寻求；低神经阈值—感觉逃避；低神经阈值—感觉敏感。低神经阈值感觉敏感象限中的个体对于感觉刺激非常敏感，会因为感觉输入而感到不舒服或分心，但不会积极地限制或避免接触这些感觉刺激。低神经阈值—感觉逃避象限中的个体会积极地避免感觉输入，因为他们对感觉刺激的反应非常敏感，并且会主动限制与感觉刺激的接触。高神经阈值—低注册象限中的个体对感觉刺激的反应较弱，不会注意到感觉刺激，因而不太容易对这些刺激产生强烈的情绪反应或记忆，他们需要更多的被动刺激才能引起个体的反应。高神经阈值—感觉寻求象限中的个体对感觉输入的反应不强，需要更多的感觉输入来获得满足，因此他们会主动寻求更多的感觉刺激。Dunn 在感觉统合方法上更加关注个体的感觉偏好、感觉处理模式以及如何通过环境调整和活动选择来满足个体的感觉需求。Dunn 的感觉统合障碍分类揭示了感觉调节障碍的复杂性和多样性，感觉调节障碍不仅与神经阈值的高低有关，还与儿童的自我调节策略密切相关。这些策略反映了儿童如何管理和适应外界的感觉刺激。此外，Dunn 还强调感觉调节障碍对儿童日常生活的影响。例如，感觉寻求的儿童由于寻求高风险刺激而面临身体伤害的风险；低注册的儿童因为难以理解或回应他人的情感表达，表现出社交互动困难。

Ayres、Miller 和 Dunn 都对感觉统合障碍的评估和干预做出了贡献，但他们的侧重点和应用方法有所不同。在分类维度上，Ayres 的分类主要基于个体对感官刺激的反应模式，而 Miller 和 Dunn 的分类则更侧重于个体在感官处理和运动协调方面的具体困难。在分类应用上，Ayres 的分类更侧重于描述个体的行为和症状，而 Miller 和 Dunn 的分类则更侧重于指导诊断和治疗。感觉统合障碍是一种复杂的神经发育障碍，涉及多种感官系统和症状特点。在学科领域上，Ayres 更侧重于神经生物学和感觉统合治疗，Miller 更侧重于行为和情绪反应，而 Dunn 则提供了一个更为全面的评估模型，考虑了个体在多个环境中的功能。Ayres、Miller 和 Dunn 的感觉统合障碍分类，为我们理解和诊断感觉统合障碍提供了重要的参考。然而，感觉统合障碍的分类仍然需要进行深入研究，以便提供更准确的诊断和更有效的治疗。

三、感觉调节障碍

1. 感觉调节障碍的定义

感觉调节是指大脑对于感觉输入信号的自我管理过程[①]。感觉调节主要通过调节神经元间信号连接的强弱和神经递质的分泌来实现。当神经系统在细胞水平上达到兴奋与抑制的平衡时，儿童的学习才能进入专注状态。感觉调节对于个体的生存和健康至关重要。感觉输入的过度或不足都可能导致行为和认知的异常。感觉调节涉及多个层面的生理过程，从外周感觉器官接收刺激开始，到中枢神经系统对这些信号进行处理、整合，最终影响个体的行为和情绪反应。这一过程不仅涉及神经递质和神经调质之间复杂的相互作用，还受到内分泌系统和免疫系统的调节。感觉调节过程分为三个阶段：（1）感觉信息的传入：外界刺激作用于感觉器官，产生感觉信号，通过神经纤维传递至大脑。（2）信号的加工与整合：感觉信号在大脑皮层和皮层下结构（如基底节、丘脑）进行加工和整合。（3）感觉调控：经过加工整合后的感觉信号被进一步调控，通过皮层下结构（如纹状体、杏仁核等）影响运动系统、自主神经系统和内分泌系统。感觉调节障碍是指对感觉刺激反应过高或过低的一种反应状态。它反映了个体难以处理感觉信息输入的程度、性质或强度，导致行为无法适合发育的方式与环境期望和需求相匹配[②]。

---

① ［美］卡洛尔·斯多克·克朗诺威兹：《帮孩子找到缺失的"感觉拼图"》，周常译，中国发展出版社，2017，第52页。

② ［美］安妮塔·邦迪、［美］雪莱·莱恩主编：《感觉统合理论与实践》，韩平等译，厦门大学出版社，2022，第134页。

2. 感觉调节障碍的临床表现

感觉调节障碍通常与大脑处理感觉输入的方式有关。主要涉及大脑的感觉皮层、前庭系统（与平衡和空间定位有关）、基底神经节（与运动控制和习惯形成有关）和脑干（与觉醒和注意力有关）。神经递质如血清素和多巴胺的不平衡也可能与感觉调节障碍有关，因为它们在调节情绪和行为反应中起着关键作用。Miller 按照行为反应的程度将感觉调节障碍分为感觉过度（Sensory Over-Responsivty，SOR）、感觉迟钝（Sensory Under-Responsivity, SUR）、感觉寻求（Sensory seeking, SS）三种类型。

（1）感觉过度

感觉过度是自闭症谱系障碍（ASD）儿童中常见的一种现象，其主要特征为对感觉输入的过度反应。这种现象与感觉网络的功能连接改变有关，如感觉运动网络内部及之间的连接减少。感觉门控功能障碍和感觉调节的非典型性都会影响大脑对感觉输入的处理和响应。

感觉过度儿童通常对那些本不会引起注意或不适的感觉刺激表现出过度的反应。例如，本体觉正常的儿童通常能够准确感知自己身体的位置、运动和姿势。他们在学习新动作或技能时，能够迅速调整自己的姿势，保持身体平衡，并准确执行动作。无论是走路、跑步还是跳跃，都能够保持稳定的身体姿势，不容易摔倒或受伤。然而，本体觉过度反应的儿童则表现出不同的特点。他们对自己的身体动作和姿势过度敏感，导致身体僵硬、紧绷，无法灵活调整姿势。在学习新动作或技能时，他们会感到焦虑不安，难以放松身体并顺利执行动作。即使是简单的走路、跑步等，也感到困难、疲劳或不适。这些儿童会逃避参与需要身体协调性的活动，因为他们担心无法正确执行动作或保持身体平衡。在日常生活中，感觉过度儿童经常出现以下症状：对声音、光线、触觉等感觉刺激反应强烈；容易受到环境刺激的干扰，导致难以集中注意力；情绪波动较大，易焦虑、紧张、愤怒等；社交能力较差，难以理解他人情绪，表现出社交退缩或攻击行为；入睡困难、频繁夜醒等；学习困难，对学校环境适应不良，成绩不佳，行为问题频发。

（2）感觉迟钝

感觉迟钝是指个体对感觉刺激的强度和持续时间的感知反应不足。感觉迟钝儿童对感觉输入的反应低于平均水平，往往需要寻求更多的感觉输入，以提高其觉醒水平。神经信号在大脑中的传导速度减缓，导致神经通路不活跃或效率低下，进而影响儿童对感觉信号的感知和反应。神经递质（如血清素和多巴胺）的调控水平下降，导致感觉敏感性降低，进而引起感觉反应不足。例如，在学习跳绳时，本体觉正常的儿童可以轻松地协调身体的各个部分，实现手脚同步运动，并保持身体的平衡。他们能够准确地感知跳绳的节奏，并在适当的时候跳跃，使跳绳过程流畅。当绳子出现偏移或速度变化时，他们能够迅速调整自己的动作来适应。然而，本体觉感觉迟钝儿童则在手脚同步运动上存在困难，经常会出现"手忙脚乱"的情况，导致跳绳过程中频繁出错。他们无法准确感知跳绳的节奏，导致跳跃时机不准确，使跳绳过程不流畅。当绳子出现偏移或速度变化时，他们往往无法迅速调整自己的动作来适应，经常被绳子绊倒或不得不停止跳绳。在日常生活中，感觉迟钝儿童经常出现以下症状：对感觉刺激反应不足，例如对疼痛、饥饿等刺激反应迟钝；对外界刺激敏感度降低，表现为对外界反应迟钝；情绪波动较大，易受刺激影响，表现为焦虑、紧张、愤怒等情绪。

（3）感觉寻求

感觉寻求儿童对感觉刺激的反应表现为寻找或偏好，即对感觉刺激有强烈的需求，寻求更多的刺激。高感觉寻求个体的神经系统对风险评估不敏感。例如，在奖赏预期阶段，低感觉寻求者的刺激前负波表现出了明显的风险效应，而高感觉寻求个体的刺激前负波不受风险的影响 ①。前庭觉正常的儿童坐在秋千上时，身体相对稳定，能够很好地控制秋千的摆动幅度和速度。他们能够很快地适应秋千的摆动，不会感到特别不舒服或害怕。他们的注意力主要集中在秋千的摆动和周围的环境上，能够享受荡秋千带来的乐趣。在荡秋千时能保持情绪稳定，不会因秋千的摆动而产生过度的兴奋或不安。然而，前庭觉寻求的儿童在荡秋千时会故意加大秋千的摆动幅度和速度，寻求更强的前庭刺激。他们对于一般的秋千摆动容易感到不满足，需要更强的刺激来满足他们的前庭需求。由于过度追求前庭刺激，他们的注意力经常从秋千的摆动转移到其他事物上，导致他们在荡秋千时容易分心。在荡秋千过程中，他们的情绪容易出现较大的波动，从兴奋到不安甚至恐惧。在日常生活中，感觉寻求儿童经常出现以下症状：对感觉刺激有过度需求，表现为频繁触碰他人或物体，寻求刺激；行为冲动，注意力难以集中，表现为多动、冲动等行为问题；对外界刺激敏感度增加，表现为对环境刺激的需求增加；情绪波动较大，易受刺激影响，表现为焦虑、紧张、愤怒等情绪。

四、感觉区辨障碍

1. 感觉区辨障碍的定义

感觉区辨是指大脑对感觉输入进行处理，以识别和区分不同刺激的能力，包括对刺激的基本属性（如大小、形状、质地、声音、味道）的识别和对刺激间关系（如位置、运动、顺序）的感知。Macmillan、NeilA. 和 Creelman（2004）在著作 *Detection theory: A user's guide* 中将

① Zheng Y, Liu X. "Blunted neural responses to monetary risk in high sensation seekers", *Neuropsychologia*,71(2015) : 173-180.

感觉区辨定义为"个体识别和区分感觉刺激之间的细微差别的能力"。Merfeld（2011）认为，感觉区辨更强调信息的检测和识别功能，特别是信号检测理论在前庭系统中的应用。感觉区辨障碍是指儿童在辨识不同的感觉刺激时存在困难，主要原因为中枢神经的功能异常，导致他们对周围环境的刺激无法准确判断和辨识，从而无法顺利和其他儿童一样互动学习和保护自己①。感觉区辨障碍发生于所有的感觉系统间，根据Miller的分类，感觉区辨障碍包括触觉、本体觉、前庭觉、听觉、视觉、味觉、嗅觉的区辨障碍。

2. 感觉区辨障碍的临床表现

（1）触觉区辨涉及对触觉刺激的识别和区分，如通过触摸来识别物体的形状和质地。触觉区辨障碍表现为对触觉刺激的过敏或不敏感，影响日常活动。例如，触觉区辨障碍的儿童存在识别不同纹理、温度或物体形状的困难。触觉正常的儿童在玩拼图游戏时能够准确地通过手指的触觉来辨识拼图的边缘和形状，从而轻松找到对应的拼图块，能够保持较快的速度，且对游戏活动有较高的兴趣和耐心。他们能够顺利地完成拼图任务，从而增强自信心和成就感。然而，触觉区辨障碍的儿童在玩拼图游戏时，由于难以通过手指的触觉来准确辨识拼图的边缘和形状，导致在寻找对应拼图块时遇到困难。在拼图过程中，他们需要花费更多的时间，速度相对较慢。由于拼图过程相对困难，他们会逐渐失去对拼图游戏的兴趣和耐心，并感到沮丧和失望，从而影响自信心。

（2）听觉区辨涉及对声音刺激的识别和区分，包括语音和非语音声音。听觉区辨障碍影响语言和非语言声音的识别，如难以区分相似的语音或环境音。在进行"听指令"游戏时，儿童需要按照听到的声音指令

---

① 任彦怀、李介至、李静晔等：《感觉统合游戏与儿童学习》，华格那企业（台中），2017，第3—5页。

来传递一个小球，如"传递"或"停止"。听觉正常的儿童可以轻松地捕捉到声音指令，并准确地理解其含义。在游戏中，他们会迅速而准确地根据听到的指令来传递小球。动作流畅、协调，并且能够很好地与他人合作。然而，对于听觉区辨障碍的儿童来说，这个游戏则会变得非常困难。即使他们能够听到声音指令，但由于听觉区辨能力的不足，他们无法准确地理解指令的含义，导致他们在传递小球时出现犹豫、混乱或错误，甚至无法参与到游戏中来。

（3）视觉区辨涉及对视觉刺激的识别和区分，如颜色、形状、大小和位置等。视觉区辨障碍影响对视觉信息的理解和处理，如阅读、面部识别和空间导航。视觉正常的儿童能够轻松地分辨出"b"和"d"这样的字母，因为他们的视觉系统能够准确地捕捉到这些字母的细微差别，如上下位置、开口方向等。在阅读过程中，他们可以快速而准确地识别这些字母，从而顺畅地理解单词和句子。然而，视觉区辨障碍的儿童识别"b"和"d"这样的字母却是一项巨大的挑战。由于他们的视觉系统无法准确地分辨这些字母的细微差别，他们会在阅读时很容易混淆这些字母，导致理解错误或阅读困难。例如，他们可能会将"book"（书）读成"dook"，或者将"dog"（狗）读成"bog"。因此，视觉空间注意力与儿童的阅读表现存在因果关系（France schini，2012）。

（4）前庭觉区辨涉及对头部位置和运动的感知，与平衡和空间定位有关。前庭觉区辨障碍会导致平衡问题和运动协调障碍，如容易晕车或摔倒。在完成平衡木行走的活动中，前庭觉正常的儿童可以很好地感知自身的平衡和空间位置，能够稳定地在平衡木上行走，甚至做出一些如跳跃、转身等较为复杂的动作。他们的动作流畅、协调，并且能够有效地控制自己的身体。然而，对于前庭觉区辨障碍的儿童，由于他们的前庭系统无法准确地感知自身的平衡和空间位置，他们在平衡木上表现出不稳定、摇晃或难以维持平衡的状态。在行走过程中，他们容易摔倒或需要借助他人的帮助才能勉强完成。前庭刺激能激活初级躯体感觉皮层，与运动感知密切相关，影响平衡感和空间感知能力（Lopez，2011）。

（5）本体觉区辨涉及对肌肉和关节位置、运动和力量的感知。本体觉区辨障碍会导致运动协调问题，如难以准确判断肢体位置或执行精细运动。在进行"我说，你做"游戏时，需要儿童闭上眼睛，听指令完成规定动作。本体觉正常的儿童在闭眼时，能够准确地根据指令完成动作，如"请抬起你的右脚"，他们会迅速而准确地抬起右脚，保持对身体的良好控制，没有过多的犹豫或错误。然而，本体觉区辨障碍的儿童在闭眼完成动作指令时，需要花费更长的时间来理解和执行指令，或者出现错误的动作，如将左脚误认为是右脚，且身体平衡控制能力差，动作显得笨拙。

（6）嗅觉和味觉区辨涉及气味和味道的感知。嗅觉和味觉区辨障碍导致嗅觉减退、嗅觉异常、味觉倒错等，如可能将一种气味错误地感知为另一种气味。味觉正常的儿童通常对各种食物都有良好的接受度，他们愿意尝试新的食物和口味。他们能够快速适应不同食物的味道，并逐渐形成自己的喜好。然而，味觉区辨障碍的儿童，由于对某些食物的味道感知异常，他们会拒绝尝试某些食物，存在过度偏好某些食物的味道，导致挑食、偏食。他们对新食物的接受度较低，需要较长的时间来适应新的口味。此外，Boesveldt（2008）在研究帕金森病患者时发现，嗅觉区辨障碍与疾病进展有关，嗅觉功能与中枢神经系统健康之间存在密切联系。

感觉区辨是儿童成长与发展中的关键组成部分，它涉及儿童对感觉输入的识别和解释能力，其障碍会对儿童的学习和日常生活产生深远影响。在学习和阅读方面，感觉区辨能力影响儿童对字母和单词的识别；

在社交互动中，它影响儿童对非语言信号的理解；在日常生活中，它影响儿童对环境的导航和物体的操作。

3. 感觉区辨障碍的影响因素

Ayres（1979）指出，感觉整合障碍的神经机制涉及大脑对感觉输入的处理和整合，感觉区辨障碍与感觉信息的传递障碍、大脑对感觉经验的适应性受限、感觉处理涉及的神经网络连接异常等因素有关。感觉区辨决定感觉输入的准确性，影响儿童的注意力、记忆力、信息处理、学习策略和社会技能等。感觉区辨障碍儿童因无法有效过滤掉无关的感觉信息而难以维持注意力。记忆力涉及信息的编码、存储和检索。感觉区辨障碍影响信息的编码阶段，儿童无法准确地感知和处理感觉信息，在短期记忆阶段容易将相似的信息混淆，出现记忆混乱的现象。在信息处理时，儿童需要整合来自不同感官的信息来理解复杂的概念。感觉区辨障碍导致信息处理过程中的困难，影响学习效率。另外，儿童在社交互动中需要准确地解读他人的表情、肢体语言和声音。感觉区辨障碍儿童容易误解社交信号，从而影响社交技能的发展。感觉区辨障碍影响儿童的情绪调节，如儿童对感觉刺激反应过度或不足会导致焦虑、沮丧或情绪波动，进而影响儿童的社交技能。

4. 感觉区辨障碍的评估与干预

评估：

感觉区辨障碍（Sensory Discrimination Disorder，SDD）是通过家长报告的 Sensory Processing 3-Dimension (SP-3D) 量表来衡量的。该量表包含六个子量表：感觉过度（SOR）、感觉不足（SUR）、感觉寻求（SS）、姿势障碍（PD）、运动障碍（DYS）、感觉区辨障碍（SDD）。SP-3D 量表包含 182 个项目，大约需要 20 分钟完成，其中 SDD 的项目数为 26 个。SDD 的评分是通过家长报告孩子是否表现出与视觉、触觉、前庭觉、本体觉、听觉、味觉和嗅觉等感觉域输入处理相关的行为来确定。量表使用二进制系统进行评分，家长需要指出行为描述或项目是否适用于他们的孩子（适用 =1；不适用 =0）^①（Miller，2017）。总分是为每个子量表上的项目数量的总和。研究中将得分转换为认可项目的百分比，以考虑不同子量表项目总数的变异性。较高的分数表明孩子在某个特定领域中表现出更多的感觉处理障碍。

干预：

（1）药物治疗：药物治疗旨在通过调节影响感觉信号传递的神经递质和受体，从而改善神经传导。例如，抗抑郁药物可用于治疗感觉处理障碍与情绪调节障碍。通过使用药物调节前脑岛在身体感觉和情感体验中的作用，从而改善感觉处理的功能（Craig，2009）。

（2）物理治疗：物理治疗利用物理手段，如按摩、热疗或电刺激，来刺激或抑制感觉信号的传递，从而改善感觉敏感性或减轻感觉过敏。

（3）行为疗法：行为疗法通过学习的行为策略来管理他们的感觉反应，包括感觉回避策略或使用适应性行为来减少不适。行为疗法有助于提高轻度创伤性脑损伤后儿童的动态平衡能力，进而改善感觉处理能力（Gagnon，2004）。

（4）感觉统合疗法：感觉统合疗法通过有组织的活动和经验来提高个体的感觉处理能力，包括各种感觉输入，如触觉、前庭觉和本体觉，以促进大脑对感觉信息的整合。

---

① Miller L J, Schoen S A, Mulligan S, et al. "Identification of Sensory Processing and Integration Symptom Clusters: A Preliminary Study", *Occupational Therapy International* 24(2017): 2876080.

五、运用与执行障碍

1. 运用与执行障碍的定义

运用（Praxis）指的是个体为了实现特定目标而进行的有意识、有目的的运动技能。这不仅包括物理动作的执行，还包括对这些动作的计划、组织和调整。在感觉统合理论中，运用涉及以下几个方面：

（1）目标导向性：运用是有目的的，旨在实现特定的目标或完成特定的任务。

（2）运动技能：运用涉及身体运动的协调和控制，包括粗大运动（如跑、跳）和精细运动（如写字、系鞋带）。

（3）计划和组织：运用需要对动作进行预先的计划和组织，以确保动作的顺利执行。

（4）适应性：运用还涉及对环境变化的适应，包括对意外情况的快速反应和调整。

运用与执行障碍是指在计划与组织有意义、有目的的行为时出现的障碍[1]。运用与执行障碍是一种常见的儿童神经发育障碍，其特征为运动技能显著低于预期，且这种障碍并非由智力、感觉或健康问题直接引起，往往在没有明显的神经肌肉损伤或智力障碍的情况下，个体在运动技能的计划和执行方面存在困难。

2. 运用与执行障碍的临床表现

运用与执行障碍，又被称为发展性协调障碍（DCD），是一种影响个体运动技能的神经发育障碍，常伴随感觉处理困难。根据美国精神医学

---

[1]　Ayres,A.J.*Developmental Dyspraxia and Adult-Onset Apraxia*, Torrance,CA:Sensory Integration International, 1985,p.96.

协会（American Psychiatric Association）2013 年制订的《精神障碍诊断与统计手册》第五版（DSM-5），运用与执行障碍的诊断需要满足以下条件[1]：

（1）运动技能显著低于个体的智力预期，且与任何已知的神经系统损伤无关；

（2）障碍存在于日常生活中多个场合的运动技能表现；

（3）不能用智力障碍或感觉缺陷来更好地解释；

（4）对个体的日常生活功能造成显著影响。

在 Ayres 的运用障碍因素分析中，运用障碍模式包括躯体运用障碍、双侧整合与顺序障碍、语言指令运用障碍和视觉运用障碍[2]。Bundy 和 Lane（2020）综合不同研究者的因素分析认为，运用与执行障碍应该分为意念性运用障碍、躯体运用障碍、双侧整合与顺序障碍。意念性运用障碍主要在动作目标概念化上存在问题，躯体运用障碍为动作计划的困难，双侧整合与顺序障碍则体现在动作的执行方面。运用与执行障碍通常与感觉动作协调相关，在日常生活中这些儿童通常面临的困难有以下几个方面：

（1）动作计划障碍：难以计划和组织完成特定任务所需的动作序列。例如，一个患有运用障碍的儿童可能在穿衣时遇到困难，他们很难记住穿衣的步骤，或者在执行这些步骤时动作笨拙。

（2）协调性问题：在执行精细或粗大运动时，协调性差，动作笨拙。例如，儿童学习系鞋带时非常困难。尽管他们知道步骤，但在实际操作

---

① American Psychiatric Association. *Diagnostic and Statistical Manual of Mental Disorders (5th ed.)* (Arlington, VA: American Psychiatric Publishing, 2013),p.p.31-87.

② ［美］安妮塔·邦迪、［美］雪莱·莱恩主编：《感觉统合理论与实践》，韩平等译，厦门大学出版社，2022，第 109 页。

时，他们的手指不够灵活，无法精确地将鞋带穿过小孔或打结。

（3）动作执行障碍：即使在计划和组织阶段没有问题，执行动作时也可能出现错误。例如，儿童学习投球动作时在计划和组织投球动作方面正常，但在实际投球时经常出现球偏离投掷目标，他们难以掌握新的运动技能，需要更多的时间和练习才能达到同龄人的水平。

（4）适应性差：对环境变化的反应慢，难以适应新的运动要求或条件。例如，游戏活动中如果游戏规则突然改变，儿童难以快速理解新规则并调整自己的行为。

在 Cermak（2015）进行的一项跨文化研究中发现，运用与执行障碍在全球范围内普遍存在，全球患病率约为 5%—6%，在不同国家和文化背景下，运用与执行障碍的表现和影响可能有所不同，且对儿童的日常生活和社会参与、体育活动、身体健康产生了显著影响[①]。

3. 运用与执行障碍的影响因素

运用与执行障碍是一个多因素的复杂状况，涉及多个层面的功能障碍，如感觉处理问题、神经生理障碍、运动技能、认知、遗传与环境等。Ayres（1972）指出，运动协调障碍儿童在处理触觉、前庭觉和本体觉方面存在困难。Zwicke（2010）发现，运用与执行障碍儿童的大脑激活模式与同龄人不同，表明大脑结构和功能的异常与运动协调障碍有关。运用与执行障碍儿童在运动皮层、前额叶皮层、基底神经节等脑区的激活水平低于正常儿童。在执行任务时，这些儿童需要更多地依赖于大脑的注意力和执行功能区域。Cermak（2015）发现，运用与执行障碍儿童在运动技能的学习和执行上存在显著困难，具体表现为：精细运动技能

---

① Cermak, S. A., Katz, N., Weintraub, N., et al. "Participation in Physical Activity, Fitness, and Risk for Obesity in Children with Developmental Coordination Disorder: A Cross-Cultural Study", *Occupational Therapy International* 22(2015): p.p.163-173.

障碍，如书写和使用小物件的能力；粗大运动技能障碍，如跑步、跳跃和平衡；运动协调问题，影响日常生活中的活动，如穿衣和进食。Zhu（2012）分析了遗传和早期环境因素在运用与执行障碍发展中的潜在作用，认为运用与执行障碍不是一个典型的遗传性疾病，但有家族倾向的儿童更容易发展为运用与执行障碍。早产儿由于出生时大脑和其他身体器官尚未完全发育，面临更高的发展障碍风险。围产期风险因素，如低出生体重、母亲在妊娠期间的疾病或暴露于有害物质中，也可能增加胎儿运用与执行障碍的风险。营养不足或不平衡，特别是在婴幼儿期，会影响大脑和神经系统的发育。儿童早期的运动经验和身体活动水平也会影响其运动技能的发展。通过相关研究发现，运用与执行障碍是一个多维度的障碍，它受到多种因素的影响，包括生物学、心理学、环境和社会因素。

另外，运用与执行障碍与感觉处理障碍之间存在多维度的关联。运用与执行障碍和感觉处理障碍这两种障碍经常共现，因为感觉处理障碍可能导致运动技能的学习更加困难。运用与执行障碍和感觉处理障碍的症状有重叠，但它们是不同的障碍。运用与执行障碍主要表现为运动协调障碍，而感觉处理障碍涉及更广泛的感觉处理问题。Dunn（2013）指出感觉处理问题在运用与执行障碍儿童中的普遍性，这些问题包括对触觉、前庭觉或本体觉的过度敏感或低敏感[①]。这些感觉处理障碍影响儿童的学习能力、社交互动和情绪调节。感觉处理障碍通过影响儿童对环境的感知和反应来间接影响其运动技能。例如，触觉过敏导致儿童不愿触摸或操纵物体，从而限制了他们发展精细运动技能的机会。同样，前庭觉处理问题会导致平衡和空间定位的困难，影响粗大运动技能的发展。

---

① Dunn, W. *The Sensory Profile—Second ed*(TX: The Psychological Corporation,2013).p.125-140.

Ayres（1972）的感觉统合理论，为理解运用与执行障碍和感觉处理障碍之间的关联提供了理论基础，感觉输入的整合对于动作计划和执行至关重要。运用与执行障碍儿童，可能会遇到感觉处理困难，这影响了他们的动作协调能力。因此，Ayres 提出通过提供有组织的感官体验来改善大脑处理感觉输入的能力，从而提高运用与执行障碍患者的运动协调能力和感知处理能力。

4. 运用与执行障碍的评估与干预

评估：

运用与执行障碍的诊断可以按照以下几个步骤展开评估。第一步，病史收集。了解儿童的运动发展史，包括早期的运动里程碑（如翻身、坐、走）。第二步，观察。在自然环境中观察儿童进行各种需要协调性的任务，如玩耍、写字、剪纸等。第三步，标准化评估。使用标准化的评估工具对儿童进行评估，如运用儿童动作发展测评工具（第 2 版）（Movement Assessment Battery for Children Second Edition MABC-2）等工具评估儿童的运动技能。第四步，排除其他疾病。确保运用与执行障碍的症状不是由其他已知的医学状况（如脑瘫、肌肉萎缩症等）引起的。第五步，评估功能影响。评估儿童在日常生活、学习和社交活动中的功能限制。第六步，共病情况评估。识别可能会跟运用与执行障碍共现的其他状况，如注意力缺陷多动障碍（ADHD）、学习障碍或自闭症谱系障碍。第七步，家庭和社会因素分析。考虑家庭环境、教育资源和社会支持对儿童的影响。第八步，制定干预计划。基于评估结果，制定个性化的干预计划，可能包括职能治疗、运动技能训练、家庭支持和学校适应措施。评估的目的是确定个体在运动技能方面的具体困难，并监测干预措施的效果。运用与执行障碍诊断需要综合考虑儿童的运动技能、功能限制、病史和可能的共病情况。职能治疗专家在诊断过程中扮演着关键角色，他们不仅评估儿童的运动技能，还提供干预建议，帮助儿童和家庭应对日常生活中的挑战。通过早期的识别和干预，运用与执行障碍儿童可以提高他们的运动技能，增强自信，并更好地参与社会活动。

干预：

运用与执行障碍的干预方法包括感觉统合疗法、运动技能训练法、行为疗法、认知疗法、物理疗法等。感觉统合疗法基于 Ayres 的感觉统合理论，通过提供有组织的感官体验来改善大脑处理感觉输入的能力。感觉统合疗法通常包括各种活动，如摇摆、滑梯、平衡练习等，以促进大脑对感觉输入的整合。Zwicker[1] 指出，感觉统合疗法通过提供有组织的感官体验来改善大脑处理感觉输入的能力，从而提高运动协调和感知处理能力。运动技能训练是专门针对粗大和精细运动技能有问题的儿童而采用的干预方法，包括各种练习和游戏，如投球、接球、跳绳、写字和绘画，以提高儿童的运动协调性和运动计划能力。行为疗法侧重于改变儿童的行为模式，通过正向强化和行为塑造技术来鼓励儿童参与运动活动，并提高他们的认知，改变影响他们运动表现的负面思维模式。物理疗法是使用各种物理手段，如热疗、冷疗、电刺激或特定的运动练习，来改善儿童的运动功能。对运用与执行障碍儿童的干预需要强调跨学科团队合作的重要性，包括职业治疗师、物理治疗师、心理学家和教育工作者，以提供全面的干预计划。

---

[1]　Zwicker, J. G., Missiuna, C., Harris, S. R., et al. "Developmental Coordination Disorder: A Review and Update", *European Journal of Paediatric Neurology* 16(2012): 573-581.

第五节　感觉统合评估

一、感觉统合与运用能力测试

儿童感觉统合的评估工具，有感觉发育史问卷、感觉统合与运用能力测验和神经动作的临床观察等。感觉统合与运用能力测试（Sensory Integration and Praxis Tests，SIPT）是一个标准化的评估工具，用于评估儿童的感觉处理和运用能力。该测试包括一系列测试项目，旨在评估个体对感觉输入的反应，以及他们如何将这些输入转化为有目的的动作。主要包括以下八个部分。

（1）触觉防御性测试：评估儿童对触觉刺激的反应，以及他们是否对触觉输入有过度敏感或过敏反应。

（2）本体觉测试：评估儿童对身体位置和运动的感知能力，以及他们如何使用这些信息来执行动作。

（3）前庭觉测试：评估儿童对头部运动和重力的感知，以及这些感觉如何影响他们的平衡和协调。

（4）双侧协调测试：评估儿童使用身体两侧协调工作的能力，例如同时使用双手或双脚。

（5）形状识别测试：评估儿童通过触摸识别不同形状的能力，这涉及触觉辨别能力。

（6）重量感知测试：评估儿童对不同重量的感知能力。

（7）图形背景辨别测试：评估儿童在复杂背景中识别简单图形的能力，涉及视觉辨别能力。

（8）运动协调测试：评估儿童执行精细运动任务的能力，如临摹几何图形。

感觉统合与运用能力测试，测量视觉形状和空间感知、触觉区辨、运用能力、前庭和本体处理四个领域的功能，共 17 个测验，适合 4—8 岁的儿童。

感觉统合与运用能力测试具体操作流程如下：

（1）初始评估：治疗师首先进行初始评估，以确定儿童的感觉处理模式和可能的困难。

（2）标准化测试：使用感觉统合与运用能力测试的标准化测试项目，治疗师会按照测试指南进行一系列的感觉和运动任务测试。

（3）观察和记录：在测试过程中，治疗师会仔细观察儿童的反应，并记录他们的表现。

（4）分析结果：测试完成后，治疗师会分析结果，以确定儿童在感觉处理和运用方面的强项和弱点。

（5）制定干预计划：根据评估结果，治疗师会制定个性化的干预计划，以改善儿童的感觉处理障碍。

（6）家长和教师的参与：治疗师会与家长和教师合作，确保干预计划在家庭和学校环境中得到有效实施。

（7）重新评估：在干预计划实施一段时间后，治疗师会重新评估儿童的进步情况，并根据需要调整干预计划。

我国儿童感觉统合能力发展评定量表是由我国台湾学者郑信雄翻译，任桂英等进行本土信效度检验后的问卷。该问卷由 58 个问题组成，包括前庭觉失衡、触觉失调、本体觉失调、学习能力不足和大龄儿童问题五个部分。问卷按照"从不、很少、有时候、常常、总是如此"五个等级进行评分，总分相加后得到原始分，再根据年龄转换为标准 T 分，从而分析障碍程度。

二、感觉发育史问卷

Miller 的感觉发育史问卷通常包括对个体不同年龄阶段的感觉处理能力的评估。评估内容涵盖了触觉、本体觉、前庭觉和视觉/听觉处理。问卷主要询问个体对特定感觉刺激的反应，如对粗糙衣物的敏感度、对拥挤空间的偏好或回避以及对运动和位置变化的反应。

该问卷分为感觉和与感觉相关的应用能力两个部分。其中，感觉分为五类，分别为触觉（19个）、动作（17个）、视觉（4个）、听觉（3个）、味觉与嗅觉（3个），共46个问题。与感觉相关的应用能力部分，分为活动程度（4个）、进食习惯（8个）、组织能力（7个）、睡眠情况（4个）、社交情绪（8个），共31个问题。问卷按照"从不、很少、经常"三个等级进行评分。

具体操作流程如下：

（1）收集背景信息：包括儿童的基本信息、发展史和任何已知的感觉处理障碍。

（2）家长或照顾者访谈：通过访谈收集关于儿童在日常生活中的感觉反应和行为模式的信息。

（3）问卷填写：家长或照顾者填写问卷，提供儿童对各种感觉刺激的反应细节。

（4）分析结果：治疗师分析问卷结果，识别儿童在感觉处理方面的强项和弱点。

三、感觉概况

Dunn 的"感觉概况"（Sensory Profile）工具，是一个用于评估个体感觉处理模式的调节测量工具，包括对触觉、味觉、嗅觉、视觉、听觉、前庭觉和本体觉的评估。如个体对刺激的敏感性、寻求行为以及他们如何调节这些感觉输入。此外，它还评估个体对环境的反应，如对噪音的反应、对光线变化的敏感度以及对温度变化的适应能力。

感觉概况的评估内容包括：

（1）感觉调节：评估个体如何调节对触觉、前庭（平衡）和本体感觉（运动）的反应。

（2）感觉寻求：评估个体是否倾向于寻求额外的感觉输入。

（3）感觉敏感性：评估个体对感觉输入的敏感程度，以及个体是否对某些感觉体验有过度反应。

（4）感觉厌恶：评估个体对感觉输入的厌恶程度，以及个体是否会主动避免某些感觉体验。

（5）感觉处理：评价个体如何整合和解释感觉信息，以及其对感觉输入的反应是否适当。

具体评估操作流程如下：

（1）选择评估工具：根据儿童的年龄和发育水平，选择合适的"感觉概况"版本。

（2）问卷填写：由家长、教师或其他照顾者填写问卷，提供关于儿童感觉反应和行为的详细信息。

（3）观察：职业治疗师在自然环境中观察儿童的反应和行为。

（4）数据分析：使用"感觉概况"的评分系统分析问卷结果，以确定儿童的感觉处理模式。

（5）报告撰写：撰写详细的评估报告，包括儿童的感觉处理特点、可能的挑战和干预建议。

（6）家长／照顾者反馈：与家长／照顾者讨论评估结果和干预计划。

（7）制定干预计划：根据评估结果，制定并实施个性化的干预措施。

四、神经动作临床观察

1. 感觉统合神经功能观察

感觉统合神经功能观察（Neurofunctional Observation of Sensory Integration，NOSI），是一种通过观察和记录个体在自然环境中的行为来评估儿童的感觉统合能力的方法。该观察方法由意大利职业治疗师 Giuliana Tardieu 创建，旨在评估个体在日常生活中处理感觉输入和产生适应性行为的能力。该评估强调感觉输入与运动输出之间的相互作用，并广泛应用于儿童和成人，特别是具有感觉处理障碍、运动协调困难、社交和沟通障碍症状的个体。

感觉统合神经功能观察的评估过程包括以下几个步骤：

（1）观察：在自然环境中，如学校、家庭或治疗室，观察个体的行为和反应。

（2）评估领域：评估多个领域，包括触觉、前庭觉、本体觉、视觉、听觉、嗅觉和味觉。

（3）行为模式：记录个体的行为模式，如寻求或避免感觉输入，以及对感觉刺激的反应。

（4）适应性反应：评估个体如何适应不同的环境和情境，以及他们如何使用感觉信息来指导行为。

（5）整合和组织：观察个体如何整合不同的感觉输入，并组织这些信息以产生适应性行为。

2. 神经运动功能临床观察

Mitra Ananda Surakarta 的神经运动功能临床观察（Clinical Observation of Neuromotor Performance，CONP），是一个专门用于评估感觉统合障碍儿童肌肉张力和神经运动表现的工具。该评估主要涉及肌肉张力（评估儿童肌肉的紧张度和放松能力）、运动协调（评估儿童的运动技能和身体各部分协调工作的能力）、平衡和姿势控制（评估儿童维持平衡和特定姿势的能力）、感觉调节（评估儿童对不同感觉输入的反应和调节能力）四个方面的功能。通过观察这些动作，可以评估儿童的感觉统合能力，特别是肌肉张力和神经运动表现。经过评估，治疗师可以确定儿童在感觉处理和运动协调方面的特定困难，并制定相应的治疗计划。神经运动功能临床观察主要观察的动作包括[1]：

（1）俯卧伸展：评估儿童在俯卧位时保持身体伸展的能力，主要反映姿势肌肉张力、前庭及本体感觉功能。

（2）仰卧位时的颈部屈曲：观察儿童在仰卧位时颈部屈曲的能力，与前庭觉处理能力有关。

（3）姿势稳定性：评估儿童在不同体位下维持姿势稳定的能力，包括四肢支撑姿势的稳定性。

（4）重力控制：观察儿童在进行活动时负重和转移重心的能力，这涉及近端稳定性和自动姿势反应。

（5）独轮车姿势：这是一种整合颈部本体感知、重力接收和视觉控制的活动，并提供通过上肢的本体觉输入。

---

[1]　Mailloux Z, Parham L D, Roley S S, et al. "Introduction to the Evaluation in Ayres Sensory Integration®(EASI)", *The American Journal of Occupational Therapy* 72(2018): 1-7.

（6）星形偏移平衡测试：通过观察儿童向不同方向伸展时的控制能力，来评估儿童在不同平面上的平衡控制能力。

（7）上肢评估：用于发现肩关节的特定缺陷，包括肩水平外展测试、肩旋转测试和肩屈曲测试。

（8）抗重力活动：观察儿童进行秋千、攀岩等活动时的反应，评估其前庭觉和本体觉功能。

神经运动功能临床观察评估的操作方法包括：

（1）观察：在自然环境中对儿童进行观察，记录他们对感觉输入的反应和处理方式。

（2）标准化测试：使用标准化的测试工具来评估儿童的感觉处理能力和运动技能。

（3）前后测设计：采用准实验的单组前后测设计，比较治疗前后的变化。

五、艾尔斯感觉统合评估

艾尔斯感觉统合评估（Evaluation in Ayres Sensory Integration，EASI），是由 A. Jean Ayres 博士开发的感觉统合评估工具，旨在评估 3—12 岁的儿童在感觉处理和感觉统合方面的功能。该评估工具一共有 20 项测试，用于测量感知觉、姿势和眼动控制、双侧整合、运用与执行（Mailloux，2018）等。测试项目包含：

（1）感知觉测试：评估儿童对不同感官刺激（如触觉、听觉和视觉）的感知能力。

（2）姿势和眼动控制测试：评估儿童在维持姿势稳定和进行眼动时的控制能力。

（3）双侧整合测试：评估儿童使用身体两侧协同工作的能力。

（4）运用测试：评估儿童执行有目的的、有组织的行动序列的能力。

（5）感觉反应测试：评估儿童对感官输入的反应性，包括过度敏感或反应不足。

评分标准：

艾尔斯感觉统合评估的评分标准是基于儿童在测试中的表现。每个测试项目都有具体的指导和评分细则，以确保评估的一致性和准确性。评分通常包括以下几个方面：儿童是否能够完成测试任务，以及完成任务的质量和效率；儿童在测试过程中的行为，如注意力、持久性和对挑战的适应性；儿童对感官刺激的反应性。

评估流程如下：

第一阶段，准备阶段。治疗师准备测试材料，并与儿童建立信任关系。在测试前，要确保测试环境安静、无干扰，并向儿童和家长解释评估的目的和过程。

第二阶段，测试阶段。治疗师先要进行初步观察，包括观察儿童在自然环境中的行为和互动，记录儿童对日常活动的反应和参与度。随后，按照标准化程序进行测试，逐项测试时使用标准化的语言和指令，确保测试的一致性，并观察儿童的反应和行为。

第三阶段，评分阶段。根据艾尔斯感觉统合评估的评分手册，对儿童的表现进行评分，并与标准化数据进行比较。

第四阶段，解释阶段。分析评分结果，解释儿童的感觉统合能力，并制定相应的干预计划。

此外，2023年北大医疗脑健康行为发展教研院联合佳木斯大学第三医院共同开发了儿童感觉统合系统化评估工具（children's assessments for sensory integration，CASI），包含儿童基础信息、治疗师访谈、筛查量表、临床观察等部分，对儿童进行感觉反应、感觉辨别、姿势平衡、运用、参与（社交）、动作技能五大领域的全方面评估 ①。该评估工具还可以结合其他临床评估工具进行综合评估。如运用美国国立卫生研究院（National Institutes of Health，NIH）开发的 NIH 工具箱对躯体感觉区辨功能进行评估，运动功能测量（Motor Function Measure，M-FUN）对粗大动作、精细动作、视觉动作进行评估等。

---

① 北大医疗脑健康《CASI 儿童感觉统合系统化评估软件》，2023-10-26，https://www.pkucarenjk.com/61.html.

第二章 儿童学习品质

第一节 学习品质的概念及内涵

一、学习品质概念的提出

学习品质（Approaches to learning）的雏形来源于 Lilian Katz 关于幼儿学习倾向的论述，主要关注儿童在不同领域和情景学习活动中所表现出的典型回应方式[①]。美国国家教育目标委员会（NEGP）第一教育目标技术规划小组于 1991 年提交的《第一教育目标技术规划小组关于入学准备的报告》（The Goal 1 Technical Planning Subgroup Report on School Readiness），首次将学习品质列入早期儿童入学准备，包括儿童发展、学校教育支持、家庭和社区帮助三大领域的儿童发展框架中，与社会性和情感、身体健康和动作、语言、认知发展四大发展领域并列。1992 年，Lilian Katz 又提交了一份《学习品质：作为一个入学准备维度的倾向》

---

① Katz Lilian G. "Disposition in Early Childhood Education". *ERIC/EECE Bulletin* 18(1985):1-3.

（Approaches to learning：Dispositions as a dimension of school readiness）的报告,将学习品质作为一个独立的早期儿童学习与发展领域①。1995 年,Kagan 的《重新审视儿童的早期发展与学习：走向共同的观点和词汇》（Reconsidering children's early development and learning: Toward common views and vocabulary）报告指出,学习品质是入学准备的重要维度,具有统领各个维度发展的重要价值②。同年,美国国家教育目标委员会将学习品质列为学前教育五大目标领域之一。自此,学习品质成为美国国家教育目标委员会入学准备的核心领域,由早期儿童学习与发展的子领域上升到一个独立领域,获得美国国家教育政策的支持。20 世纪 90 年代,受美国国家教育目标委员会的影响,各国纷纷将学习品质纳入儿童入学准备的领域之中。新西兰、澳大利亚、爱尔兰、加拿大、新加坡等国家,将学习品质视为儿童入学准备的重要衡量标准。

　　2006 年,我国教育部基础教育司为响应联合国儿童基金会"遍及全球"的号召,组织教育专家研究制定《3—6 岁儿童学习与发展指南》（以下简称《指南》)。2012 年《指南》正式发布,学习品质第一次以教育部文件的形式被正式提出,并成为学习与发展领域内容的一部分。《指南》制定初期学习品质是六大领域之一,后因学习品质的重要性,而将其融入其他五大领域之中,不再单列,旨在强调学习品质是五大领域发展的基础。2013 年,联合国教科文组织发布的《走向普惠学习：孩子应该学习什么》将学习品质列为培养目标。学习品质成为学前教育改革的风向标,代表儿童教育从关注"学什么"到"怎么学"的转变。

---

　　①　Katz Lilian G. "Approaches to Learning: Dispositions as a Dimension of School Readiness", *Manuscr. Prep. Goal*(1992):1.

　　②　Kagan SL, Moore E, Bredekamp S. *Reconsidering Children's Early Development and Learning: Toward Common Views and Vocabulary*(Washington,DC:National Education Goals Panel,1995).p.p.1-65.

二、国外学习品质的概念及内涵

美国第一教育目标规划小组在 1991 年的报告中指出，学习品质是一个涵盖学习态度、学习风格和学习习惯的整合性术语。Kagan（1995）认为，学习品质是一个经常与身体发展、社会性发展、情绪发展等一起出现的术语[①]，容易与学习倾向、学习技能、学习风格、学习态度等术语相混淆。正是学习品质的这种涵盖性特征，使其成为一个极具争议性和易混淆的概念。当前国外学者对儿童学习品质的定义主要集中在以下两点。

1. 学习品质是一种学习倾向性表现

学习倾向是指个体在学习情境中所展现的倾向性和偏好。Kagan 指出学习品质在儿童早期发展中的重要性，认为学习品质是儿童进入学习情境，并使自己获得各种技能、支持自身取得学习成功的关键因素。在学习品质涵盖的多方面特性上，Kagan 和 Katz 更强调学习品质的倾向性特征。Katz 从幼儿教育的视角定义了学习品质，认为学习品质是儿童在不同场景中所表现出的典型回应方式，是儿童在有意控制下形成的行为模式。Katz 在入学准备报告中用学习品质取代学习倾向，强调了学习品质具有持久性的心智习惯特性。但学习品质的概念范畴比学习倾向更广，它还包括学习意向、倾向和学习风格等子领域。学习品质包含了高频出现的行为模式和有意控制的思维习惯。澳大利亚 2019 年发布的《儿童早期学习框架》，强调学习品质是一种学习过程中表现出的相对稳定的思维和行为倾向。美国佛罗里达州和马萨诸塞州的学习与发展标准也将学习品质定义为在学习活动中表现出的行为和态度倾向。学习品质的倾向性

---

① 鄢超云：《学习品质——美国儿童入学准备的一个新领域》，《学前教育研究》2009 年第 4 期，第 9—12 页。

强调了儿童学习时一种由内而外表现出的主动、积极的心理倾向。Kagan的研究强调了学习倾向在儿童早期发展中的重要性，指出它如何影响儿童的学习动机和学习行为。Katz 的工作则侧重于学习倾向与学校准备程度之间的关系，探讨了如何通过教育实践来培养和加强儿童的学习倾向。Hyson 的研究则关注了学习倾向与学前儿童的课堂表现之间的联系，分析了教师如何通过观察儿童的学习倾向来支持他们的学习。

2. 学习品质是一系列行为和社会技能的表现

与 Kagan、Katz 相比，Fantuzoo、McDermott、McClelland 等学者则更重视学习品质的行为特征，认为学习品质具有可观察性、可塑造性、可变化性等特点。Fantuzoo 从认知领域定义学习品质是一系列独特的儿童参与课堂学习活动方式的行为集合[①]。这些行为集合包括儿童如何学会学习的技能，如坚持、主动。学习品质是支持儿童入学准备的重要因素，能显著预测儿童未来的学业表现。而学习品质的行为特征具有可观察性和可评估性的特点，能帮助成人更好地看见儿童未来的发展。因此，美国开端计划项目署在《儿童发展与早期学习框架（3—5 岁）》（2010）中也将学习品质描述为一系列可观察到的社会互动与学习的行为。Hyson认为学习品质是一系列与学习相关的、反映儿童学习热情与投入的表现，学习品质是儿童在完成学习任务过程中的动机与行为表现。她强调学习品质是影响儿童如何进入学习情境的风格与行为，也指适应性学习行为。Vitiello 认为学习品质是学习情景中的适应性行为表现，是一种儿童适应不同学习环境的，符合社会对儿童学习评价机制的适应性行为表现。除了具有倾向性和可观察性的行为特征外，还有学者提出学习品质具有社

---

① Fantuzzo, J., Perry, M. A., & McDermott, P. "Preschool Approaches to Learning and Their Relationship to Other Relevant Classroom Competencies for Low-Income Children", *School Psychology Quarterly*19(2004): 212-230.

会技能性。McClelland 认为，学习品质是儿童在学习活动中表现的社会技能，是执行功能技能、自我调节技能、社交能力等技能群的行为集合体[①]。执行功能、自我调节、社交等技能，从行为层面上涵盖了注意、独立、坚持、合作等学习品质的相关因子，为儿童的入学准备和学习发展提供了支持。2015 年的美国《儿童成就框架》也指出，学习品质是一种学习的技能和行为。

学习品质是在解决处境不利儿童教育公平问题的大背景下，美国学者提出的一个宽广且多领域交叉的概念。无论是学习倾向特征，还是学习的技能和行为特征，政策文件和学者们均强调，学习品质是一个与学习活动密不可分的涵盖性概念，反映了儿童在学习过程中的表现，而非仅仅关注学习结果。学习品质的提出代表了教育目标由"学什么"向"如何学"的转变。关于入学准备，文件明确指出学习品质是独立于身体发展、认知发展、社会与情感发展的单独领域。对学习品质概念的界定应该明确区分其与其他领域发展的不同之处，并且涵盖学习品质的必备要素。Hyson（2008）指出，学习品质框架应该符合概念上有意义的标准。学习品质的概念应该从发展心理学和教育心理学视角，以一种有意义的方式进行组织，且与其他领域相关内容的组织方式保持一致[②]。

国外对学习品质的界定方式主要分为两大类：一类是将学习品质的构成要素进行罗列总结，另一类是对学习品质的外延和特点进行说明。前者以美国国家教育目标委员会为代表，美国各州以及世界各地的早期学习与发展纲要也相继模仿。后者以 Kagan、Katz、Fantuzoo 等为代表。

---

① McClelland M., Morrsion F J. "The Emergence of Learning-Related Social Skills in Preschool Children", *Early Childhood Research Quarterly*18(2003): 206-224.

② [美]Marilou Hyson：《热情投入的主动学习者：学前儿童的学习品质及其培养》，霍力岩等译，教育科学出版社，2016，第 23 页。

概念界定的角度和侧重点虽各有不同,但对学习品质本质的认识已达成一致。学习品质本质上是学习活动过程中非智力因素的外在表现,而非学习结果。关于其属性,绝大多数学者认为学习品质是促进儿童学业发展的积极因素,但 Hyson 则认为学习品质具有积极和消极两个方面。沮丧、挫折、不投入等消极学习品质,会抑制儿童对学习的热情和投入。从概念的外延分析,学习品质是非智力因素,而这些因素也可能包括消极的一面。从学习品质提出的初衷来分析,狭义的学习品质应该仅指对学业表现能产生积极影响的部分。因此,当前对学习品质概念的界定更倾向于单一的积极方面。学习品质是促进学业表现的非智力因素的集合,是一种学习倾向性和一系列行为、社会技能的表现。

三、国内学习品质的概念及内涵

1. 学习品质是一种基本素质

2012 年,全国幼儿教育指导性文件《3—6 岁儿童学习与发展指南》(以下简称《指南》)将学习品质定义为幼儿在活动过程中表现出的积极态度和良好行为倾向,是终身学习与发展所必需的宝贵品质[①]。李季湄在解读《指南》时指出,学习品质是指学习态度、行为习惯、方法等与学习密切相关的基本素质,是在幼儿期开始出现与发展,并对幼儿现在与将来学习都具有重要影响的基本素质[②]。《指南》对学习品质的定义主要延续 Katz 和 Kagan 对学习品质的定义,注重学习时的态度和行为表现。学

---

① 中华人民共和国教育部:《3—6 岁儿童学习与发展指南》,首都师范大学出版社,2012,第 3 页。

② 李季湄、冯晓霞:《〈3—6 岁儿童学习与发展指南〉解读》,人民教育出版社,2013,第 50 页。

习品质的提出主要是针对幼儿教育"小学化"倾向的问题，因此，《指南》更强调学习品质与其他领域的交融关系，是"终身学习的宝贵品质"，意在凸显儿童早期教育中学习品质培养重于知识技能培养的教育观念。《指南》对学习品质的定义比较宽泛，在其特性和概念外延上未过多解释。学习品质是一种促进儿童持续性学习的基本素质。《指南》中提到，学习品质的基本素质体现在积极态度和良好行为倾向两个方面，这两个方面也是支持儿童终身学习的要素。王宝华、冯晓霞等也在研究中强调学习品质是支持儿童获得学习成功的要素①。

2. 学习品质是学习态度和行为的表现

早在 2009 年鄢超云就已对美国学习品质进行了介绍，他在《学习品质：美国儿童入学准备的一个新领域》一文中指出，学习品质包括与学习有关的倾向、态度、习惯、风格、特质等，并说明儿童是如何获得又是如何运用这些方法和技能的②。他指出，国外所界定的学习品质，包含内容较为广杂，含义也比较模糊。在国外诸多对于学习品质的定义中，他最为认可的是美国华盛顿州的定义："学习品质指能反映儿童自己以多种方式进行学习的倾向、态度、习惯、风格等。"鄢超云秉承入学准备的相关教育理念，强调学习品质是学习知识、技能、能力时的态度、行为倾向，而不是知识、技能、能力本身③。此概念主要突出学习品质的非智力因素特点，将学习品质分为态度和行为两个维度。

与鄢超云观点不同的是索长清，他认为，2010 年美国"开端计划"

---

① 王宝华、冯晓霞、肖树娟等：《家庭社会经济地位与儿童学习品质及入学认知准备之间的关系》，《学前教育研究》2010 年第 4 期，第 3—9 页。

② 鄢超云：《学习品质——美国儿童入学准备的一个新领域》，《学前教育研究》2009 年第 4 期，第 9—12 页。

③ 鄢超云、张子照：《学习品质——回顾、反思与展望》，《幼儿教育》2022 年第 34 期，第 12—15 页。

《儿童发展与早期学习框架（3—5 岁）》将学习品质定义为，儿童能够参与社会互动和学习体验的可观察行为①，这个定义更具有可控制性和可测量性。索长清从实践操作层面强调，学习品质的定义应该突出其可观察、可评估的特征。学习品质是个体在学习行为与态度中表现出的相对稳定的学习倾向、学习风格等，指向儿童如何获得并运用这些知识技能，并在学习过程中起着动力调控的作用②。在其定义中，他更强调学习品质对学习结果的调控作用，认为它是一种个体的相对稳定的特征。但他反对将学习品质归类为外显的技能，更倾向于认为学习品质是一种心理习惯或反应倾向，其本质是心理品质。

霍力岩指出，当前国内外对学习品质概念的研究存在"改写、重构、简化和扩展学习品质要素"等问题，学习品质的内涵在横向结构上包括学习态度与行为的"两维度八要素"，在纵向路径上则表现为学习态度与行为的"耦合共进式发展"③。同时，她明确指出学习品质具有整合性、情境性、行为化、发展性等特征。她认为学习品质是反映儿童趋近与投入学习时的各种倾向性态度与沉浸式行为，用以描述儿童学会学习的方法与过程④。在其定义中，她用"沉浸式行为"一词来描述学习品质的价值，强调学习品质的最终目的是培养儿童学习时的沉浸式行为。与霍力岩观点一致的还有冯丽娜和彭杜宏，她们均认为学习品质重在描述儿童学习

①　索长清：《美国早期学习结果框架中的学习品质——内容、理念及启示》，《外国中小学教育》2017 年第 9 期，第 38—47 页。

②　索长清：《幼儿学习品质之概念辨析》，《学前教育研究》2019 年第 6 期，第 35—44 页。

③　霍力岩、黄双、高游：《基于美国 10 州早期学习标准的学习品质本质、内涵与特点分析》，《外国教育研究》2022 年第 10 期，第 47—59 页。

④　霍力岩、黄双、高游等：《基于文本分析的学前儿童学习品质结构指标比较研究》，《基础教育》2022 年第 6 期，第 88—98 页。

时的态度与行为。而华红艳指出，当前我国关于学习品质概念的研究存在用"概念内涵"代替"概念"的问题。一个概念应该包括关键特征和适用范围两个要素，而当前对学习品质概念在内涵和外延方面的研究相对欠缺。结合这两个要素，她将学习品质定义为儿童在后天形成并不断发展的、能激发和维持学习的行为，始终表现在学习活动中、有助于获得较高质量的学习，并与儿童智力水平不呈现直接相关的、较为稳定的心理特质[①]。

从上述研究中可看出，我国学者们对学习品质的定义与国外相比更注重其特点和价值的描述。研究者们均认为学习品质是影响学习表现的一种积极因素，是儿童学习过程中表现出来的相对稳定的学习态度和行为特征，强调学习品质的本质是一种心理品质，具有后天可塑性。

关于学习品质的定义，国内外研究在"学习行为""学习态度""学习活动过程中发生""对未来学业表现有积极影响"几个方面已达成共识。在学习品质构成维度上，学者提出最多的是学习态度和学习行为。但当前对学习品质概念的界定依然有以下三个需要解决的问题。首先，学习品质是一种非智力因素，不受个人智力水平的影响，但它又是儿童其他领域发展交互作用的核心。如何将这种交互作用与独立特征进行归类和区分，仍是当前概念研究需深入解决的问题。其次，学习品质是在学习活动过程中表现出来的行为特征，具有可观察、可评估的特点。如何衡量和评估学习过程中的行为表现，用什么样的学习活动来评估，是当前界定学习品质的概念时需要进一步明确的问题。最后，学习品质对儿童未来学业成就具有预测作用，对儿童的学习结果有积极影响。学习品质离不开学习活动，且对学习结果产生影响，如何区分和界定非智力因素

---

① 华红艳：《学习品质：概念内涵与结构要素》，《教育与教学研究》2023 年第 3 期，第 10—22 页。

与智力因素对学习结果的影响是学习品质的概念中需要指明的部分。学习品质关注的是儿童"如何学"的学习过程，对学习品质概念的界定应该明确儿童是怎样进行学习的。对儿童如何学的过程进行解析有利我们更好地理解学习品质。儿童的行为、态度由何而来，又是如何影响学习的过程和结果的，是今后学习品质研究需要继续深入解决的问题。

学习品质是一个复杂的概念，它不仅涵盖了儿童在学习过程中的内在心理状态和外在行为表现，还涉及这些特征如何与智力因素相互作用，共同影响学习结果。学习品质是学习者在学习过程中所展现的一系列非智力心理特征和行为模式，包括儿童的态度、动机、兴趣等内在心理状态，也包括学习策略、行为习惯、自我调节等外在表现。这些特征和模式对儿童的认知发展、学业成就以及终身学习都具有积极影响。综合以上分析，本书将学习品质定义为以学习活动为载体，发生于学习过程中，对学习结果产生积极影响，具有鲜明个性特点的、可塑造的非智力因素综合体。

四、感觉统合理论视角下对学习品质概念的理解

20 世纪 70 年代，为解决日益增长的儿童行为问题，Ayres 首次系统提出了感觉统合理论。她从神经科学和教育心理学的角度探讨了大脑神经功能与行为之间的关系，用感觉统合理论来解释中枢神经系统的感觉信息整合能力缺陷与学业/动作学习困难之间的相关性。感觉统合理论认为，有效的感觉统合是学习的基础，学习既依赖感觉处理和统合的能力，又依赖于计划和组织行为的能力[①]。儿童对各种感觉刺激的接收、处

---

① ［美］安妮塔·邦迪、［美］雪莱·莱恩主编：《感觉统合理论与实践》，韩平等译，厦门大学出版社，2022，第 5 页。

理、组合、运用的结果，将影响儿童在姿势控制、认知学习能力、沟通表达与情绪调节能力、注意力与动作行为的控制①。学习品质是儿童高级感觉统合功能的产物，感觉统合能力的高低直接影响儿童学习活动中的计划和组织行为表现。

1. 从感觉统合的神经过程分析学习的过程

感觉统合分为感觉注册、感觉调节、感觉区辩、计划与执行四个步骤。感觉注册是指感觉刺激经过神经传输通路进入中枢神经系统，转化成感觉信息的过程。它是感觉统合的第一步，涉及信息的初步接收和记录。当儿童开始学习活动时，会启动不同感觉器官对学习对象进行感觉注册。例如，儿童观察苹果时，眼睛接收苹果的颜色、形状等感觉刺激，通过视神经，传入大脑皮质中枢，进行视觉信息登记。感觉调节是指神经系统对输入的感觉刺激进行加工处理，以调节感觉刺激信号的强度。当儿童观察苹果时，大脑会关注苹果的表面特征而筛选掉苹果周围事物的干扰信息，从而实现对苹果的聚焦。当眼睛将儿童注视的事物主体视觉信息传入大脑后，中枢神经系统会将事物的颜色、形状等视觉刺激的感觉强度、感觉品质等，调整到适合的程度，将物理刺激转化为生物电信号，从而引发神经冲动。苹果的颜色、形状等信息刺激会加强，引发神经冲动。而苹果周围的感觉刺激量会调整到较小，以降低神经冲动的传导信号。因此，儿童只看到了苹果的颜色和形状，而"看不见"苹果是放在桌子上。感觉区辨是指大脑对输入进来的感觉信息进行比对和分辨。比对感觉刺激的新异性，分辨感觉刺激的种类。例如，看到苹果是红色的而不是蓝色的，是圆形的而不是正方形的。计划与执行是通过感知觉来不断调整自身的姿态和动作，以达到预期的行为动作输出的目的。

---

① 吴端文:《感觉统合》，华都文化（台北），2018，第4页。

行为动作的输出需要大脑对输入的感觉信息进行加工处理后做出行为决策，再将决策向下传导输出。儿童看到苹果的外部特征，听到"苹果"这个词语发音，再结合自身的经验，发现苹果是一个新异物体，激发了儿童进一步的探索行为。例如，儿童用手摸苹果、用鼻子闻苹果等。通过一系列的观察与学习，儿童不断构建属于自己对苹果的经验，再将苹果和感官体验进行整合，形成苹果的概念。

　　从感觉统合的神经过程来分析，学习是"学习信息的获取—学习信息的加工处理—学习结果的输出表达"的过程。学习信息的获取通过感觉接收、感觉传导、感觉注册的方式进行。第一步，感觉接收。感觉器官（如眼睛、耳朵、皮肤）接收外部世界的刺激，并将这些刺激转化为神经冲动。第二步，感觉传导。神经冲动通过特定感觉通路传递到大脑（如视觉信息通过视神经传递到视觉皮层）。第三步，感觉注册。大脑的感觉区域接收并记录这些感觉信息，形成初步的感觉印象。学习信息的加工处理过程涉及四个方面。感官整合：大脑将来自不同感觉通道的信息进行整合，形成统一的知觉体验。注意力分配：前额叶皮层参与调节注意力，帮助儿童选择性地关注某些信息而忽略其他信息。工作记忆：位于前额叶的脑区负责暂时存储和处理信息。意义构建：语义记忆和长期记忆的脑区（如海马体和内侧颞叶）参与构建信息的意义，将其与已有知识联系起来。学习结果的输出则包括动作计划、动作执行、语言输出、反馈调整等四个环节。动作计划：前额叶皮层和辅助运动区参与规划复杂的动作序列（如书写或口头表达）。动作执行：初级运动皮层和脊髓等运动系统执行计划的动作。语言输出：布洛卡区和韦尼克区等语言脑区对语言进行组织和表达。反馈调整：大脑通过反馈机制评估输出结果，调整学习策略和行为。在学习过程中，学习结果的输出也是下一步学习信息获取的开始，学习信息的开始阶段既有来自外部环境的学习信息输入，也有来自内部经验、环境反馈的学习信息输入。特别是行为动作的输出往往伴随着大量身体感知觉的输入，加之外部环境对儿童行为表现的反馈信息，能帮助儿童获得感官经验信息。学习是儿童在已有经验与知识的基础上，主动获取学习信息并进行加工处理的过程。学习结果的输出和外部环境的反馈信息会进一步影响儿童接下来的学习过程。学习是一个内外因素交互影响、循环往复的过程。

2. 从感觉统合的发展阶段分析学习品质的形成

Ayres 将儿童的感觉统合发展分为四个层级 ①。第一层为初级感觉系统，儿童通过感觉器官接收感觉刺激，构建丰富的感觉信息采集与输入网络。第二层为感觉启动能力，通过感觉刺激儿童开始发展身体觉察能力、动作计划能力、双侧协调能力等。第三层为感知—动作能力，将感觉与动作能力相结合形成感知觉。第四层为学习和准备能力，感知—动作能力的提升让儿童获得功课学习技能、注意管理、组织行为、自尊和自控等学习和准备能力。学习和准备能力与学习品质中学习技能、学习的专注、自我调节等要素相接近。儿童具有稳定的学习行为表现是因为儿童的学习与准备能力已经发育成熟，使儿童能有效执行与控制自己的学习行为。从感觉统合发展的四个阶段分析，学习品质的习得是感觉统合最高层次能力发育成熟的标志。从感觉发展到动作，再到感知觉，最后发展出学习与准备能力，这才是儿童感觉统合发展的整个过程，也是儿童学习品质形成的过程。学习品质本质上是感觉统合最高层级能力的外在行为表现，是儿童将感觉刺激内化为感官经验，并以此指导行为活动的结果。

首先，学习品质的形成需要一个丰富的信息采集网络（学习信息的

---

① ［美］卡洛尔·斯多克·克朗诺威兹:《帮孩子找到缺失的"感觉拼图"》，周常译，中国发展出版社，2017，第 61 页。

收集）。感觉刺激是学习品质形成的起点。当感觉刺激信息开始向内传输时，儿童便开始新的学习。感觉刺激输入的生理基础是丰富的信息采集网络，包括内部信息采集网络和外部信息采集网络。丰富的信息采集网络能帮助儿童获得更多的感觉信息收集渠道，增加感觉信息的输入量。初级感觉系统的发育成熟是触觉、听觉、运动与平衡、身体姿态控制、眼球控制发展的基础。当初级感觉系统统合功能出现障碍时，儿童会表现出行为动作方面的困难。例如，眼球追视困难，即儿童无法调节眼部角膜和晶状体，从而无法对事物进行聚焦。在学习活动中，他们经常表现为注意力涣散、无法将目光集中于学习任务上。在交谈时，缺少与人互动的眼神接触。

其次，学习品质需要一个良好的感官启动能力（学习信息的传递）。当环境提供感觉刺激时，儿童需要及时启动感觉器官收集刺激信息。对刺激信息感知能力的强弱，决定儿童的注意唤醒水平。此阶段主要以粗大动作为基础，帮助儿童发展双侧运用、动作计划、身体感知、情绪调节等能力。例如，良好的触觉的感官启动能力有助于儿童调节情绪，建立身体概念。3—6岁儿童主要通过直接的感官经验来学习。与成人的学习方式不同，儿童主要通过亲手操作、直接感知来学习。良好的感官启动能力能帮助儿童即时调动不同感官系统进行多元化学习，特别是身体参与的学习。

再次，学习品质的形成需要高效的感官整合能力（学习信息的整合）。感知动作能力是儿童视听辨别和手眼协调的关键。感知动作能力的成熟能帮助儿童获得说话、语言、手眼协调、视知觉、听知觉等能力。而这些能力是儿童社会交往、学习的基本能力。当感知动作能力存在障碍时，儿童在学习活动中无法进行有效沟通和互动，影响学习中的社交行为表现。儿童是以多感官参与的方式进行学习的，不同的感官信息需要进行整合后才能形成对事物的感知觉。

最后，学习品质的输出需要发育成熟的执行与控制功能（学习结果的输出）。学习和准备能力是儿童有效执行学习任务的基础。儿童的大脑在此阶段基本发育成熟，能够进行专业化、系统化的学习。此时，儿童不仅在感官控制、动作执行方面的效率更高，而且动作行为表现更具有目的性，能够将学习任务转化为有目的的行为动作。儿童的专注能力、学习能力、自我控制能力、自信心、合作能力等均得到有效发展。儿童在知识学习、理解、动作执行、行为控制等方面的功能均已发育成熟。

3. 从感觉统合视角理解学习品质概念

学习品质的本质，是儿童在对环境刺激信息进行加工处理时所表现出的生理和心理反应。学习品质是儿童在不断同化和顺化自己经验的过程中形成的。学习品质是儿童在将各种物理刺激转化为生物电信号，并结合自身的感官经验内化为刺激信号而产生的一种能力和行为表现，是"感觉刺激—感觉动作—感知觉—感官经验"路径的最终结果。学习品质的形成过程，是儿童在受到环境感觉刺激后主动进行加工处理，将刺激转化为经验的过程。但从刺激信息到经验的加工处理方法、模式等会有个体差异，这与儿童个体的经验、体验、情感、知识、神经系统功能、环境反馈等因素密切相关。学习品质是儿童经验获得的产物，其发展需要成熟的感觉统合功能的支持。学习品质是学习信息经过收集、传递、整合、输出等一系列过程后，儿童将信息内化为经验，并与环境主动互动时表现出来的特征和能力。学习品质以神经生理功能为基础，在儿童心理表征加工的过程中形成，具有鲜明的个体差异和环境特征。

第二节　学习品质的构成要素

学习品质是一种涵盖性概念，用来描述儿童是如何学习的，并决定儿童未来的学习与发展质量。如何培养儿童的学习品质，从哪几个方面培养是儿童早期教育重点关注的问题。在各国儿童早期学习与发展框架中都明确指出了学习品质的内涵与结构，但在对学习品质的理解上还存在一定差异。特别是学习品质的构成要素，各国、州和研究者根据自身的教育培养目标提出了各自不同的构成要素，具体如下表 2-1。

表 2-1 学习品质的构成要素

	发布者 / 年份	构成要素
国外	Katz《学习品质：作为一个入学准备维度的倾向》报告，1992	倾向、意向、风格
	美国国家教育目标委员会，1995	好奇心、创造力、独立性、主动性、坚持性
	美国开端计划《儿童早期发展与学习框架（3—5 岁）》，2000	主动、好奇、参与与坚持、推理与解决问题
	美国开端计划《儿童早期发展与学习框架（3—5 岁）》，2010	主动、好奇、坚持与专注、合作
	美国开端计划《儿童早期发展与学习框架（3—5 岁）》，2015	情感与行为的自我调节、主动与好奇、认知自我调节、创造
	英国《法定框架》，2008	游戏与探索、主动性、创造性、批判性
	新西兰《幼儿教育课程大纲》，2017	勇气与好奇心、信任与趣味、坚持性、自信心、责任感、创造力、想象
	澳大利亚《儿童早期学习框架》，2019	好奇心、合作能力、自信心、创造力、热情、坚持性、想象与反思
	新加坡《幼儿园课程纲要》，2012	坚持、欣赏、反思、创造、好奇与求知、参与
	Meisels，1996	专注、坚持、灵活、组织、渴望与独立学习

续表

	发布者 / 年份	构成要素
国外	McDermott，2000	能力动机、学习态度、专注与坚持、策略与灵活性
	Hyson，2008	兴趣、快乐、学习动机、专注、坚持性、灵活性、自我调节
	Hahn，2009	能力动机、注意力、努力策略、灵活性
	Epstein，2012	主动性、计划性、问题解决、资源利用、反思
	Rikoon，2012	动机、坚持、合作、情绪控制
	Callahan，2013	主动、好奇、创造与想象、计划、合作
国内	《3—6岁儿童学习与发展指南》，2012	好奇、兴趣、主动、专注、探究、想象与创造
	彭贤智，2004	学习动力、学习倾向、学习监控、学习策略、学习能力
	WU S.C，2015	能力动机、学习策略、坚持
	温赫柏，2018	好奇与探索、主动与参与、专注与坚持、沟通与合作、反思与回顾、想象与创造、问题解决
	鄢超云，2021	好奇心与学习兴趣、主动性、坚持与专注、想象与创造、反思与解释
	彭杜宏，2021	能力动机、主动性、好奇心、注意与坚持、组织能力、创造力、学习策略、问题解决
	霍力岩，2022	好奇心、坚持性、创造性、主动性、问题解决、计划性、反思、沟通与合作
	索长清，2022	好奇心、主动性、反思性、坚持性、灵活性
	华红艳，2023	好奇心与兴趣、主动性、持久性、学习策略、学习方式、学习习惯、解决问题、反思与评价、学习迁移

注：本表内容来自作者整理。

一、政策文件中学习品质的构成要素

早在 1992 年，Lilian Katz 提交的《学习品质：作为一个入学准备维度的倾向》报告中指出，学习品质包含倾向、意向、风格三个要素。美国国家教育目标委员会（2005）规定学习品质包括好奇与兴趣、主动、坚持与注意、创造与发明、反思与解释五个要素。美国开端计划项目署两次修改学习品质的构成要素，从 2000 版最初的主动与好奇、参与与坚持、推理与解决问题三个维度增加到 2015 版的主动与好奇、情感和行为的自我调节、认知的自我调节（执行功能）、创造性等四个维度。《新西兰幼儿教育课程大纲》认为学习品质包括勇气与好奇心、信任与趣味、坚持性、自信心、责任感等要素，澳大利亚《儿童早期学习框架》中则包括好奇心、合作能力、自信心、创造力、热情、坚持性等。新加坡《幼儿园课程纲要》中，学习品质包含坚持、欣赏、反思、创造、好奇与求知、参与。我国教育部颁发的《3—6 岁儿童学习与发展指南》中学习品质包括好奇、兴趣、主动、专注、探究、想象与创造。

Scott-Little（2003）统计美国 46 州早期的学习与发展标准发现，反思与解释、好奇、参与和想象、主动性等相关要素，在 36 个州中被提及。其中，"好奇"被提及频次最高，共 41 个州提及；"反思与解释""参与和想象"次之，各有 39 个州提及。霍力岩（2022）对比美国 10 州早期的学习与发展标准发现，学习品质分为学习态度与行为两个维度，包括好奇心、坚持性、创造性、主动性、问题解决、计划性、反思、沟通与合作等八个要素[①]。彭杜宏（2020）统计美国开端计划和 24 个州的儿童

[①]　霍力岩、黄双、高游：《基于美国 10 州早期学习标准的学习品质本质、内涵与特点分析》，《外国教育研究》2022 年第 10 期，第 47—59 页。

早期学习与发展标准中关于学习品质的构成要素发现：主动性、坚持性、好奇心、创造与想象、学习投入、问题解决、专注力等词汇被提及频率较高,在文件中共涉及 36 个不同的构成要素[①]。庄甜甜（2010）统计美国 27 个州的儿童早期学习与发展标准发现,学习品质相关的关键词高达 39 个,其中坚持性、好奇心、主动性、创造力、问题解决、反思为高频核心词汇[②]。美国各州对学习品质关键要素表达较为一致,均从学习行为和学习态度两个方面拓展其构成要素。

从国内外教育政策文件分析,学习品质是一个包含学习行为、学习态度、学习动机等多维度多因素的系统。各国普遍比较重视学习品质在学习行为和学习态度两个维度的培养,其中,好奇心、坚持、主动是学习品质构成要素的核心。有所不同的是,美国提出了"自我调节",英国提出了"游戏与探索",新西兰提出了"勇气",新加坡提出了"欣赏"。从这些与众不同的词汇可看出,各国学习品质构成要素除了核心要素外,还针对本国当前教育中存在的品质缺失问题进行了适当增补。美国更注重学习过程中儿童所获得的技能要素,将倾向、态度、习惯、风格等作为学习品质的构成要素。新西兰和澳大利亚则更强调学习倾向方面的因素,将知识、技能、态度三者的联合体作为学习品质的构成主体。

从构成要素的涵盖要素分析,心理层面构成要素以内部动机为主,如主动性、兴趣、好奇等；行为层面要素以行为控制为主,如坚持性、专注性、自我调节等。学习品质构成要素虽涵盖面广、涉及层次多,但教育政策文件一致指明其是一种儿童积极、主动参与学习过程的行为和

---

① 彭杜宏:《儿童早期学习品质的本质内涵、因素结构及学习效应》,《学前教育研究》2020 年第 3 期, 第 57—71 页。

② 庄甜甜、郭力平:《对美国早期儿童学习标准中"学习品质"领域的分析研究》,《山东教育》2010 年第 18 期, 第 8—10 页。

态度表现。凡是儿童积极、主动参与学习中表现的一系列技能都包含在学习品质的构成要素中。另外，因学习品质以学习活动为载体，其构成要素与认知领域的知识和技能表现存在交互关系，部分以知识、技能为基础的行为表现也被列入其中，如美国开端计划 2000 版《儿童早期发展与学习框架（3—6 岁）》中的"推理与解决问题"。

二、研究中的学习品质构成要素

Kagan（1995）指出，学习品质包括好奇心、探索性、坚持性和灵活性等特征，这些特征可以预测儿童在学术和社交环境中的表现。Hyson（2008）从发展心理学和教育学视角提出易于理解和方便操作的情感 / 动机和行动 / 行为两个维度来审视学习品质。她将兴趣、快乐、学习动机纳入情感 / 动机维度，专注、坚持性、灵活性、自我调节纳入行动 / 行为维度。Epstein（2012）结合高宽课程教育实践经验，将主动性、计划性、问题解决、资源利用、反思作为学习品质的关键发展指标，期望幼儿教师依据发展指标为儿童提供支持性的教学策略。Fantuzzo（2005）在探讨学前儿童的情感和行为调整问题以及社会情感入学准备时指出，学习品质包含好奇心和兴趣、主动性、坚持性、灵活性、创造力、社交能力[①]。

此外，还有部分研究为合理、准确评估儿童的学习品质发展制定了不同衡量量表，从实证研究的角度探讨学习品质的构成要素。McDermott（2000）编制的《学前儿童学习行为量表》从能力动机、学习态度、专注与坚持、策略与灵活性几个方面评估 0—5 岁儿童的学习品质发展。Hahn

---

① Fantuzzo J W, Bulotsky-Shearer R, Fusco R A, et al. "An investigation of preschool classroom behavioral adjustment problems and social–emotional school readiness competencies", *Early Childhood Research Quarterly* 20(2005): 259-275.

（2009）根据《学前儿童学习行为量表》发现秘鲁儿童的学习品质由能力动机、注意力、努力策略、灵活性四大要素构成。王宝华（2010）将主动性、目标意识、坚持性、抗挫能力、想象与创造力、专注程度、好奇心、独立等要素作为《儿童学习品质观察评定量表》的主要内容。索长清（2022）编制的《幼儿学习品质家长评定问卷》将学习品质分为好奇心、主动性、反思性、坚持性、灵活性五大要素。

　　《学习品质领域测量表》（由《3—6岁儿童学习与发展指南》编制组编制）在我国被认为是较权威的，它认为，学习品质包括主动性、好奇心与兴趣、坚持与注意、反思与解释、创造与发明等要素。霍力岩（2022）指出，当前学习品质研究存在将要素进行简单菜单式列举、要素间逻辑关系不明确等问题。华红艳（2023）也发现，学习品质构成要素间应该存在一种动态的逻辑关系，但当前学习品质构成要素研究较为零散，学习品质的构成系统和层面间关系不明。她将学习品质分为动力性、过程性、结果性三类，囊括好奇心与兴趣、主动性、持久性、学习策略、学习方式、学习习惯、解决问题、反思与评价、学习迁移等九个要素。从当前文献研究来看，学习品质的构成要素涉及的维度和词汇比较丰富。国外研究将主动、坚持、专注、灵活作为学习品质构成的高频要素。我国研究则更多由主动、好奇、坚持、问题解决、想象与创造构成。坚持与主动是国内外学习品质构成要素研究的重点词汇。

　　实证研究发现，不同年龄阶段儿童的学习品质构成存在差异。例如，McDermott发现，5—7岁儿童的学习品质由能力动机、坚持、合作、情绪四个要素构成，而3—5岁则由动机、注意/坚持、学习态度三个要素构成。随着儿童年龄的增长，同一要素的表现特征也存在差异。不同文化环境下，儿童的学习品质构成也不相同。例如，与美国相比，秘鲁2—6岁儿童学习品质构成增加了灵活性和努力策略两大要素，减少了学习态度。单从构成要素维度和因子数量分析，各国差异比较明显。但仔细比较各因子间关系发现，部分研究选用的因子同样具有涵盖性的特点，且不同因子在评量标准中也存在重叠的关系。例如，策略和问题解决两个要素都涉及认知与执行的灵活性，甚至自我调节也与灵活性相关。各构成要素间具有彼此影响、相互关联的特点。如何更好地对这些要素分类也是当前研究需要深入的部分。

纵观学习品质的概念与构成，当前研究主要聚焦于非智力因素的心理发展层面，强调一种非知识、技能性的观点。在构成要素部分，研究者们普遍持有一种将学习品质与知识、技能相隔离的态度。然而，提出学习品质概念的初衷是将教育重点由"学什么"向"如何学"转变，以便更好地服务于儿童的学习与发展。学习品质的构成本质并不能脱离学习活动而单独进行论述。从解决学习品质与学习关系问题的视角分析学习品质构成，能更好地帮助教育工作者和家长理解学习品质。儿童是如何学习的，用什么样的方式学习，有什么样的学习特点？这些问题的明确反而能从正面回答学习品质为何的问题，了解其本质才能明确其构成。华红艳从学习的产生、持续和质量三个因素着手，将学习品质分为动力性、过程性和结果性三类，不失为一种简洁明了的方法。学习品质的构成不能脱离学习主体，其构成要素与学习活动密切相关，主要功能是提升学习活动的质量。因此，学习品质的各要素本质上是学习活动的催化剂，激发儿童积极主动地进行学习。为了让学习品质能更好地发挥作用，教育工作者和家长需要对儿童的学习品质进行评估和观察。在实际操作和应用时，需要考虑如何进行测量和观察。构成要素的可测量性和可操作性，是一线教育工作者和家长更为关注的焦点。实证研究证明学习品质存在年龄和文化差异，在推广和实施过程中不能照搬经验和模式，需要进行更多的本土化的探索性研究，使学习品质的构成更具针对性和合理性。

未来对学习品质构成要素的研究应该从以下几个方面进行：

（1）学习品质构成要素与学习活动过程的关系；

（2）学习品质构成要素是如何影响学习质量的；

（3）学习品质构成要素的区域化、年龄化特征。

三、感觉统合理论中的学习品质构成要素

感觉统合理论是从神经生理学的角度解释大脑与行为问题之间关系的理论，并以此解释和预测儿童的行为问题。感觉统合理论假设学前儿童的学习是一个通过身体动作与环境互动，经过中枢神经系统的信息加工、整合，最终形成有计划、有组织的适应性行为的过程。感觉统合训练的原理是通过增强感觉刺激输入，诱发适应性行为反应，从而提高学习和行为能力。感觉统合训练是儿童主导的治疗活动，儿童是主动的学习者，治疗的关键在于激发儿童的内驱力。感觉统合训练是治疗师和儿童一起解决问题，帮助儿童探索经验的学习过程，训练形式以有趣、灵活的游戏为主。儿童的主动参与是感觉统合训练有效性的核心，适应性行为是感觉统合训练的最终目标。因此，根据 Hyson（2008）的情感/动机和行动/行为两个维度，感觉统合理论中学习品质的情感/动机维度的要素为主动性，行动/行为维度的要素为适应性行为。

（一）主动性

主动性是指参与活动的驱动力，包括内在驱动力和外在驱动力。感觉统合理论认为主动性的来源是有意义的活动。有意义指的是有重要性、价值和目的。对儿童而言，有意义的活动必须要具有可操作性。根据 Fisher 和 Murray（1991）提出的感觉统合螺旋模型，采用螺旋的方式来

描述个体的发展过程，表明儿童的发展是循环和累积的，而不是线性的。每个螺旋的循环代表个体在不同发展阶段的挑战和成就。自我实现是模型中的最终目标，指的是个体实现其最大潜能的过程。主动性是螺旋上升的推动力，它是一种投入有意义活动的内部动机来源，也是感觉的来源。参与活动的趣味性能够增加儿童的内部动机，在感觉统合治疗时常以游戏的形式进行训练。清晰、即时、明确的反馈是感觉统合治疗中固有的活动特征 ①。清晰、明确的反馈是儿童主动性产生的外部动力，能帮助儿童即时调整自己的行为，使活动更具有可操作性。

（二）适应性行为

适应性行为是指儿童在活动中能有效地组织、计划和实施自己的行为，且儿童的行为、反应符合当下环境的要求，即个体的行为、反应已达到任务的完成标准。感觉统合训练是治疗师根据儿童的行为问题，以过程导向的方式与儿童共同探索并解决行为问题。治疗师通过引导儿童完成相关的游戏任务，诱发儿童产生适应性行为。适应性行为产生的条件有：诱发儿童主动参与的活动、适当的警醒状态、恰到好处的活动任务挑战、成功完成活动以及儿童行为的自我调节。适应性行为的产生是多方面因素共同作用的结果，特别是在儿童发展的过程中。首先，儿童需要有机会参与到能够激发他们兴趣和动机的活动中。当儿童对活动感兴趣时，他们更有可能积极参与并展现出适应性行为。其次，儿童的生理和心理状态对其行为表现有很大影响。保持适当的警醒状态，既不过度疲劳也不过度兴奋，有助于儿童更好地集中注意力和资源，以适应环境和任务要求。儿童通过调节神经系统的兴奋与抑制平衡达到调节警醒状态的目的。然后，任务的难度也是关键性因素。根据儿童的能力提供

---

① ［美］安妮塔·邦迪、［美］雪莱·莱恩主编：《感觉统合理论与实践》，韩平等译，厦门大学出版社，2022，第 249 页。

难度适宜的任务挑战是促进适应性行为的关键。任务如果太简单，可能无法激发儿童的兴趣和参与度；如果太难，则可能导致挫败感和逃避行为。此外，成功的经历能够增强儿童的自信心和自我效能感，这对于适应性行为的产生和持续发展至关重要。成功的体验能鼓励儿童在未来的活动中继续尝试和坚持。最后，儿童行为的自我调节是适应性行为的核心，它使儿童能够在不同情境中灵活调整自己的行为以适应环境。儿童通过自我控制来管理自己的行为，遵守规则和指导，包括抑制冲动行为，选择更合适的行为方式。

儿童主动参与富有挑战性的任务，并在活动中获得成功体验。成功体验帮助儿童积累经验，挑战性任务又帮助儿童不断重构和丰富自身的感知经验。经验与行为之间的结合，形成了儿童的感知模式。这一系列过程就是儿童学习品质行为维度的形成过程。适应性行为的推动力包括感觉和内驱力。主动性是适应性行为产生的内驱力。而适应性行为的产物和结果反馈又能体现活动的价值性，将活动上升为有意义的活动，进一步激发主动性。两者相互促进，互为因果。

第三节　学习品质的影响因素

学习品质是一个多维度、多要素的复杂结构，其影响因素多且复杂。因此，需要借助一定的理论视角对影响因素进行归纳和整理。美国著名心理学家 Urie Bronfenbrenner 提出人类发展的生态学理论，他按照人与环境关系的亲密度将生态系统分为五个层级：微观系统、中间系统、外层系统、宏观系统、时序系统。该理论指出，儿童的发展受个体自身因素与环境因素的交互影响，儿童个体因素不仅受环境因素的影响，还通过与环境互动反过来影响周围环境。Hyson 和冯丽娜根据生态理论将学习品质的影响因素分为儿童的个体差异、家庭因素、学校因素、社会文化因素以及政治与政策因素[①②]。Bronfenbrenner 的生态学理论指出,人类的发展是通过人类有机体与周围环境的人、物体和符号之间逐渐复杂的相互作用过程来实现的[③]。学习品质的发展也是通过儿童与周围环境相互作用的过程来实现的。因此,学习品质的影响因素从生态学视角可分为个体因素和环境因素两大类。

一、个体因素

(一) 感觉统合障碍

感觉统合能力是儿童学习与发展的基础,而学习品质则是感觉统合高级功能发展的产物。当感觉统合功能出现障碍时会影响儿童的学习效率和行为表现。感觉统合障碍是指大脑难以有效接收、组织、运用感觉信息,导致儿童无法与日常环境进行有效的互动[④]。感觉统合障碍包括感觉调节障碍、感觉区辨障碍和运用与执行障碍。这些障碍通过影响儿童的学习效率、行为表现和心理状态等因素影响学习品质的发展。

---

① [美] 马里奥·希森:《热情投入的主动学习者——学前儿童的学习品质及其培养》,霍力岩等译,教育科学出版社,2016,第 44 页。

② 冯丽娜:《儿童学习品质——概念、方法与应用》,复旦大学出版社,2021,第 37 页。

③ [美] 琳恩·E. 科恩、[美] 桑德拉·韦特 - 斯图皮安斯基:《幼儿教师须知的教育理论——13 个世界著名理论流派的幼儿教育观》,刘富利等译,中国轻工业出版社,2021,第 67 页。

④ [美] 卡洛尔·斯多克·克朗诺威兹:《帮孩子找到缺失的"感觉拼图"》,周常译,中国发展出版社,2017,第 62 页。

1. 感觉调节障碍对学习品质的影响

感觉调节是指个体对传输进来的刺激能够进行适当的调节和反应，从而过滤或抑制不相关及不重要的环境刺激，将注意力放在相关或重要的刺激上，而且对于外在刺激不会反应过低或是反应过度，使个体保持适当的神经清醒、专注和行为表现[1]。在细胞层面，感觉调节主要调节神经元之间连接活动的强度和神经递质的分泌。当调节功能出现障碍时，来自环境的物理刺激无法有效转化为电信号引发冲动，即神经系统无法收集到环境刺激。神经递质的调节主要指神经系统的兴奋与抑制水平的调控。当儿童神经调节出现障碍时，会出现过度反应或反应不足的情况，表现为过于兴奋或过于迟钝。在行为层面，感觉调节主要表现为对刺激的行为反应模式，即增加或减少相关的行为活动。感觉调节与儿童的觉醒状态密切相关，最佳的觉醒水平有利于注意力的高度集中。感觉调节影响儿童日常生活中的专注、坚持、完成任务时的计划能力、情绪的稳定性、自我调节能力、社会互动能力等。Miller 指出，感觉调节功能障碍的儿童在自我调节方面存在功能障碍，常出现感觉防御问题。感觉防御是儿童产生学习逃避行为的主要原因，主要表现为注意力不集中、不愿尝试新事物（缺乏好奇心）、不愿与外界交流、爱躲避等。

2. 感觉区辨障碍对学习品质的影响

感觉区辨是对感觉刺激的品质、数量、时空特征进行的准确性分析。感觉区辨能帮助儿童通过感官观察了解事物的特征，并将抽象的符号概念与具体的事物特征联系起来。感觉区辨的作用是对环境输入做出快速的反应，从而支持与行为相关的决策[2]。感觉区辨对信息的识别和分类功

---

[1] 吴端文:《感觉统合》，华都文化（台北），2018，第 156 页。

[2] [美] 安妮塔·邦迪、[美] 雪莱·莱恩主编:《感觉统合理论与实践》，韩平等译，厦门大学出版社，2022，第 151 页。

能不仅决定儿童记忆的准确性，还影响决策运动控制的前馈机制和执行。当儿童存在感觉区辨障碍时，会表现出对感觉刺激反应迟钝、不能正确辨认物体的外部特征、过于追求某一刺激等。如躯体感觉区辨障碍影响儿童对事物质地、形状、大小、运动状态等信息的感知，表现为大、小肌肉动作发展不协调，身体动作控制能力差等。感觉区辨通过影响行为决策的途径影响儿童在学习过程中的行为表现，进而影响学习品质。

3. 运用障碍对学习品质的影响

运用障碍是指组织和计划一个有目的行为的能力障碍，包括动作意念形成障碍、躯体运用障碍、双侧整合与顺序障碍[1]。运用包括动作计划和动作执行两个环节，是儿童思考与执行的关键部分。在感觉区辨的基础上，儿童结合目标、动机与个人需求，决定与环境互动的方式和行为，并向下传导行为决策执行信息。运动系统是儿童行为决策的最终执行者。动作意念形成障碍是儿童在行为决策环节出现困难，在学习活动中缺乏计划性和目的性。因此，这类儿童喜欢固定、单一的行为方式，对新事物缺乏好奇。在游戏活动中表现为创造性和想象力缺乏。意念形成障碍与儿童的模仿能力、注意力、行为调节等功能密切相关。躯体运用障碍、双侧整合与顺序障碍均表现在决策执行环节的困难。儿童在日常生活中表现出冲动、分心、动作不协调，这不是因为注意力不集中，而是因为运用障碍[2]。躯体运用障碍影响儿童视觉空间技巧，如抄写和运动判断。双侧整合与顺序障碍通常表现为动作顺序执行困难、对动作的时间和空间控制困难。在外部行为表现方面表现为左右混淆、无法完成左右协调

---

① [美] 安妮塔·邦迪、[美] 雪莱·莱恩主编:《感觉统合理论与实践》，韩平等译，厦门大学出版社，2022，第 100 页。

② Kirby A, Sugden D, Purcell C. "Diagnosing developmental coordination disorders", *Archives of disease in childhood* 99(2014): 292-296.

性动作。因此，运用障碍影响学习品质中的注意力、自我调节、创新、好奇、想象力。

（二）年龄与性别差异

3—6岁是儿童快速发展的一个阶段，此时儿童的认知发展正处于皮亚杰的前运算阶段，也是感觉统合第三阶段发育成熟的时期。与3岁前儿童相比，3—6岁儿童的语言、情绪、认知等快速发展，有意记忆开始出现，并随着年龄的增长而逐步加强，但无意识记忆仍占主导。直觉行动思维、具体形象思维和抽象逻辑思维也随着年龄的增长而变化[1]。儿童认知功能的飞速发展，使其思维模式和社会性发展呈现出明显的年龄差异。这些差异也进一步影响了儿童的学习品质发展。索长清（2022）调查我国4187名3—6岁儿童的学习品质发现：坚持性随年龄增长呈直线上升趋势；3—4岁反思和灵活性呈上升趋势，但之后略有下降；好奇心在3—4岁时保持稳定，4岁后开始下降[2]。马亚玲、杜文英（2021）的调查则表明，大班儿童的学习品质总体上优于中班和小班，特别是在好奇与探索、想象与创造方面存在显著差异[3]。冯丽娜（2020）、李珊珊等（2019）的调查也证实了不同年龄儿童学习品质各要素的发展水平存在差异。学习品质的各要素存在发展不均衡的现象，且不同年龄段儿童的学习品质各要素间发展差异显著，但总体发展水平随年龄的增长而呈线性上升的趋势。国外研究也表明，儿童的学习品质存在年龄差异。Hair（2006）发现，美国儿童在坚持性方面，6岁儿童得分高于其他年龄段，不同构成要素间也存在年龄差异。McDermott（2000）发现，5—7岁儿

---

[1] 林崇德：《发展心理学》，人民教育出版社，2018，第234页。

[2] 索长清：《幼儿学习品质的发展及其培养》，知识产权出版社，2022，第203页。

[3] 马亚玲、杜文英：《3—6岁幼儿学习品质发展现状研究》，《陇东学院学报》2021年第6期，第141—144页。

童的学习品质由能力动机、坚持、合作、情绪等四个要素构成，而3—5岁则由动机、注意/坚持、学习态度三个要素构成。

在性别方面，男孩与女孩的学习品质也存在明显差异。索长清（2022）的调查发现，女孩在反思性和灵活性方面的发展明显优于男孩，且性别差异相比年龄差异更为明显；仅3岁组儿童中，坚持性不存在性别差异；此项研究说明，坚持性在幼儿园初期不具有性别和年龄差异，但随着年龄增长，男女孩间的差异开始显著增加。这主要与女孩在自我控制、情感和注意力方面的能力较强有关。李燕芳（2013）发现女孩的独立性、灵活性和注意力发展优于男孩。邹静怡（2022）调查发现，女孩在坚持与注意、主动性、想象与创造三个要素上得分高于男孩，而男孩的好奇心与兴趣得分高于女生。然而，也有研究发现相反的结果，如李芳雪（2015）、高璇（2015）等发现男孩在想象与创造、主动性、好奇心方面的得分高于女孩。学习品质发展的性别差异主要与男孩、女孩生理和心理发育速度不一致有关。台湾脑神经科学家洪兰曾指出，男生和女生的大脑结构不同，思维方式也存在较大差异。生理和心理特征的性别差异是导致学习品质存在性别差异的主要原因。

学习品质的发展因儿童脑功能的发育成熟而呈上升趋势，各要素间的发展存在年龄和性别差异。然而，不同的研究存在较大的差异，主要原因在于各研究选用的评估量表和样本数不一致。评估量表各维度的选用指标间存在差异，且样本数量和样本来源的差异也会影响调查结果。总体来说，实证研究发现儿童的学习品质随年龄增长而呈上升趋势，且不同性别在不同要素上有发展差异。

（三）问题行为

问题行为通常包括注意力不集中、多动、攻击性、逃避等。金芳、李娜娜（2019）调查发现，儿童问题行为中"不注意－被动"和"多动"

指数因子与学习品质呈显著负相关,其中,"不注意-被动"对儿童的学习品质有负向预测作用。杨荣旺(2017)研究发现,注意力不集中等执行功能缺陷会影响儿童良好学习品质的形成。Fantuzzo(2004)指出,注意力不集中与动机、注意力、坚持等学习品质呈负相关。刘彩倩等(2020)发现,儿童问题行为与其同伴交往能力中的语言和非语言交往能力、社交障碍及总分呈显著负相关,问题行为影响儿童的社会交往能力。社会交往是儿童学习的必备技能,影响儿童学习的主动性。从当前研究分析,问题行为对学习品质影响最大的是注意力不集中。注意力水平的高低决定了儿童坚持与专注的能力。问题行为从儿童投入的角度影响积极学习品质的发展,决定了学习动机、专注与坚持等要素的水平。

二、环境因素

(一)家庭因素

家庭是儿童学习的第一所学校,也是儿童成长的主要环境。大量调查研究发现,家庭经济地位、教育投入、父母的教养方式、家庭结构等因素对儿童学习品质的发展具有较大影响。经济基础决定上层建筑,家庭的社会经济地位决定了儿童能获得的教育资源。家庭经济地位越高,儿童在认知、情绪、行为表现方面发展往往更好[1]。处境不利环境下,儿童的学习品质发展往往受到一定程度的制约。高社会经济地位家庭的儿童在主动性、想象力和创造能力、好奇心、专注程度等方面的表现,显著优于社会经济地位较低家庭的儿童[2]。贫困地区儿童的学习品质风险较

---

[1] Bradley R H,Corwyn R F. "Socioeconomic status and child development",*Annual review of psychology*53(2002):371-399.

[2] 王宝华、冯晓霞、肖树娟等:《家庭社会经济地位与儿童学习品质及入学认知准备之间的关系》,《学前教育研究》2010年第4期,第3—9页。

高（Buek，2019）。特别是低收入和母亲受教育程度较低的儿童，学习品质得分普遍较低（霍力岩，2014）。家庭的教育投入对儿童学习品质的发展也具有一定影响。社会经济地位较高的家庭能够为儿童提供更丰富的学习资源，以及更多的学习机会和活动，从而促进儿童学习品质的发展（冯丽娜，2020）。家庭教育投入程度能显著预测儿童学习品质的发展水平，特别是教育的经济投入和时间投入能有效解释学习品质的变异量（徐莹莹，2021）。教育的经济和时间投入能为儿童创造丰富的学习环境，为儿童学习品质的发展提供沃土。

父母是儿童教育的第一责任人，父母的教养行为和教养方式对儿童学习品质的发展具有重要影响。高质量的亲子互动能促进儿童学习品质的发展，亲子互动质量对学习品质影响的结构方程模型拟合度良好[①]。父母的参与度越高，越有利于儿童学习品质的发展，但当前儿童教育中普遍存在一种教育焦虑。家长的教育焦虑对儿童的学习品质存在消极影响，但适度的教育焦虑有助于获得较好的学业表现效益（周孟秋、周鸿，2023）。父母的教养方式会在一定程度上影响儿童的自我效能感，特别是父母对儿童的评价直接影响儿童对自我的认知。林朝湃、叶平芝（2020）分析教养方式和学习品质关系时发现，权威教养方式能促进学习品质发展，父母参与对学习品质发展具有中介调节作用。

在家庭因素中，家庭的社会经济地位、父母的教养方式对儿童学习品质的发展具有重要作用。家庭不仅决定儿童的教育环境，还影响儿童的学习状态和自我效能感。两者从不同的途径影响儿童学习品质的发展。

（二）学校因素

学校是儿童接受正规教育的场所。在学校中，儿童接受系统化、科

---

① 洪培琼、陈妮娅：《亲子互动质量对 5—6 岁幼儿学习品质的影响与提升》，《福建技术师范学院学报》，2023 年第 5 期，第 655—662 页。

学化、集体化的学习。学校的教育质量、师资水平、教学环境等因素直接影响儿童的学习质量。教师的教学活动决定了儿童能学到什么,教学设计与儿童教育需求的匹配程度决定了儿童能学会多少。良好的师生关系能有效激发儿童学习的主动性,师幼互动是影响儿童学习品质的核心要素。教师的情感支持、课堂组织、教学支持的质量和水平与学前儿童学习品质的发展直接相关[①]。积极的师幼互动能帮助儿童获得情感支持,建立自尊和自信的品质,促进学习品质的发展。高质量的教学管理能够提供更多的学习参与机会,激发儿童学习的主动性。教师的教学风格和教学效能感在儿童学习品质发展中起中介作用[②]。Hyson(2008)指出,没有挑战的无关课程、降低投入度和动机的教学方法、混乱的日程安排等因素将导致儿童形成消极的学习品质。儿童天性具有主动、探索、好奇的品质,不恰当的教育方式会阻碍儿童积极学习品质的形成。学校教育应该促进儿童学习品质发展,而不是为了功利化目的进行拔苗助长式的教育。学校的教育质量对儿童学习品质发展具有直接影响,特别是教师的教育水平。

另外,学校的教育环境也影响儿童的学习活动。环境的安全与健康影响儿童问题解决能力、好奇心与探索欲,区角设置影响儿童的专注力与坚持性,户外空间与设备影响儿童的主动性与参与性,幼儿作品对儿童的反思与回顾有较大影响[③]。教育环境为儿童学习提供了探索的物质基础,丰富的教学环境更能激发儿童的好奇心和探索欲望。学校既通过教

---

① 张晓梅:《师幼互动质量对学期儿童学习品质的影响及其教育促进》,东北师范大学硕士论文,2016。

② 陈沛瑶:《教师教学风格对幼儿学习品质的影响》,广西师范大学硕士论文,2023。

③ 许梦宇:《幼儿园学习环境对3—6岁儿童学习品质的影响研究》,塔里木大学硕士论文,2023。

学活动直接影响儿童学习品质的发展，又通过家校互动方式间接影响儿童学习品质的发展。其中，教师和教学环境是主要影响因素。

（三）社会因素

社会是儿童生活的大环境。社会文化、价值观、社会发展需求等都是影响教育目标的主要因素。教育的目的是培养有社会性的人。儿童是通过与环境互动来获得经验与知识，并在社会环境中习得社会技能。文化模式和社会价值观引领儿童的学习方向，并决定儿童行为的适应性。行为的合理性评价标准带有强烈的文化和价值色彩，不同文化背景下评判标准具有差异性。不同文化背景下，儿童的学习品质发展也具有差异性，如日本儿童的坚持性强于美国儿童（Blinco，1992）。在同一维度上，对学习品质要素的把控也具有一定的文化特征，美国更注重注意力的集中性，而日本则更加强调注意力的转移。

社会因素中教育政策对儿童学习品质发展也具有一定影响。教育政策通过学校影响儿童的学习活动。教育政策是学校教育改革的风向标，直接引领学校教育的未来发展方向。例如，教育质量的评估政策影响学校教育的工作重心。教育政策的公平性决定了儿童接受教育的公平性和教育投资的公平性。社会通过文化、价值观、教育政策等因素直接作用于学校，间接影响儿童学习品质的发展。社会对学习品质的认同感能有效促进儿童学习品质的发展。教育政策因素则通过学校因素影响儿童学习品质的发展环境。

第三章　感觉统合与儿童学习品质的关系

第一节　感觉统合与儿童学习能力

心理学家皮亚杰指出:"智慧的根源来自幼儿期的感觉与运动发展,感觉统合能力在 6 岁前儿童的认知发展中扮演着重要角色。"根据皮亚杰的认知发展理论,3—6 岁儿童正处于前运算阶段,此阶段是儿童语言和情绪发展的关键期。儿童通过大量身体活动,满足自身对感觉和动作的刺激需求,并获得视知觉、空间知觉,习得语言能力、视知觉概念、时空概念、手眼协调等能力。若此时期儿童缺少身体活动和感知机会,不仅会影响儿童的身体动作发展,还会因缺少身体与感知的统合而造成动作经验不足,进一步影响儿童的动作协调能力、注意力,甚至认知能力的发展。感觉统合是儿童动作能力、情绪调节和日常行为的重要构成环节,是认知功能的基础[1]。在香港,幼儿园感觉统合训练普及率高达93.2%,感觉统合训练器材已成为幼儿园的基础设施。在台湾学前教育的教学重点中,动作发展训练、感觉训练及知觉训练占教学课程的 45%,

---

[1]　吴端文:《感觉统合》,华都文化(台北),2018,第 4 页。

是学习准备工作中最重要的一环①。感觉统合训练能有效改善特殊儿童的
学习与行为问题。例如，感觉统合训练可改善自闭症谱系障碍（ASD）
儿童的感觉能力、行为以及与二者相关的其他能力②；对注意力缺陷多动
障碍（ADHD）儿童的多动冲动、品行问题、学习问题、身心问题、焦
虑、多动指数等各项指标均有明显改善作用③。感觉统合能力与儿童的学
习也密切相关，前庭觉失调影响儿童的阅读与书写、情绪稳定性，本体
觉失调影响儿童自我感知、动作计划、自尊自信。台湾学者丁丽珍研究
发现：俯卧反身直立与词语记忆有关，动态平衡与算术、图形推理显著
相关，但感觉统合与智力不相关④。她进一步解释说明，只有当感觉统合
障碍严重到一定程度时，才会影响儿童的智力水平。这些研究说明了感
觉统合影响儿童的学习过程，是儿童学习品质发展的基础。因此，对感
觉统合与儿童学习品质的相关性研究，有助于了解感觉统合如何影响儿
童学习品质的形成，为学习品质的培养提供参考建议。

一、感觉统合与感知觉发展

感知觉发展是儿童早期发展中一个关键组成部分，它涉及儿童如何
接收、处理和理解来自他们周围环境的感觉信息。3—6岁阶段儿童的感
知觉迅速发展，各种感觉器官逐渐成熟，为儿童的学习提供了丰富的信

---

① 吴端文:《感觉统合》,华都文化（台北）,2018,第12页。
② 韩文娟、邓猛:《国外感觉统合疗法与自闭症儿童循证实践相关研究综述》,《中国特殊教育》2019年第2期,第30—37页。
③ 杨鑫悦、于宏达、于晶:《感觉统合训练干预儿童注意力缺陷多动障碍效果的Meta分析》,《体育科技文献通报》2022年第9期,第228—232页。
④ 丁丽珍:《学前儿童感觉统合运动能力与智力发展之相关的研究》,台北市立体育学院运动科学研究所硕士论文,2019。

息来源。同时,感觉统合能力的发展也使得儿童能够更好地整合和处理这些信息,从而提高了学习效率。儿童开始学习如何将来自不同感官的信息整合在一起。例如,他们学会如何将看到的物体(视觉信息)与触摸到的感觉(触觉信息)相结合,以形成对物体的完整认识。通过爬行和走路等基本运动技能,儿童学会了如何在空间中定位,理解物体之间的相对位置和距离。这种空间感知能力是感知觉发展的一个重要方面,它涉及视觉、触觉和本体觉的整合。Cermak(2015)指出,发展性协调障碍(DCD)儿童在运动协调性上的困难影响他们整合来自不同感官系统的信息,从而影响他们对环境的感知和理解,直接影响了他们的感知觉发展[①]。儿童通过运动和探索环境来发展他们的感知觉,这一过程对于他们理解空间、形成身体意识和提高运动协调性至关重要。

随着儿童的视觉系统逐渐成熟,他们的视觉敏锐度、颜色识别能力都有所提高。随着触觉、前庭觉、本体觉的协调发展,儿童发展出良好的视知觉。视知觉的统合功能包括视觉辨别、背景区辨、空间位置、形状辨认、视觉记忆等,这些功能有利于儿童玩拼图、乐高及玩具组合的能力,进而发展手眼协调能力,促进儿童精细动作发展[②]。良好的视知觉能力对于儿童的阅读能力、写作技能和环境探索至关重要。感觉统合功能是儿童感知觉形成的生理基础,感觉统合训练则能有效促进儿童感知觉的形成。Ayres(1972)在其著作中提出的感觉统合训练是一种针对感觉统合障碍的干预方法,它通过一系列有目的的、控制好的活动来提高儿童的感觉处理能力。这些活动旨在促进儿童的大脑更好地整合来自不

---

① Cermak, S. A., Katz, N., Weintraub, N., et al. "Participation in Physical Activity, Fitness, and Risk for Obesity in Children with Developmental Coordination Disorder: A Cross-Cultural Study", *Occupational Therapy International* 22(2015): 163-173.

② 吴端文:《感觉统合》,华都文化(台北),2018,第18页。

同感觉系统的信息，帮助儿童形成良好的自我感知，从而提高他们的学习能力。

二、感觉统合与认知发展

3—6 岁的儿童，认知能力已得到显著发展，他们开始能够理解和运用符号、概念等抽象知识。感觉统合能力的发展有助于儿童更好地理解和运用这些抽象知识。当儿童在玩耍积木时，他们的视觉、触觉和前庭觉等感官共同参与，帮助他们理解和感知积木的形状、大小和颜色等物理属性。这种多感官的参与和整合，使得儿童能够更准确地理解这些属性，并在头脑中形成相应的概念。这些概念不仅为儿童提供了对积木的直接认知，也为他们进一步理解和探索其他事物提供了基础。Ayres（1972）提出，通过感觉统合活动，儿童可以更有效地探索和理解符号。如：通过触摸和操作数字卡片，儿童可以更好地理解数字与数量之间的关系；通过听字母的发音并模仿，他们可以学会字母与声音之间的联系。

感觉统合能力的发展还有助于儿童在其他方面的认知发展，如注意力、记忆、思维等。良好的感觉统合能力可以帮助儿童更好地过滤掉无关的感觉信息，从而集中注意力在学习和认知任务上。例如，如果一个儿童在课堂上能够忽略背景噪音，专注于老师的讲解，这将有助于他们理解和记忆课堂内容。良好的感觉统合能力有助于提高儿童的注意力，注意力集中可以帮助儿童更有效地编码和存储信息，从而提高记忆力。郑会杰（2021）采用"学习—再认"研究范式对幼儿感觉统合能力与记忆发展的关系进行分析，发现感觉统合能力的发展与幼儿的记忆能力密切相关，良好的感觉统合能力可以促进记忆的发展[①]。良好的感觉统合能力可以帮助儿童更有效地处理来自环境的信息。当儿童能够准确、迅速地接收和解释感官信息时，他们的大脑就能更有效地进行思考和决策。

感觉统合能力对儿童思维能力的发展具有积极影响，能有效提升儿童学习能力、智力水平及逻辑思维和推理能力[②]。感觉统合和认知发展是相互关联的，它们共同支持儿童的学业成就。感觉统合能力与儿童的注意力、记忆力、思维和解决问题能力息息相关，是提高儿童学业成绩的关键因素。

三、感觉统合与语言发展

语言发展需要听觉、视觉和触觉等多种感官的协同作用。儿童通过听觉来接收语言信息，包括语音的节奏、音调、音量和语调等。这些信息对于他们学习语言的声音模式和词汇至关重要。他们通过观察说话者的嘴唇动作、面部表情和身体语言来辅助理解语言的含义。此外，视觉也有助于儿童学习阅读和写作。触觉在语言发展中的作用虽不如听觉和视觉直接，但它在儿童的整体发展中起着基础性作用。触觉可以帮助儿童探索环境，增强对物体和空间的认识，间接地支持了语言的理解和表达。感觉统合功能通过影响儿童的听觉、视觉、触觉等多种感官的协调，对语言的发展起着至关重要的作用。例如，感觉统合功能中的前庭觉失

---

① 郑会杰、李高、陈睿：《3—6 岁幼儿感觉统合能力与记忆发展的关系研究》，《滇西科技师范学院学报》2021 年第 4 期，第 123—128 页。

② 梅建、王淑萍、董中旭等：《"3.3.3"研究体系对儿童学习能力和智力发展影响的研究》，《中国儿童保健杂志》1999 年第 2 期，第 71—73 页。

调将导致儿童发音不清[①]。通过感觉统合训练，可以提高语言发育迟缓儿童的接受性、交流性和描述性等语言能力[②]。

四、感觉统合与社会技能发展

感觉输入与运动输出的整合对于社交技能的发展至关重要，感觉统合帮助儿童理解并回应社交环境中的感觉刺激。感觉统合的个体差异会影响儿童如何利用时间、如何与他人交往，以及如何与他们的物理和社会环境互动[③]。感觉统合功能对儿童的游戏技能、社交参与和社交技巧的发展有重要影响。游戏通常涉及与其他儿童的互动。感觉统合障碍会导致儿童难以理解社交规则或以适当的方式响应，从而影响他们与同伴的互动。感觉统合能力也会影响儿童参与游戏的意愿和能力。如果儿童对某些感觉输入过于敏感或不敏感，他们会避免某些游戏活动，因为这些活动可能会引起不适。感觉统合功能对儿童运动技能和协调能力的发展至关重要，感觉统合障碍会影响儿童的运动计划和执行能力，从而影响他们在游戏中的表现。Bundy（2007）研究感觉统合障碍如何影响游戏技能时发现：感觉统合问题导致儿童在游戏活动中遇到困难，比如难以参与或享受游戏，以及难以与同龄人互动。社交参与需要儿童能够理解和解释他人的非言语和言语线索。感觉统合障碍会影响儿童对这些线索的

---

① 汪毅、赵昊、田亮等：《督导下短时程个性化前庭康复训练与固式化前庭康复训练对复发性外周性眩晕的疗效比较》，《中华医学杂志》2024 年第 14 期，第 1132—1137 页。
② 施冬卫、唐艳萍、许桔静等：《感觉统合训练用于语言发育迟缓患儿的治疗》，《保健文汇》2021 年第 18 期，第 167—168 页。
③ ［美］安妮塔·邦迪、［美］雪莱·莱恩主编：《感觉统合理论与实践》，韩平等译，厦门大学出版社，2022，第 22 页。

感知和解释，导致社交误解或沟通障碍。在社交情境中，儿童需要有效地调节自己的情绪反应。感觉统合功能与情绪调节紧密相关，儿童需要有效地管理自己的情绪反应，以适应社交情境。感觉统合障碍会导致儿童情绪调节困难，使儿童在社交互动中更容易感到焦虑或过度兴奋。感觉处理障碍的儿童在社交场合中表现出过度敏感或不足的反应，这些障碍限制他们的社交参与和建立友谊的能力（Cosbey，2010）。社交互动需要儿童掌握一定的社交技巧，如理解并遵守社交规则、建立和维护社交关系、轮流与分享等。感觉统合障碍影响儿童对轮流和分享概念的理解，以及他们在实际互动中的执行。在建立和维护人际关系方面，感觉统合障碍儿童因无法准确感知和解释他人的社交信号，导致他们在建立和维护人际关系时经常出现误解。自闭症谱系障碍（ASD）儿童的社交参与困难、社交技能障碍，与他们的感觉统合障碍相关（Hilton，2007）。儿童社交技能的发展需要良好的感觉统合功能作为基础，感觉统合障碍从游戏参与、社交互动、情绪调节、社交技巧等方面影响了儿童社交技能的发展。

第二节 3—6 岁儿童感觉统合发展与学习品质的发展现状

一、研究对象与方法

本节采用整群随机抽样的方式，向某市城区幼儿家长发放了《学前儿童感觉统合发展测评家长问卷》。该问卷包括三个部分，分别为儿童基本情况调查、儿童感觉统合能力测评、儿童学习品质测评。此次回收问卷 410 份，其中有效问卷 400 份，剔除了问卷填表时间低于 20 秒和内容不完整的问卷 10 份，问卷有效回收率 97.6%。具体情况如表 3-1 所示。

表 3-1 调查对象基本情况（N=400）

样本情况		样本数（名）	百分比 %
性别	男	217	54.3
	女	183	45.8
年龄	3 岁	32	8.0
	4 岁	78	19.5
	5 岁	148	37.0
	6 岁	142	35.5
年级	小班	89	22.3
	中班	135	33.8
	大班	176	44.0

注：本表数据来源于《学前儿童感觉统合发展测评家长问卷》的统计结果。

本次调查显示，3—6 岁儿童的性别比例相对比较均衡，其中男孩占比 54.13%，女孩占比 45.87%。在班级分布方面，大班占比较高，中班次之。在年龄结构上，5—6 岁儿童占比较大，3 岁儿童占比最少。然而，调查对象的班级和年龄构成尚未达到研究的预期结果，主要原因可能是由于问卷发放时期为小班入学初期，家长问卷填写意愿较低。

二、3—6 岁儿童学习品质发展现状

本书选用的学习品质评估量表为美国 ECLS-K 项目的《学习品质量

表》（SRS-ATL 家长版），该量表具有良好的一致性信度和分半信度，其中分半信度为 0.89[①]。评估量表采用李克特 4 点计分方式，1 分表示"没有"，4 分表示"经常"，通过计算平均分来获得学习品质的分数。

1. 学习品质的总体情况

表 3-2 3—6 岁儿童学习品质的描述性统计分析

维度	最小值	最大值	均值	标准偏差
坚持	2	4	2.81	0.680
兴趣与好奇	2	4	3.47	0.608
注意力	1	4	2.83	0.696
渴望	1	4	3.46	0.640
独立	1	4	2.77	0.703
创造力	1	4	3.08	0.725
学习品质	11	24	18.41	2.732

注：本表数据来源于《学前儿童感觉统合发展测评家长问卷》的统计结果。

对 3—6 岁儿童学习品质的发展情况进行统计分析发现（如表 3-2 所示），各维度学习品质得分均值在 3.0 左右，平均值最高 3.47，最低 2.77。这说明 3—6 岁儿童学习品质各维度发展情况良好，总体学习品质的发展水平较高。其中，"兴趣与好奇""渴望"的平均得分最高，且"兴趣与好奇"维度最小值为 2 分，即没有儿童缺乏对周围事物的兴趣与好奇心。六大维度中，"独立"的平均得分最低，且儿童个体间差异比较明显。

---

① 李燕芳、吕莹：《家庭教育投入对儿童早期学业能力的影响——学习品质的中介作用》，《中国特殊教育》2013 年第 9 期，第 63—70 页。

2.3—6 岁儿童学习品质的性别差异

表 3-3 3—6 岁儿童学习品质性别差异分析

维度	性别	个案数	平均值	标准差	标准误差	显著性（P 值）	F 值
坚持	男	217	2.76	0.679	0.46	0.080	3.081
	女	183	2.88	0.677	0.50		
兴趣与好奇	男	217	3.45	0.600	0.041	0.520	0.415
	女	183	3.49	0.619	0.046		
注意	男	217	2.80	0.682	0.046	0.423	0.645
	女	183	2.86	0.712	0.053		
渴望	男	217	3.44	0.678	0.046	0.450	0.571
	女	183	3.49	0.592	0.044		
独立	男	217	2.65	0.692	0.047	0.000	13.713
	女	183	2.91	0.693	0.051		
创造力	男	217	3.05	0.759	0.052	0.466	0.533
	女	183	3.10	0.684	0.051		
学习品质	男	217	11.15	2.854	0.194	0.036	4.417
	女	183	11.72	2.554	0.189		

注：本表数据来源于《学前儿童感觉统合发展测评家长问卷》的统计结果。

从 3—6 岁儿童学习品质的性别差异统计分析（如表 3-3 所示），在"坚持""兴趣与好奇""注意""渴望""创造力"方面，虽然女孩表现优于男孩，但差距较小，不存在显著性别差异。统计结果表明，3—6 岁儿童的性别差异对学习品质发展不存在较大影响。但女孩得分普遍高于男孩，特别是在独立性和学习品质总分方面存在明显的性别差异。"独立"的 F 值为 13.713，P 值为 0.000，表明性别对 3—6 岁儿童独立发展具有显著影响，且女孩独立性发展优于男孩。学习品质的 F 值为 4.417，P 值为 0.036，表明学习品质的总体发展水平存在明显的性别差异，女孩学习品质发展总体表现优于男孩。冯丽娜（2020）调查 1131 名在园幼儿学习品质发展情况也表明，女孩的学习品质整体表现较好[①]。李燕芳（2013）的研究也证明女孩独立性发展优于男孩。学习品质的性别差异效益主要来源于独立性的显著差异和其他维度的微小差异的累积。

3. 3—6 岁儿童学习品质的年龄差异

表 3-4 3—6 岁儿童学习品质年龄差异分析

年龄		坚持	注意力	兴趣与好奇	渴望	独立	创造力	学习品质
3 岁	平均值	2.66	2.78	3.62	3.44	2.63	3.00	18.13
	标准偏差	0.653	0.792	0.554	0.759	0.751	0.762	2.938
4 岁	平均值	2.64	2.87	3.46	3.59	2.69	3.08	18.33
	标准偏差	0.683	0.709	0.697	0.591	0.690	0.734	2.671
5 岁	平均值	2.82	2.84	3.44	3.49	2.76	3.09	18.45
	标准偏差	0.646	0.677	0.597	0.600	0.686	0.728	2.678
6 岁	平均值	2.94	2.80	3.46	3.36	2.85	3.08	18.48
	标准偏差	0.697	0.690	0.579	0.667	0.714	0.715	2.797
总计	平均值	2.81	2.83	3.47	3.46	2.77	3.08	18.41
	标准偏差	0.680	0.696	0.608	0.640	0.703	0.725	2.732

注：本表数据来源于《学前儿童感觉统合发展测评家长问卷》的统计结果。

根据表 3-4 统计结果分析，儿童的学习品质平均值整体呈上升趋势，

---

① 冯丽娜：《家庭社会经济地位与幼儿学习品质的关系——家庭学习环境的中介作用》，《学前教育研究》2020 年第 4 期，第 62—72 页。

从 18.13 增长到 18.48，表明随着年龄的增长，儿童的学习品质有所提高。6 岁儿童在坚持性和独立性两个方面表现优于其他年龄组儿童。儿童的坚持能力随年龄增长略有提升，但提升幅度较小。这可能与幼儿的自我控制能力随着年龄的增长逐渐增强有关。儿童的独立性随年龄逐渐增强，平均值逐年上升。各年龄段的标准偏差都较大，说明儿童在独立性方面存在较大的年龄差异。虽然"坚持"和"独立"两个维度发展水平随年龄上升而呈上升趋势，但"兴趣与好奇"则呈现小幅度下降趋势。

3 岁儿童的"兴趣与好奇"平均值最高，随着年龄的增长，这一指标略有下降。在注意力方面，各年龄段的标准偏差都较大，说明儿童之间的注意力差异相对较大，其中 3 岁儿童的个体差异最大。4 岁儿童的注意力平均值最高（2.87），这可能与此阶段儿童"渴望"（3.59）较强有关，使得他们在活动中更能够保持专注。"创造力发展"在各年龄组的发展水平比较一致。在学习品质的总体发展方面，发展水平随年龄增长而持续提升，但整体变化不大。根据统计结果可知，3—6 岁是儿童学习品质发展的重要阶段，但不同年龄段之间的差异并不显著。

三、3—6 岁儿童学习品质的特点

1. 学习品质的热情高于投入

根据表 3-4 可知，3—6 岁儿童在"兴趣与好奇""渴望"和"创造力"三个维度的得分较高，反映了他们对学习活动的高度热情和内在动机。根据 Hyson（2008）的划分，这些维度都需要儿童情感的带动，属于热情维度。其中，"兴趣与好奇"得分最高，表明儿童在探索新事物时展现出了强烈的积极性和好奇心，是学习内驱力的重要体现。索长清（2023）指出，在学习准备阶段，幼儿需要展现出好奇心和主动性，这是他们面对学习情境时的意图和动机阶段，旨在"发起"学习[①]。王秀青（2023）调查全国 785 名 3—6 岁儿童的学习品质发展情况也发现他们的"好奇心"表现最佳。尽管 3—6 岁儿童在热情维度上表现出色，但在"注意力""坚持"和"独立"三个维度上的得分较低，这可能与儿童在自我控制和自我调节能力方面的不足有关。这说明 3—6 岁儿童在意志控制的努力方面有待提高，存在学习投入不够的现象。学习品质与各维度的得分介于 2.77—3.47 之间，儿童的表现处于中等水平，与邹静怡（2022）和索长清（2022）的研究结果一致。

2. 年龄差异影响学习品质各维度发展的均衡性

3—6 岁儿童学习品质的总得分随年龄增加而稳步提升。随着年龄增长，儿童大脑神经系统发育成熟，对自我行为的控制能力明显增强。因此，"坚持"和"独立"随年龄增长具有直线上升的特点。3 岁儿童的"兴趣与好奇"发展最佳，其他年龄段不具有显著差异。与邹静怡（2022）调查结果相一致，因儿童年龄小，对于身边环境与周围世界充满好奇心[②]。3 岁正是儿童抽象逻辑思维萌芽的阶段，儿童通过不断探索提升自己的思维水平。但随着年龄增长，认知能力不断提升，儿童的探索欲望开始下降。此外，不当的教养方式可能侵蚀儿童的兴趣与好奇，导致 3 岁后儿童的学习热情有一定幅度下降。4 岁时儿童的"注意力"和"渴望"表现最好，5—6 岁后呈现小幅下降趋势。从儿童注意力发展特征分析，儿童的注意力水平一般随年龄增长而增加。但 4 岁后儿童的注意力不增反降，这可能与以下原因有关：随着年龄增长，家长对儿童注意力

---

① 索长清、马洪瑞、张德佳：《基于学习过程的幼儿学习品质——结构要素及其培养》，《江苏教育研究》2023 年第 17 期，第 65—70 页。

② 邹静怡：《3—6 岁幼儿学习品质发展状况的调查研究——以 L 市幼儿园为例》，洛阳师范学院硕士论文，2022。

的要求不断提高，要求增加的幅度已超过年龄效益，导致注意力水平不增反降。此外，数字化时代电子产品的过度使用也可能会降低儿童注意力水平。在创造力发展方面，年龄因素不具有推动作用，各年龄组表现基本持平，这可能是与"注意""渴望"维度的表现下降有关。

3. 学习品质发展具有一定的性别差异

女孩在学习品质的各维度发展水平普遍高于男孩，但仅"独立"和学习品质总分具有统计学上的显著差异。其中，独立性发展优势最为明显。主要原因可能为：女孩在动作技能发展水平上，特别是精细动作能力方面优于男孩，因此女孩具有较强的独立能力。李静静（2024）在元分析中也发现学习品质发展存在显著的性别差异，女孩学习品质发展普遍优于男孩。女孩学习品质总分的发展优势来源于各维度的小幅累积效应。"坚持"维度的发展在 4 岁时女孩明显优于男孩，而到 6 岁时男女差异最小。"兴趣与好奇"维度的发展在 3 岁时女孩明显优于男孩，而到 6 岁时男女差异最小。"注意力维度"则在 3 岁时女孩明显优于男孩，5 岁时性别差异最小。值得注意的是男孩在 4 岁时"创造力发展"稍高于女孩（3.16 > 2.97），5 岁时女孩优势更为明显。总体而言，学习品质各维度的发展受年龄和性别的交互影响，女孩的发展水平普遍高于男孩，但差异不大。

四、3—6 岁儿童感觉统合的发展现状

本书编制的《学前儿童感觉统合发展测评家长问卷》中，儿童感觉统合能力测评部分主要包括本体觉评估和前庭觉评估两个方面。该问卷选自台湾郑信雄翻译、任桂英进行本土效验的《儿童感觉统合评定量表》。量表每个选项按照"从不、经常、偶尔、很少、总是"5 个等级进行评

分，其中"从不"为最高分，"总是"为最低分。评估方式为先对每个维度进行总分统计，再将原始分转换为 T 分，最后根据年龄和 T 分判断失调等级。经检验该量表具有较好的一致性信度，重测信度为 0.47—0.73，分半信度为 0.68—0.77，因子与项目的相关性为 0.49—0.94[①]。

1. 3—6 岁儿童感觉统合总体情况

表 3-5 3—6 岁儿童感觉统合的描述性统计分析

	前庭觉				本体觉			
	正常	轻度失调	中度失调	重度失调	正常	轻度失调	中度失调	重度失调
人数	302	78	11	9	308	73	17	2
百分比 %	75.50	19.50	2.75	2.25	77.00	18.25	4.25	0.50

注：本表数据来源于《学前儿童感觉统合发展测评家长问卷》的统计结果。

从表 3-5 统计分析可知，3—6 岁儿童前庭觉失调比例为 24.50%，其中，轻度失调 19.50%，中、重度失调 5.00%。本体觉失调比例为 23.00%，轻度失调 18.25%，中、重度失调 4.75%。前庭觉失调和本体觉失调比例相当，说明 3—6 岁儿童的前庭觉和本体觉发展相对均衡。进一步统计分析发现，3—6 岁儿童存在双重感觉统合失调人数为 55 人，占比 13.75%。根据感觉统合理论，只要儿童存在某一维度的感觉统合失调都称为感觉统合失调。经统计，本次调查发现 3—6 岁儿童感觉统合失调率为 34.25%，以轻度失调为主，重度失调以前庭觉失调较多。

---

① 任桂英、王玉凤、顾伯美等：《儿童感觉统合评定量表的测试报告》，《中国心理卫生杂志》1994 年第 4 期，第 145—47 页。

2. 前庭觉发展基本情况

表 3-6 3—6 岁儿童前庭觉的描述性统计分析

年龄				前庭觉等级				总计
				正常	轻度失调	中度失调	重度失调	
3 岁	性别	男	计数	13	4	1	3	21
			百分比	61.90%	19.05%	4.76%	14.29%	100.0%
		女	计数	10	1	0	0	11
			百分比	90.91%	9.09%	0.0%	0.0%	100.0%
	总计		计数	23	5	1	3	32
			百分比	71.88%	15.63%	3.13%	9.36%	100.0%
4 岁	性别	男	计数	29	11	2	1	43
			百分比	67.44%	25.6%	4.7%	2.3%	100.0%
		女	计数	30	5	0	0	35
			百分比	85.71%	14.3%	0.0%	0.0%	100.0%
	总计		计数	59	16	2	1	78
			百分比	75.6%	20.5%	2.6%	1.3%	100.0%
5 岁	性别	男	计数	75	6	1	2	84
			的百分比	89.29%	7.1%	1.2%	2.4%	100.0%
		女	计数	60	3	0	1	64
			百分比	93.75%	4.7%	0.0%	1.6%	100.0%
	总计		计数	135	9	1	3	148
			百分比	91.2%	6.1%	0.7%	2.0%	100.0%
6 岁	性别	男	计数	38	27	3	1	69
			百分比	55.1%	39.1%	4.3%	1.4%	100.0%
		女	计数	47	21	4	1	73
			百分比	64.4%	28.8%	5.5%	1.4%	100.0%
	总计		计数	85	48	7	2	142
			百分比	59.9%	33.8%	4.9%	1.4%	100.0%

续表

年龄			前庭觉等级				总计
			正常	轻度失调	中度失调	重度失调	
总计	性别	男 计数	155	48	7	7	217
		男 百分比	71.4%	22.1%	3.2%	3.2%	100.0%
		女 计数	147	30	4	2	183
		女 占百分比	80.3%	16.4%	2.2%	1.1%	100.0%
	总计	计数	302	78	11	9	400
		占百分比	75.5%	19.5%	2.8%	2.3%	100.0%

注：本表数据来源于《学前儿童感觉统合发展测评家长问卷》的统计结果。

从表3—6统计发现，3—6岁儿童前庭觉失调比例为24.50%，其中男孩失调比例为28.57%，高于女孩8.9个百分比。进一步分析不同年龄间儿童前庭觉失调比例发现，6岁儿童前庭觉失调最为严重，达到40.14%，5岁儿童发展最好，仅8.8%儿童存在前庭觉失调。3—4岁儿童感觉统合发展水平相当，感觉统合发展随年龄增长而不断成熟，到5岁时到达发育的高峰时期，随后出现断崖式下降。对比前庭觉发展的性别差异发现，女孩发展水平普遍高于男孩，特别是在3—4岁阶段男女差异较大。3岁女孩前庭觉正常率高男孩29.01个百分点，4岁时高18.27个百分点。5岁时男女性别差异不明显，仅为4.46个百分点，6岁时差异有小幅拉大。总体来说，3—6岁儿童前庭觉发展具有明显的性别和年龄差异，5—6岁儿童发展水平有较大波动，此时可能为儿童前庭觉发展的一个关键期。

3. 本体觉发展基本情况

表 3-7 3—6 岁儿童本体觉的描述性统计分析

年龄				本体失调等级				总计
				正常	轻度失调	中度失调	重度失调	
3 岁	性别	男	计数	15	4	2	0	21
			百分比	71.43%	19.05%	9.50%	0.0%	100.0%
		女	计数	9	2	0	0	11
			百分比	81.8%	18.2%	0.0%	0.0%	100.0%
	总计		计数	24	6	2	0	32
			百分比	75.0%	18.8%	6.3%	0.0%	100.0%
4 岁	性别	男	计数	34	8	1	0	43
			百分比	79.1%	18.6%	2.3%	0.0%	100.0%
		女	计数	30	5	0	0	35
			百分比	85.7%	14.3%	0.0%	0.0%	100.0%
	总计		计数	64	13	1	0	78
			百分比	82.1%	16.7%	1.3%	0.0%	100.0%
5 岁	性别	男	计数	64	14	6	0	84
			百分比	76.2%	16.7%	7.1%	0.0%	100.0%
		女	计数	53	8	3	0	64
			百分比	82.8%	12.5%	4.7%	0.0%	100.0%
	总计		计数	117	22	9	0	148
			百分比	79.1%	14.9%	6.1%	0.0%	100.0%
6 岁	性别	男	计数	47	17	5	0	69
			百分比	68.1%	24.6%	7.2%	0.0%	100.0%
		女	计数	56	15	0	2	73
			百分比	76.7%	20.5%	0.0%	2.7%	100.0%
	总计		计数	103	32	5	2	142
			百分比	72.5%	22.5%	3.5%	1.4%	100.0%

续表

年龄				本体失调等级				总计
				正常	轻度失调	中度失调	重度失调	
总计	性别	男	计数	160	43	14	0	217
			百分比	73.7%	19.8%	6.5%	0.0%	100.0%
		女	计数	148	30	3	2	183
			百分比	80.9%	16.4%	1.6%	1.1%	100.0%
	总计		计数	308	73	17	2	400
			百分比	77.0%	18.3%	4.3%	0.5%	100.0%

注：本表数据来源于《学前儿童感觉统合发展测评家长问卷》的统计结果。

统计发现3—6岁儿童本体觉发展情况相对前庭觉发展好。前庭觉总体失调率为23%，其中男孩失调率为26.27%，女孩为19.13%。女孩的前庭觉发展情况优于男孩，但两者的差异较小。从本体觉的年龄发展趋势分析，4—5岁阶段儿童本体觉发展存在一定的波动。3—4岁儿童的本体觉发展不断上升，但到5岁后开始下降，不过总体的降幅不大。性别差异方面，3岁时本体觉的性别差异最为明显，与前庭觉发展差异相比差距小。总体分析，3—6岁儿童本体觉发育良好，不存在明显的性别和年龄差异，但本体觉的发展在4—5岁时出现小幅度的波动。

综上分析可知，本次调查中3—6岁儿童感觉统合失调例为34.25%，大部分为轻度感觉统合失调，重度感觉统合失调仅占少数。该结果与其他研究调查结果相一致，失调率分别为35.9%（任桂英，1994）、34.7%（曹秀菁，2014）、38.3%（沈茜）。感觉统合失调人数中男孩多于女孩，且不同年龄阶段男女失调率存在差异。3岁左右为前庭觉和本体觉性别差异最明显的时期，此时女孩的感觉统合发展情况明显优于男孩。感觉统合的不同维度间也存在发展趋势不一致现象，主要表现为前庭觉波动的节点为 5 岁，本体觉波动的节点为 4 岁。

五、3—6 岁儿童感觉统合的发展特点

1. 感觉统合失调以轻度为主

本次调查发现，3—6 岁儿童感觉统合失调率为 34.25%，其中轻度失调率为 27.25%，占所有失调儿童的 79.56%。前庭觉的轻度失调比例略高于本体觉，且重度失调率明显高于本体觉。6 岁儿童感觉统合轻度失调比例最高，其中前庭觉轻度失调比例高本体觉 10 个百分点。分析原因可能为：前庭觉发展需要儿童进行大量的户外运动，通过爬、跳、攀登等方式获得速度和方向刺激。而现代都市化生活使得城市儿童缺少户外攀爬的活动空间，从而导致前庭觉失调率高。本次调查发现 3—6 岁儿童感觉统合发展具有以下特点：感觉统合失调率高，但失调程度轻，以轻度失调为主；6 岁儿童失调率最高，且前庭觉失调比例高于本体觉。相关研究证明，儿童感觉统合失调主要与儿童早期教养环境缺失有关，特别是运动的不足。儿童养育方式和环境因素也会影响儿童感觉统合的发展[1]。

2. 感觉统合两个维度的发展敏感期不同

对感觉统合各年龄的发育趋势进行对比发现，4 岁时儿童的本体觉发展最好，5 岁时儿童的前庭觉发育最佳。5 岁时儿童前庭觉失调率仅为 8.8%，而到 6 岁时失调率上升到 40.1%。5 岁与 6 岁儿童间存在显著差异，其中轻度失调的差异最为明显，重度失调的差异不大。分析原因

---

[1]　王谦、罗蓉、俞丹：《儿童感觉统合失调和感觉统合训练》，《中华妇幼临床医学杂志》2009 年第 2 期，第 170—174 页。

可能为：6 岁时儿童正处于大班阶段，其粗大动作发展相对 5 岁儿童弱。周喆啸对 4—5 岁儿童和 5—6 岁儿童的粗大动作进行测试，发现 4—5 岁组儿童在跑、立定跳远、原地双手拍球、双手接球等动作发展上优于 5—6 岁儿童 [①]。不同年级儿童的前庭觉发展水平不同，中班时儿童的前庭觉正常比例明显高于大班，小班的发展水平次之。

本体觉发展总体水平高于前庭觉发展，失调率较前庭觉低，且中重度比例较小。3—4 岁儿童的本体觉发展不断上升，在 4—5 岁时存在一定的波动，5 岁后开始下降，但总体的降幅不大。重度失调主要集中在 6 岁，此时儿童活泼好动，处于动作技能发展期，需要进行大量的身体活动促进神经肌肉系统的发展。比较不同年龄组感觉统合原始分均值发现，前庭觉和本体觉的均值均呈线性上升趋势，说明儿童的感觉统合水平随年龄增加不断成熟。然而，失调率则表现为大班阶段儿童比例高，主要因为在判断失调时已将年龄因素纳入 T 分转化标准中，所以失调率不受年龄影响。

3—6 岁儿童感觉统合发展呈现以下年龄特点：感觉统合发展水平随年龄增加而不断提升，但感觉统合失调率以 6 岁最高；4 岁时儿童本体觉正常率最高，5 岁时儿童前庭觉正常率最高。

3. 感觉统合发展具有男女性别差异

3—6 岁儿童女孩感觉统合发展优于男孩，男孩感觉统合失调率高于女孩。3 岁时，儿童感觉统合失调的性别差异最明显，特别是前庭觉失调率男女相差 29%。进一步对比 3 岁时男女儿童感觉统合原始分平均值发现，前庭觉相差 5.3 分，本体觉相差 3.6 分。本次调查结果与张瑾

---

① 周喆啸：《3—6 岁幼儿身体功能性动作体系的构建与实证》，浙江大学出版社，2021，第 156 页。

瑜（2019）的调查结果相一致[①]。前庭觉失调率的性别差异在 5 岁时最小，6 岁时男女儿童的失调率为各年龄组最高。本体觉失调率的性别差异在 3 岁时最大，4—6 岁时基本一致（6.6%），男女性别差异不明显，其中，6 岁是男女孩本体觉轻度失调比例最高时期。对比 4—6 岁本体觉原始分平均值发现，4 岁时男女均值差异最小（0.3 分），5—6 岁男女均值差异比较稳定，在 1.5—1.7 分之间。综上，感觉统合发展的性别差异主要体现在：女孩发展水平高于男孩，3 岁时性别差异最为明显，5 岁时前庭觉失调率的性别差异最小，4 岁时原始分均值性别差异最小。

第三节　感觉统合发展与学习品质的相关性

一、感觉统合失调与学习品质的均值比较

表 3-8　3—6 岁儿童本体觉失调与学习品质的均值比较

学习品质	本体觉	平均值	标准差	Sig.（双尾）	平均值差值
坚持	正常	2.93	0.675	0.000	0.327
	失调	2.60	0.640		
兴趣与好奇	正常	3.51	0.581	0.000	0.239
	失调	3.27	0.624		
注意力	正常	2.90	0.681	0.000	0.339
	失调	2.56	0.650		

① 张瑾瑜：《长沙市城郊幼儿感觉统合失调现状及运动干预研究》，湖南师范大学硕士论文，2019。

学习品质	本体觉	平均值	标准差	Sig.（双尾）	平均值差值
渴望	正常	3.54	0.595	0.000	0.403
	失调	3.13	0.679		
独立	正常	2.89	0.698	0.000	0.424
	失调	2.47	0.614		
创造力	正常	3.12	0.716	0.000	0.187
	失调	2.94	0.719		
学习品质	正常	18.89	2.657	0.000	1.919
	失调	16.98	2.443		

注：本表数据来源于《学前儿童感觉统合发展测评家长问卷》的统计结果。

从表3-8数据分析可知，本体觉正常的儿童，其学习品质总得分比本体觉失调的儿童高1.9，且组间存在统计学上的显著差异。本体觉正常的儿童在学习品质的各个维度上普遍表现更优秀，表明本体觉的发展对儿童的学习品质有显著的积极影响。其中，"独立""渴望"两个维度的组间差异较大，"创造力"组间差异最小。由此可知，本体觉功能对儿童的"独立""渴望"具有一定的影响，而对"创造力"影响不大。本体觉就像身体地图，它帮助儿童准确掌握身体状态，从而更好地探索和学习。本体觉失调的儿童由于动作协调能力差、方向感差等问题，在学习过程中更容易感到挫败和放弃，从而影响他们学习品质的发展。

表3-9 3—6岁儿童前庭觉与学习品质的均值比较

学习品质	前庭觉	平均值	标准差	Sig.（双尾）	平均值差值
坚持	正常	2.95	0.679	0.000	0.374
	失调	2.57	0.606		

续表

学习品质	前庭觉	平均值	标准差	Sig.（双尾）	平均值差值
兴趣与好奇	正常	3.49	0.589	0.004	0.113
	失调	3.37	0.623		
注意力	正常	2.87	0.716	0.000	0.192
	失调	2.68	0.582		
渴望	正常	3.50	0.610	0.000	0.235
	失调	3.27	0.687		
独立	正常	2.88	0.712	0.000	0.363
	失调	2.52	0.599		
创造力	正常	3.12	0.717	0.003	0.142
	失调	2.97	0.723		
学习品质	正常	18.81	2.702	0.000	1.418
	失调	17.39	2.541		

注：本表数据来源于《学前儿童感觉统合发展测评家长问卷》的统计结果。

从表 3-9 的数据分析可知，前庭觉失调对儿童学习品质各维度的发展也存在一定影响。"坚持"和"独立"两个维度的组间差异最大，"兴趣与好奇""创造力""注意"三个维度的组间差异较小。前庭觉失调主要影响儿童"坚持""独立"两个维度学习品质的发展，但影响程度相比本体觉失调较小。前庭系统涉及身体平衡和空间感知，其失调可能影响儿童对任务难度的评估，导致他们更容易感到挫败或放弃。在面临任务或挑战时，缺乏持久的专注力和毅力，影响儿童的坚持性。此外，平衡感和空间感知的缺失，使得前庭失调儿童害怕尝试新事物或独立完成任务，更倾向于依赖他人的指导和支持，从而影响独立能力的发展。

总体分析可知，感觉统合正常儿童的学习品质得分高于感觉统合失调儿童。感觉统合失调主要影响"独立""渴望"和"坚持"三个维度学习品质的发展，其中儿童的独立性不仅受本体觉失调的影响，还受前庭觉失调的影响。比较前庭觉和本体觉双重失调儿童与其他儿童学习品质各维度得分均值发现，在"坚持"与"独立"两方面差异最大，均达到0.4分的组间差异，"渴望"和"注意力"存在0.3分的组间差异，但"创造力"和"兴趣与好奇"维度的组间差异最小。这再次表明了感觉统合失调对"独立"和"坚持"两个维度的学习品质发展具有消极影响。同时，进一步的组间比较发现，感觉统合失调对儿童注意力的发展也有一定影响。

二、感觉统合失调等级与学习品质各维度得分的相关性

表 3-10 感觉统合失调等级与学习品质各维度得分的相关性

		坚持	兴趣与好奇	注意力	渴望	独立	创造力	前庭失调等级	本体失调等级
前庭失调等级	皮尔逊相关性	-0.191^{**}	-0.064^{*}	-0.092^{**}	-0.118^{**}	-0.187^{**}	-0.026	1	0.480^{**}
	Sig.（双尾）	0.000	0.028	0.001	0.000	0.000	0.364		0.000
本体失调等级	皮尔逊相关性	-0.193^{**}	-0.208^{**}	-0.201^{**}	-0.252^{**}	-0.237^{**}	-0.128^{**}	0.480^{**}	1
	Sig.（双尾）	0.000	0.000	0.000	0.000	0.000	0.000	0.000	

统计感觉统合失调的程度与学习品质各维度得分的相关性可知（如表 3-10 所示），前庭觉失调与"坚持""注意力""渴望"和"独立"四个维度存在 0.001 水平上显著性相关，和"兴趣与好奇"存在 0.05 水平上显著性相关。按相关性程度排列依次为：坚持、独立、渴望、注意力、

兴趣与好奇。结合表 3-8 数据可知，前庭觉轻度失调儿童与重度失调儿童在坚持方面存在 $P < 0.05$ 的显著性差异。而前庭觉失调与创造力不存在统计学上的相关性，即表明前庭觉失调不影响儿童的创造力表现，但从均值上比较，前庭觉正常的儿童，其创造力得分略高于前庭觉失调儿童。通过相关性分析，前庭觉失调对儿童学习品质发展产生负面影响。

本体觉失调与学习品质的六个维度均存在 0.001 水平上显著性相关，其中以"渴望"和"独立"两个维度的相关性最高。结合表 3-9 的数据综合分析，感觉统合失调在一定程度上对儿童学习品质的发展产生负面影响。因而进一步比较感觉统合正常与重度失调儿童的组间差异发现，本体觉失调在"兴趣与好奇"维度存在 $P < 0.001$ 的显著性差异，组间均值差异为 0.513 分。本体觉轻度失调儿童与重度失调儿童在"兴趣与好奇"维度上存在 $P < 0.001$ 的显著性差异。在学习品质总分方面，感觉统合正常儿童与前庭觉失调和本体觉失调儿童存在 $P < 0.01$ 的显著性差异。由此可知，感觉统合失调对学习品质发展存在一定程度的消极影响，本体觉失调相比前庭觉失调影响更大。另外，前庭觉失调与本体觉失调密切相关，中重度感觉统合失调往往表现为双重感觉统合失调。

第四节　感觉统合教育与学习品质的融合

通过调查发现，3—6 岁儿童感觉统合失调在一定程度上制约了儿童学习品质的发展。学习品质不仅涉及儿童如何学习，还关系到他们的情感、社会互动以及认知发展。感觉统合教育关注儿童如何通过感官信息的整合来促进学习和发展，与学习品质之间存在着密切的联系。感觉统合不仅影响儿童的感官信息处理能力，还深刻影响着他们的情绪调节、运动技能和社会互动能力，这些都是学习品质的重要组成部分。感觉统合教育可以为儿童提供一个全面的支持系统，帮助他们发展成为具有积极学习态度、良好情绪调节能力和强烈社会参与意识的学习者。因此，有必要对儿童学习品质与感觉统合教育之间的关系展开深入分析。

一、感觉统合教育与学习品质的融合基础

1. 感官经验促进认知发展

儿童的感官经验是学习的基础。感觉统合理论指出，儿童通过感官获取信息，并将这些信息统合起来，形成对环境的认知和理解。例如，视觉和听觉的统合能够帮助儿童更好地理解空间关系和语言信息，这对于数学和语言学习至关重要。触觉功能的统合不仅有助于儿童探索和理解物理世界，还与情感安全感的建立有关（Baranek，2002），这为积极的学习态度提供了情感基础。具身认知理论认为，认知过程不仅仅是大脑内部的活动，而且与身体和环境紧密相连[1]。在儿童早期，感觉运动经验对于概念的获得和语言加工具有深刻影响[2]。儿童通过身体动作与感官体验来理解世界，这种经验是他们认知发展的重要组成部分。感官经验直接影响学习行为。当儿童在多感官参与的学习环境中时，能够更积极地探索和学习。例如，通过动手操作和实践，儿童能够更好地理解抽象概念，这种学习方式比单纯的视觉或听觉学习更为有效。多感官训练可

---

[1]　陈思维：《具身认知研究进展综述》，《心理学进展》2024 年第 1 期，第 387—394 页。

[2]　陈银芳、刘钊：《身体经验对儿童概念习得的影响——具身认知的视角》，《心理学进展》2019 年第 8 期，第 1528—1534 页。

以提高自闭症儿童的感官整合能力，从而改善他们的学习行为①。感官经验还通过影响儿童的情感和认知，塑造他们的学习态度。积极的感官体验可以增强儿童的学习兴趣和动机，从而形成积极的学习态度。相反，负面的感官体验则会导致学习动机下降，影响学习态度。感官经验是儿童认知发展、学习行为和学习态度形成的关键因素。通过提供一个丰富的感官学习环境，可以促进儿童的全面发展。

2. 感觉统合影响情绪调节

情绪调节是指个体管理和控制自己情绪体验和表达的能力。情绪调节能力可以帮助儿童应对学习压力，维持积极的学习态度。Pekrun 提出的控制—价值理论（Control-Value Theory，CVT）指出，情绪调节策略可以影响学业情绪的产生和强度，从而间接影响学习行为。学业情绪产生于学习者对学业活动及其结果的控制评价和价值评价，这两种评价共同影响学业情绪的产生，进而影响学习行为。感觉统合训练通过提供适宜的感觉输入，帮助儿童调节情绪反应。例如，感觉调节活动可以帮助对声音或光线敏感的儿童减少过度的感官刺激，从而提高学习注意力。感觉统合训练中角色扮演、社交故事和情绪卡片游戏，可帮助儿童认识不同的情绪状态，增强儿童对情绪的敏感性和识别能力。情绪识别是儿童社交技能和情感智力的基础，有助于儿童理解学习情境中的情绪反应，提升情绪调节策略，形成积极的学习态度。教师可以通过创造支持性的学习环境、提供积极的反馈以及教授有效的情绪调节策略来帮助儿童管理学业情绪，从而促进学习行为的改善。

3. 感觉统合有利于运动技能和自信心形成

感觉统合能力是儿童早期运动技能发展的基础。通过感觉信息的整

---

① 李亚华:《多感官训练系统培养自闭症儿童交往能力的个案研究》,《乐山师范学院学报》2014 年第 5 期，第 133—136 页。

合能够帮助儿童了解自己的身体在空间中的位置，从而进行有效的运动和保持平衡。良好的运动技能不仅能增强儿童的身体协调性，还能提升他们的自信心和自我效能感。参与各种体育活动有助于儿童提高身体协调性，帮助他们更好地执行日常任务。成功的运动体验能增强儿童的自我效能感，这种体验能转化为自我价值和自我肯定，从而使其在其他生活领域也表现出更高的自信。另外，感觉统合能力还有助于儿童理解和回应社交环境中的非言语线索，如面部表情、身体语言和语调变化，提升儿童的社交技能。良好的社交技能能够增强儿童与他人互动的自信心。当儿童能够恰当地表达情绪并得到积极的社交反馈时，他们的自信心会得到提升。感觉统合对儿童的运动技能和自信心具有重要影响。通过提高感觉统合能力，儿童不仅能更好地控制自己的身体并适应环境，还能在社交互动中表现得更加自如，从而获得更强的自我效能感。

二、学习品质的培养与感觉统合教育的融合策略

1. 创设支持和包容性的教育环境

儿童与环境的交互作用决定着何种学习将会发生，发展是由遗传与环境相互作用形成的 [①]。创建一个支持性教育环境，教师首先要确保环境安全，鼓励儿童自由探索，减少他们的焦虑和恐惧；然后为儿童提供积极的反馈和支持，增强他们的自信心和自我效能感；最后，要根据儿童的发展特点创建一个提供丰富感官体验的教育环境。儿童是通过感官体验来了解世界的，教育环境应为儿童提供各种感官刺激，如视觉刺激、听觉刺激、触觉刺激等。教师可以选用不同质地的织物、色彩鲜艳的教

---

① ［美］卡罗尔·格斯特维奇：《发展适宜性实践：早期教育课程与发展》（第3版），霍力岩等译，教育科学出版社，2016，第12页。

具、各种声音的玩具来设计各种感官游戏，如触觉箱、声音游戏、平衡木等。结合科学、艺术和音乐等学科，提供丰富的感官学习经验。教师还应该安排适量的户外活动，让儿童接触自然，获得真实的感官体验。教师对环境空间、材料、时间、接触方式的创设决定了儿童接受环境刺激的强度。发展适宜性课程指出，学前儿童需要柔软的、有韧性的、对触觉有回应的和高活动性的空间和环境，以及开放式和封闭式的材料与设备。教师通过物质环境来支持不同个性、不同发展阶段儿童的需求。创设一个有支持性和包容性的教育环境，将有助于儿童的感觉统合能力发展，并促进其整体学习品质的提升。

2. 鼓励儿童探索和尝试

探索和尝试可帮助儿童获取新知识，理解事物的工作原理，发现问题和解决问题的策略。通过探索未知事物，儿童的好奇心得到满足，从而激发他们对学习的持久兴趣。

首先，教师应经常向儿童提出开放性的问题，避免只进行"是"或"否"的简单回答，鼓励儿童表达他们的观点和想法。通过开放性问题，教师可以更好地了解儿童的感觉统合需求，从而为他们提供更有针对性的支持和指导。例如，通过开放性问题鼓励儿童使用不同感官系统来感知物品，并尝试用语言描述他们的感受。

其次，设计一些具有一定挑战性的探索活动。如感觉箱探索，让儿童在感觉箱中触摸不同材质、不同形状、不同功能的物品并猜测物品的名称，可以根据儿童的年龄和能力逐渐增加箱中物品的数量和种类，提高活动的挑战性。

再次，在探索活动过程中，教师应鼓励儿童尝试不同的方法，并分享他们的发现和经验。例如，平衡木游戏中，教师可鼓励儿童探索不同的游戏玩法。通过对不同的姿态、移动方式的探索让儿童获得平衡木移动经验。

游戏过程中，教师应鼓励儿童相互交流、模仿，并分享自己的感受。

最后，在儿童进行探索和尝试时，教师应及时给予反馈和认可。当儿童表现出创新性思维时，教师应给予表扬和鼓励。当儿童在尝试新事物时遇到挫折，教师应给予鼓励和支持，帮助他们分析失败的原因，并鼓励其尝试再次挑战。教师还应将探索活动融入儿童的日常生活中，让他们在实际生活中发现问题、解决问题。鼓励儿童探索和尝试的教学策略不仅有助于激发儿童的好奇心和创新思维，还能培养他们的自主学习能力和社会交往能力。

3. 提供行为引导

行为引导是一种注重实践、强调互动的教学方法，通过特定的行为和活动来引导儿童发展良好的行为习惯、社交技能和认知能力。教师为儿童提供行为引导是为了帮助儿童建立自律意识、塑造积极向上的个性品质，提升儿童的综合素养，实现因材施教、尊重个性差异教育目标。首先，教师需要密切观察儿童的行为和反应，评估他们的感觉需求和偏好，以便提供适当的引导；其次，基于儿童的兴趣和年龄设计能够吸引其参与的活动，确保活动的难度适合他们的年龄和发展水平。制定清晰的行为规则，如轮流使用玩具等，并与儿童一起复习这些规则；再次，使用正面强化来鼓励期望的行为，如表扬儿童的合作和分享行为；最后，通过示范适当的行为来引导儿童学习，儿童通过模仿成人或同伴的行为完成学习。对于复杂的活动任务，需要将其分解为小步骤进行示范，并逐步引导儿童完成。儿童模仿时教师要提供及时反馈，并根据儿童的反应和进展调整引导策略。教师可以通过了解儿童行为问题的原因、设计适合的感觉统合活动、游戏行为引导与规范等策略，为儿童提供行为引导并改善他们的行为问题。这些方法不仅有助于改善儿童的感觉统合能力，还能促进他们的全面发展。

第四章　3—6 岁儿童学习品质发展核心

第一节　基于感觉统合发展的 3—6 岁儿童
学习品质核心要素

彭智贤（2004）指出，对学习品质内涵及要求的阐述应围绕学习过程进行，这样更有利于指引教师思考如何支持儿童学习品质的养成[1]。感觉统合理论是探讨儿童神经功能与学习、行为表现之间关系的理论。该理论假设儿童的学习是以适应性行为能力为生理基础。儿童从身体动作和环境中获得各种感官刺激，并对感觉信息进行加工、组织、处理，最后做出适应性行为反应。当儿童处理感觉信息的能力出现障碍时，可能会出现动作行为方面的困难，进而影响与学习相关的行为反应。儿童学习过程中表现出的行为和态度问题，可能与某种神经功能障碍相关。

儿童的学习通过四个步骤的感觉统合来完成。第一步是感觉信息接收，儿童通过视觉、听觉、触觉、本体觉、前庭觉等感觉器官对学习的主体信息进行收集。第二步是信息处理，大脑对输入的学习信息进行组

---

① 彭贤智:《对学习品质的结构与培养策略的研究》,《唐山师范学院学报》2004年第 1 期, 第 75—79 页。

织、解释、增强、抑制、记忆等加工处理。中枢神经系统需要对学习信息进行感觉注册，让大脑产生学习记忆，开启学习模式。当感觉信息输入大脑后，神经系统再对信息进行调节与区辨，并将其储存到记忆系统中。第三步是信息输出，即大脑将加工处理后的信息与儿童已有的认知系统进行比对，做出行为决策（如运动、阅读、书写等），并向下传输指令，指挥身体的感官系统执行相应的行为动作。第四步为信息反馈。行为动作的执行会产生大量的前庭觉、本体觉、触觉、视觉等感官信息。这些信息的反馈可帮助大脑辨别指令执行的准确性、有效性，即动作行为是否符合预期和环境要求。信息反馈可帮助儿童获得不同经验，构建认知系统，进而激发儿童进一步学习的欲望和动机。从感觉统合学习的四个步骤分析学习品质的发展：首先，需要开启学习模式；然后，进行整合学习；最后，将反馈转化为思维，并激发继续学习的动力。用容易理解和记忆的词汇进行提炼，即"能学""会学""好学"三要素。这三个要素是彼此联系、层层递进、循环往复的关系，前一要素是后一要素发展的基础。

表 4-1 基于感觉统合发展的 3—6 岁儿童学习品质核心要素

维度	关键能力	相关要素
能学	学习信息收集、加工和学习行为输出的基础能力	专注、坚持、好奇、兴趣
会学	知识、经验的整合与构建能力	反思性、灵活性、自我调节、抗挫
好学	获得学习心流体验的能力	自我成就、主动、探索

注：表格内容来自作者整理。

一、能学：学习信息收集、加工和学习行为输出的基础能力

能学是指儿童在拥有良好感觉信息通路的前提下，通过感官学习和感官启动增加学习输入的有效性，进而提升学习时的专注与坚持。能学是儿童以"感觉信息通路—感官启动—感官学习—学习信息输入的有效性"的路径，对学习信息进行有效收集的过程。感觉信息通路是学习的生理基础，感官启动和感官学习是学习过程中使用的方法，最终实现学习信息的有效输入。3—6岁是儿童感知觉发展的关键期，儿童需要学会如何运用视觉、前庭觉、本体觉、触觉、听觉等感觉器官去探索周围世界，构建完善的感觉信息输入通路和神经网络。儿童通过视觉观察来识别颜色、形状和物体，发展视觉辨识能力；通过听觉识别不同的语音和非语音信号，理解语言和非语言的声音；通过触摸和操纵物体了解物体的质地、温度和重量；通过口鼻体验，区分不同的食物和环境中的气味。

信息加工是儿童对收集到的信息进行组织、分析和解释的过程。根据人类的认知系统模型，认知系统由有限容量的信息传递与处理系统、认知策略系统、认知经验系统和自我监控系统构成。信息传递与处理系统负责感觉信息的初步接收和传递。儿童首先通过感官接收外界信息，然后对感觉信息进行有针对性的筛选，最后将感知信息转化为大脑可以处理的形式（如将视觉信息编码为神经冲动），完成信息编码后向上传递。认知策略系统涉及个体如何使用特定的技巧和方法来处理信息，以提高效率和效果。例如，通过分类、排序等方法组织信息，运用逻辑和创造性思维来解决复杂问题，使用复述、联想等技巧来增强记忆。认知经验系统与个体的知识和经验有关，影响信息的解读和应用。儿童基于过往经验构建新知识，将已有经验应用于新情境中，并根据反馈和新经验调

整学习策略。自我监控系统涉及个体对自己认知过程的认识和控制，有助于个体评估和调整自己的认知活动。儿童通过评估了解自己对信息的理解和掌握程度，再根据自我评估的结果调整学习策略和行为。

感觉刺激通过感受器进入有限容量的信息传递与处理系统，经过信息的传递与处理后转化为心理表征，加工成知识与经验。这一过程是学习信息的输入通道，信息的加工处理决定了知识与经验的准确性。能学强调的是儿童对学习信息输入的有效性和准确性调控。感官学习通路主要包括感觉注册、感觉加工、行为决策三个环节。

1. 感觉注册

信息输入的第一步是感觉信息的登记，在感觉统合理论中称为感觉注册。感觉注册是指各种感觉刺激通过接收器传递进入大脑，并被成功编码[①]。在学习活动信息输入过程中，不同的感觉系统对特定类型的感觉信息进行注册，并经过专属的感觉通路将物理信号转化为电信号。感觉注册是一个多阶段、多层次的信息编码过程。信息输入是以强度和时间相叠加的方式进行的，当感受器的电位到达一定阈值时，就能引发感觉神经元的动作电位。学习信息只有经过感觉注册后才能进入下一加工环节。感觉注册主要记录信息的刺激强度、持续时间及电位模式。从感觉注册到感觉加工之间还有一个关键的信息筛选机制。只有足够多和足够长时间的刺激输入才能引发动作电位，即细胞膜的去极化或超极化，否则感觉信息将在感觉注册后因动作电位低而被神经系统筛选过滤。刺激越强，传导到中枢神经系统的动作电位频率越高，就能激活更多的感受器[②]。不同个体感受器具有不同的感受野和适应性。因此，感觉统合理论

---

① 吴端文：《感觉统合》，华都文化（台北），2018，第 19 页。

② ［美］安妮塔·邦迪、［美］雪莱·莱恩主编：《感觉统合理论与实践》，韩平等译，厦门大学出版社，2022，第 58 页。

认为，增加感觉输入的刺激量，可以改善儿童的感觉统合功能。感觉输入刺激的增加，一方面可提高感受器的适应性水平，即调节感觉器的阈值范围；另一方面可加强神经系统的外侧抑制，提高信息输入的集中性，改善感觉区辨功能。例如，对于感觉防御型儿童，持续性感觉刺激输入训练可以帮助他们产生感受器的适应性，从而减弱神经系统的防御反应。

2. 感觉加工

感觉加工是指对感觉信息进行辨识、模式识别和注意的过程，包括感觉调节和感觉区辨。Ayres 将感觉调节定义为"增加或减少活动的过程，以保持活动与神经系统的所有功能协调一致"[①]。感觉调节的主要作用在于调节神经系统的兴奋与抑制水平，兴奋与抑制分别代表着感觉信息持续向上传导和降低神经电位活动。在感觉统合理论中，兴奋与抑制的平衡关系决定着神经系统的觉醒水平，与注意密切相关。神经系统通过加强对关键信息的兴奋性，并对无关刺激进行抑制，实现对学习信息的过滤和筛选。兴奋与抑制的平衡能帮助儿童注意力更为集中和专注，使感觉加工更为精准。感觉区辨主要是对感觉刺激的特性进行识别，包括感觉的品质、相似度和新异性。这种识别（如运动速度的快慢、物体温度的高低、空间的大小等）主要是物理刺激与儿童已有的经验和模式进行对比，从而形成内部的表征。

这一过程是一个"自下而上"和"自上而下"相互影响、互相交流的阶段。"自下而上"是学习信息从感觉器官向大脑传递的过程。"自上而下"是指已有认知系统，如自我监控、知识经验、认知策略等对感觉信息特征的区辨。此外，儿童特有的感官剖面也会影响儿童对学习信息的理解与记忆。感觉信息经过感觉加工后，从原来的物理刺激转化为儿

---

① ［美］安妮塔·邦迪、［美］雪莱·莱恩主编：《感觉统合理论与实践》，韩平等译，厦门大学出版社，2022，第 132 页。

童的感知觉，进而影响儿童的行为决策。

3. 行为决策

感觉信息经过感觉注册、感觉加工后传递到大脑中枢，在认知系统的运作下形成行为决策指令。此时，儿童的心理表征再次转化为神经电位信号，控制输出神经系统，产生外在行为表现。大脑会向不同的感觉器官发放不同的动作电位，以神经—肌肉协调配合的方式将动作电位转化为行为动作，最终完成学习行为的输出。决策型的动作电位向下传递过程中还会与新的感觉加工信息相汇合，影响新信息的加工。行为决策是一个复杂的过程，受到多种因素的影响，包括个人偏好、文化背景、情绪状态、过往经验以及当前环境等。

能学是指学习的神经通路和功能正常，具备学习的收集、加工和学习行为输出的能力，包括感觉注册、感觉加工、决策执行三个环节。良好的感觉刺激传输通路是儿童学习信息收集准确性的生理基础。但当儿童的感官信息传输通道出现障碍时，儿童将遇到不同程度的学习障碍，影响学习品质的发展。感觉注册影响学习信息登记的数量，感觉加工影响学习信息输入的品质，决策执行影响学习行为输出。例如，在感觉注册环节中，感觉防御型儿童会过滤掉过多的学习感官刺激，其感受也较小、敏感性低，经常表现为学习动机不足、学习信息遗漏等问题。在感觉加工环节中，视觉区辨障碍儿童通常在阅读、书写方面存在困难，容易将相近的字、图形等混淆，降低学习信息输入的准确性，影响学习的注意集中性。在决策执行环节，神经—肌肉的协调性是关键。当儿童存在感觉动作协调障碍时，在学习活动中经常表现为身体动作僵硬、身体各部位动作配合不协调，影响儿童在学习活动中的行为表现。能学是学习品质发展的神经基础，专注与坚持的行为表现需要成熟的感觉统合能力。3—6岁儿童处于直接思维向抽象思维过渡的阶段，但此时的儿童学习仍以"亲身体验、直接感知"的方式为主，良好的感官学习通路能提升学习信息输入的品质，不同感官学习神经网络的构建可提升儿童学习的效率，构建更为丰富的认知系统。

二、会学：良好的感官信息整合能力

会学是指儿童运用感觉系统对学习信息进行整合，构建新的知识、经验系统的能力，具体表现为儿童在学习活动中会反思、会计划、会自我调节、会抵抗挫折。会学涉及感官信息的整合能力和知识、经验的构建能力。儿童通过知识经验系统和认知策略系统对感官信息进行加工，再将自身的情绪体验和经验与感觉信息进行整合，赋予感觉信息一定的意义，最后同化和顺化为自己的知识、经验系统。

1. 感官的整合

整合能力是指儿童通过感觉系统的整合功能，将来自不同感官的信息进行加工，并结合自身经验内化为感觉信息。儿童通过视觉、听觉、触觉等多种感觉系统接收外部信息。这些感觉系统并不是孤立工作的，而是协同合作，共同构建一个统一的感知体验。感觉信息首先在各自的感觉系统中被注册，然后在大脑的特定区域（如顶叶和颞叶的某些部位）被整合起来。这一过程涉及跨模态的神经网络，它们能够处理并融合来自不同感觉通道的信息。整合后的信息被传递到前额叶等脑区（这些区域与高级认知功能如决策、规划和问题解决相关），进而影响儿童的行为反应。这些信息被进一步评估，并与个体的先前经验和知识相结合，形成对环境的理解和反应。最终，整合的感觉信息引导儿童产生适应性行为，如语言交流、社交互动和问题解决等。

从感觉到知觉的转化需要儿童对不同的感觉信息进行整合加工，形成可以理解的内在表征。感官整合能力是感知觉和抽象概念发展的基础。儿童通过知识经验系统和认知策略系统对感官信息进行加工，赋予感觉信息一定的意义，将感觉转化为感知觉，进而形成抽象概念。前庭系统为感觉整合的中心，与其他感觉系统存在多重连接。前庭觉与听觉的整合形成听知觉，是听觉辨别、听觉记忆等功能发展的基础。前庭觉与本体觉共同作用于主动运动的感知、身体图式的形成，以及姿势反应的发展和应用①。前庭觉与本体觉的整合形成身体知觉，使个体能够感知身体在空间中的位置和状态。触觉、前庭觉、本体觉、视觉的整合发展出完善的视知觉，提高了视觉辨别、空间相对位置、形状辨认、视觉记忆等能力②。当儿童的感官整合功能出现障碍时，会影响儿童感知觉的发展，无法形成准确的抽象概念。前庭觉与本体觉的整合异常，会导致儿童在执行相关动作时出现双侧协调困难。双侧协调困难使儿童无法运用两侧肢体协同配合完成相应的动作。例如，左手拿纸转动，右手用剪刀剪圆形。感官的整合是儿童感知自我与环境关系的基础，是身、心、脑进行信息交互的过程。感官整合的四个步骤依次为：区辨、模式识别、分析、反应。首先，不同的感觉器官对刺激进行特征与性质的区辨，然后与已有的感官经验和记忆信息进行比对，开启模式识别。模式识别是指人脑把输入刺激与长时记忆中的信息进行匹配，并辨识出该刺激属于什么范畴的过程③。接下来，分析当下环境和自身需求，做出行为决策反应。感官整合是儿童对学习内容的自我理解，所谓"一千个人眼中，有一千个哈姆雷特"指的就是感官整合的个性化差异特征。儿童感官收集信息和

---

① [美]安妮塔·邦迪、[美]雪莱·莱恩主编：《感觉统合理论与实践》，韩平等译，厦门大学出版社，2022，第81页。

② 吴端文：《感觉统合》，华都文化（台北），2018，第18页。

③ 梁宁建：《当代认知心理学》，上海教育出版社，2014，第64页。

整合模式存在个体差异，导致对事物的理解存在不同。感官整合涉及"自上而下"与"自下而上"相互交融的多层级多系统信息内化过程。

2. 知识、经验的构建

知识、经验的构建能力是指儿童能根据反馈信息、经验、体会、情绪、认知等不断构建自己的知识、经验体系。当感官刺激内化为感知觉时，可以帮助儿童理解学习内容。然而，感知觉需要转化为经验与思维方式，才能更好地促进儿童学习的可持续发展。儿童的知识与经验系统是如何构建，思维是如何形成的？这些问题是知识、技能学习向学习品质培养转变的关键。当知识不能转化为经验，无法重构和提升思维能力时，学习只是知识、技能的存储过程，即通常讲的死记硬背。经验是直接的、真实的，涉及感官、情绪和运动，经验和感觉构成了意识和学习的基础①。学习是一个螺旋上升的过程，不是简单的重复加工。当学习行为输出后，儿童会获得来自环境和自身的信息反馈，而信息反馈又是下一学习过程的开始（感觉刺激输入的开始）。儿童对学习结果的归纳、分析、反思就是知识、经验的构建过程。知识、经验的构建是人与环境积极互动的结果。儿童在实际环境中，通过学习活动获得经验性规则。当儿童的行为反应获得来自环境积极、正向的反馈，与预期结果相一致时，将收获成功的体验。经过归纳、分析，儿童将环境反馈、成功体验、行为动作与学习内容整合，形成成功的学习相关经验。这些经验的存储与记忆，又再次丰富了感官整合的信息比对库，推动感觉向感知觉的发展。

会学是儿童在能学的基础上，主动与环境进行交流互动，将身、心、脑、环境四个方面的信息进行交互与整合。儿童从直接感知、亲身体验的活动中获得经验和思维模式的提升。这种能力提升的关键在于儿童内

---

① 韩纳馥:《运动促学》，身脑中心有限公司（香港），2012，第57页。

部心理结构的重构，是心理学上同化和顺化的过程。儿童在不断的同化和顺化过程中，建立了富有个性特色的经验模型。这种经验模型决定了儿童今后学习和思考的方式。会学代表了儿童会运用身体去探索周围的环境，会在环境互动中获得经验。

三、好学：获得学习心流体验的能力

好学是指儿童通过建立成功、愉悦的感官经验，体验到了学习的乐趣（儿童学习情绪的基础），从而提升学习的热情。学习热情源于儿童内在和外部环境驱动。其中，内在驱动是学习可持续性的关键，最佳状态为心流。心流是个体高度投入某项活动时的积极情绪体验，具有自激励性，可以增加愉悦体验和对活动的兴趣①。感觉统合理论认为，儿童与环境互动的最佳表现为适应性行为表现，即儿童的所想、所做与来自环境的反馈保持一致。适应性行为反应能帮助儿童获得对环境的操控感，获得自尊、自信的能力。适应性行为反应也是一种心流体验的表现，说明儿童的身、心、脑已达到高度的一致性。适应性行为反应产生的条件包括：富有挑战性的任务、有意义的活动以及趣味性的游戏和运动。

1. 富有挑战性的任务

富有挑战性的任务是指任务的难度符合儿童当前的发展水平，处于最近发展区内。感觉统合治疗作为一种个性化治疗方式，要求治疗目标根据儿童的发展需求而定。挑战性的任务难度要求儿童经过一定的努力才能达到预期目标。如果太难会增加儿童的挫败感，影响儿童参与的积极性；如果太容易则影响儿童兴趣。挑战性任务的另一个要求是提高儿

---

① 陈欣：《心流体验及其研究现状》，《江苏师范大学学报（哲学社会科学版）》2014年第5期，第150—155页。

童的成功率。儿童经过一定的努力可以获得较多的成功体验。那么，儿童能承受多少次的失败？努力的程度要达到何种水平？这些问题是确保成功率的关键，需要治疗师（教师或家长）对儿童有足够多的了解。挑战性的任务也能提升儿童的抗挫能力。因为儿童开始挑战性任务前就已预设可能失败的情况，失败便成为儿童预料之中的事，从而使儿童更容易接受挫折。

2. 有意义的活动

有意义的活动是指对儿童具有重要性、价值或目的的活动。感觉统合理论将儿童视为主体，一切的治疗和训练都围绕儿童的需求和发展进行。对儿童而言，主动参与的活动就是有意义的活动。儿童想要达成某个目标时，这个目标就是有价值、有目的的。从儿童的需求出发、从儿童实际生活出发是感觉统合寻找有意义活动的出发点。当儿童在生活中遇到某种障碍，而这种障碍又严重制约儿童参与的活动时，提升这种克服障碍的功能就是有意义的活动。这种活动能帮助儿童提高能力，克服当前的困境。当儿童成功完成或参与到他梦寐以求的活动时，此时的自我满足感、自信心会大幅提升，进而帮助儿童获得心流体验。

3. 趣味性的游戏和运动

游戏和运动是学龄前儿童学习与发展的基本形式。趣味性能增加儿童参与游戏和运动的主动性和兴趣。感觉统合治疗是通过玩的形式改善儿童的感觉统合功能的，玩是为了增加儿童参与的意愿。主动参与的活动是儿童积极与环境互动的基础。当儿童被动接受感觉刺激时，感知觉无法内化为儿童经验，构建儿童的感知模型。趣味性还能丰富儿童的情绪体验，游戏和运动又能帮助儿童形成积极正向的情绪。情绪、感知与运动的结合，是身、心、脑结合的过程。情绪影响学习，感官、运动、情绪的共同作用影响学习的效率。良好稳定的情绪有助于调节注意力，提高儿童的自我调节能力。

好学体现在儿童能够调节学习热情，适应性互动行为能增加儿童的学习热情。当儿童的心智、身体与环境达到一致性时，儿童具备操控的能力。儿童能够感受周围环境，会思考、会行动，且思考与行动一致，自我预期与环境反馈一致。这种一致性不断提升和重构儿童的知识、经验系统，达到最佳的自我实现状态。自我实现是感觉统合螺旋模型的最终产物，是高级感觉统合能力发育成熟的标志。好学代表儿童具有强大的学习内驱力，对学习充满自信，能够主动探索周围的世界，并在探索中获得成就感。

第二节　学习品质培养的感觉统合训练基模

霍力岩在《热情投入的主动学习者——学前儿童学习品质及其培养》一书的译者序中指出："要深入研究儿童学习品质的培养策略，以课程为抓手促进儿童学习品质的发展。"[①] 课程的设计既要关注收获学习成果的"课"，也要关注学习过程的"程"。"课"是为了获得关键知识、技能和经验，是终身发展的基础。"程"是为了体验学习的乐趣，是学习和发展的品质。

美国幼儿教育协会 NAEYC、NAECS 两大学前教育组织明确要求，学习品质教育课程必须是"深思熟虑的、富有挑战的、幼儿主动参与的综合性课程"。对儿童学习品质的培养不能局限于知识、技能本身，而应"以基础促发展"。3—6 岁是儿童感觉统合高级功能发展的关键期，感觉

---

① ［美］Marilou Hyson:《热情投入的主动学习者：学前儿童的学习品质及其培养》，霍力岩等译，教育科学出版社，2016，第ⅩⅪ页。

统合是儿童发展的基础，专注、坚持、自我调节等学习品质是感觉统合高级功能成熟的产物。直接经验是儿童学习的基础，来源于儿童的感官感受。感官的参与有助于儿童更好地理解学习的概念和特征。学习的发展既包括认知（以思维为核心）的发展，也包括情感的发展和行为习惯的获得[①]。认知的发展离不开良好的感觉统合功能，它将感觉转化为感知觉。儿童与环境的互动是情感发展和行为习惯获得的主要途径，适应性互动行为是感觉统合训练的终极目标。因此，从感觉统合训练的角度构建培养学习品质的基础模型，能有效实现"以基础促发展"的目标。

以感觉发展的四个层级为基础构建的学习品质培养基础模型，如图4—1所示。

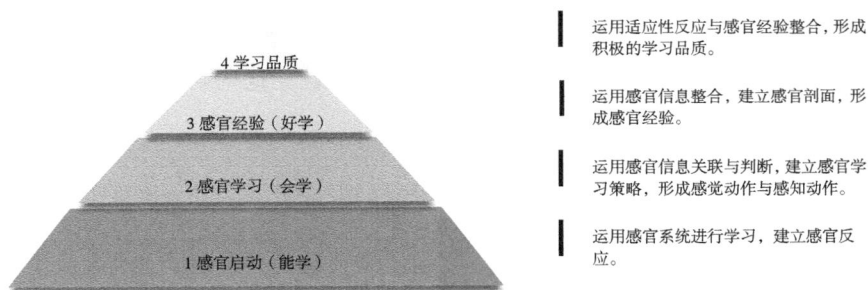

图4-1 学习品质培养基础模型

运用适应性反应与感官经验整合，形成积极的学习品质。

运用感官信息整合，建立感官剖面，形成感官经验。

运用感官信息关联与判断，建立感官学习策略，形成感觉动作与感知动作。

运用感官系统进行学习，建立感官反应。

一、感官启动

感官启动位于基础模型最底端，它是学习品质发展的神经生理基础。感官启动是指儿童通过启动感官系统进行学习，建立感官反应的过程。行为主义将"刺激—反应"的神经过程视为学习的本质。"刺激—反

---

① 邹晓燕：《幼儿的学习方式及理论依据——〈3—6岁儿童学习与发展指南〉解读》，《辽宁师范大学学报（社会科学版）》2013年第1期，第56—61页。

应"的过程能够帮助儿童增加神经网络连接，促进神经元的生长。神经元通过不断地存储和传递信息，加强了神经元间的生物电活动，从而促进神经元髓鞘化。多种感官系统的刺激能引发神经元髓鞘化，提升神经传导速度，帮助记忆和经验固化。感官反应是儿童运用不同的感觉器官对学习信息进行不同特征的信息登记与传导。例如，听觉系统通过"鼓膜—听小骨—基底膜毛细胞的去极化—听神经传入神经元—中枢神经系统"的感官反应传导通路，建立感受器与中枢神经系统的神经网络连接。当声音刺激输入时，相关神经通路的电位活动加强，使听觉中枢的脑区开始活跃。感觉器官进行信息登记与传导时，还有短暂的存储记忆功能，方便信息的比对与识别。长时间的大量感觉刺激能改善感受器对刺激的适应性，进而调节儿童对无关刺激的过滤作用。感官启动增加了神经元的活动，提高了神经系统对感觉刺激的敏感性。这些功能是感觉区辨、感觉调节的前提条件，能帮助儿童准确识别与学习相关的信息。感官启动是打开学习通道的大门，能将学习信息输入到神经元构成的神经网络结构中。儿童只有在看清、听明的基础上，才能准确理解学习的任务要求，开始学习活动。

1.3—6岁儿童感官发育特征

表 4-1 3—6岁儿童感官发育特征

年龄	视觉	听觉	触觉	嗅觉与味觉	前庭觉	本体觉
3岁	识别更远的物体，对颜色和形状有更强的辨识能力	能够更清晰地辨别不同的声音，对语言的理解能力增强	通过触摸来探索和了解世界，对物体的形状、质地和温度有初步感知	开始能够区分不同的气味和味道，对食物的偏好逐渐形成	开始感知速度和位置变化，喜欢刺激的前庭觉活动	开始探索身体和周围环境，表现出对自我身体的认识

续表

年龄	视觉	听觉	触觉	嗅觉与味觉	前庭觉	本体觉
4 岁	视觉空间感增强,开始能够理解和构建更复杂的视觉图像	听觉专注力提高,能够更长时间地集中注意力在声音上	触觉更为敏感,能够更准确地分辨不同物体的差异	嗅觉和味觉更为敏锐,能够更准确地识别食物和环境中的气味	前庭觉进一步发展,对速度和加速度变化更敏感	能够更好地感知身体姿势和运动状态,完成更复杂的动作
5—6 岁	视力进一步成熟,能够更精确地分辨细节,并对色彩有更深的感知	对声音的敏感度进一步提高,开始能够分辨更细微的声音差异	触觉与认知能力的结合更为紧密,儿童能够通过触摸来更好地理解和记忆事物	嗅觉和味觉进一步发展,对食物的口味和香气有更深的感知	前庭觉基本成熟,控制身体平衡和空间感知能力增强	本体觉基本成熟,能够更准确地感知和控制身体运动,参与更精细和复杂的活动

注：表格内容来自作者整理。

　　3 岁时，儿童的感官系统正在快速发展，他们能够较好地识别和区分不同的感官信息。此时，儿童身体协调性增强，能够进行基本的跳跃、跑步和攀爬等动作。随着年龄的增长，4 岁儿童的感官整合能力增强，他们能够将来自不同感官的信息结合起来，形成更全面的认知。例如，他们能够在听到声音的同时，通过视觉来确定声源的位置。5 岁儿童的感官能力进一步发展，他们开始能够更复杂地使用感官信息。例如，他们能够通过触觉来探索和理解更复杂的物体结构，通过听觉来理解更复杂的声音模式。接近学龄的 6 岁儿童，他们的感官能力已经相对成熟。他们能够更有效地使用感官信息来解决问题和进行创造性思考。例如，他们能够通过视觉和触觉的结合来解决拼图游戏，通过听觉来理解和记忆复杂的语言信息。

2. 感官启动教学策略

感官启动教学策略的制定要根据3—6岁儿童的感官发育特征，围绕感官启动的三大核心功能展开教学设计，突出教学的针对性和目的性。感官启动的核心功能包括信息获取、信息转换与传递、信息整合与处理。信息获取是指儿童通过感官获取外界信息，从而认识世界。儿童的感官能够捕捉外界的各种刺激信息，如光线、声音、气味、味道和触感等，这些信息是儿童认识世界的基础。信息转换与传递是感受器通过换能作用，将外界作用于感受器的刺激能量转换为传入神经的动作电位。适宜刺激通过感受器进行跨膜信号转换，形成感受器电位或发生器电位，然后经传入神经传递至神经中枢。信息整合与处理是大脑对接收到的各种感官信息进行筛选、整合等处理，形成一个新的大脑皮层神经突触或"唤醒"原有的神经突触。这些神经突触间的关联产生了神经连接，再通过神经中枢的分类、解释、整合等过程向分支神经发出指令。发展儿童感官启动的教学策略如下：

（1）信息获取的教学策略

提供丰富的感官刺激：为了有效促进儿童的信息获取能力，教师应为儿童提供丰富多样的感官刺激。例如，通过展示各种图像、物体和场景进行视觉训练，培养儿童的观察力和辨别能力。可以利用图片、视频、动画等多媒体资源，展示不同颜色、形状、大小的物体，要求儿童描述和区分它们的特点。这些活动可以帮助儿童通过不同的感官渠道获取外界信息。

创设真实的学习环境：在真实的学习环境中，儿童可以自然地接触到各种感官刺激。教师可以利用教室、户外环境等资源，为儿童提供观察、探索的机会，如观察植物的生长、进行户外探险等。这些活动可以激发儿童的好奇心，促进其主动获取信息。

（2）信息转换与传递的教学策略

利用游戏化教学：游戏化教学是一种有效促进儿童信息转换与传递的教学策略。教师可以设计各种感官游戏，如"盲人摸象""听音辨物"等，让儿童在游戏中通过感官体验获取信息，并尝试将信息转换为语言、动作等形式进行表达。这些游戏可以帮助儿童提高信息转换与传递的能力。

鼓励儿童表达与交流：教师应鼓励儿童在获取信息后积极表达与交流。可以通过小组讨论、角色扮演等活动，让儿童在互动中分享自己的感受、发现，从而锻炼其信息转换与传递的能力。

（3）信息整合与处理的教学策略

引导儿童观察与思考：观察与思考是信息整合与处理的重要环节。教师应引导儿童在获取信息后进行深入的观察与思考，发现事物之间的联系与规律。例如，在观察植物的生长过程中，教师可以引导儿童思考植物生长需要哪些条件，从而培养他们的观察与思考的能力。

培养儿童解决问题的能力：解决问题的能力是信息整合与处理的重要体现。教师可以通过设置问题情境、提供解决问题的材料等方式，培养儿童解决问题的能力。例如，在户外探险活动中，教师可以设置一些障碍或问题（如如何过河、如何找到食物等），让儿童尝试解决这些问题，从而锻炼其信息整合与处理的能力。

感官启动以感官神经网络发展为基础，促进儿童从反射式反应向自主反应的升级。通过不同感官刺激的呈现，培养儿童感官系统的敏锐性，提升儿童感官系统的信息采集能力。感官启动让儿童学会用多种感官系统对世界进行主动观察，培养儿童运用感官系统进行学习的习惯。感官启动要求教师注重学习信息呈现方式的多元化，提升儿童采集学习信息的品质。通过感官刺激激发儿童的注意力和兴趣，从而促进儿童对学习材料的探索和认知发展。

二、感官学习

感官学习是儿童运用感觉信息进行关联与判断，建立感官学习策略，形成感觉动作与感知动作的过程。感官刺激增加了神经元的活动和髓鞘化，构建了复杂的神经连接网络。神经元主要分为感觉神经元、中间（联络）神经元和运动神经元。感觉神经元负责感觉信息的接收，中间神经元负责神经元间的信息加工与传递，运动神经元负责行为指令的发出。三种神经元构成的神经网络决定了感觉信息的加工模式。此阶段，儿童的学习已从感觉期发展到知觉期。儿童的神经网络已构建完善，感官能力得到充分发展。儿童从被动的信息接收者转变为主动的信息采集者。信息的采集方式带有儿童的兴趣、爱好、目的、意义等主观色彩，感觉加工具有明显的个性倾向。儿童运用这种倾向加工和诠释学习信息，建立起感官学习策略。儿童能够将不同的感官信息进行加工整合，形成感知觉，初步获得概念。这一过程是直接经验构建的过程。例如，儿童对苹果的认知，通过眼睛观察苹果是红色的、圆的，通过手触摸苹果是光滑的、有一定重量的，通过品尝知道苹果是甜的。经过感官信息整合与学习，儿童获得了关于苹果的多种感觉记忆，体会到了红色圆圆的苹果吃起来有甜甜的味道。将苹果这个抽象概念的词汇与各种感官记忆相联系，再次经历相类似的感官体验时，儿童能够提取苹果这个词汇，初步建立刺激与概念之间的联系。此阶段学习品质培养的关键在于教会儿童利用感官系统的交互网络，对学习信息进行加工，将多个感官信息整合起来，形成感官学习策略，积累丰富的学习体验。感官学习的具体教学策略如下：

1. 促进感觉信息关联与判断的教学策略

多感官体验活动：让儿童同时运用多种感官来感知事物。例如，通过"自然探险"活动，让儿童用手触摸树木的质地、用眼睛观察树木的结构、用纸临摹树木的外形。通过不同的感觉器官认识同一事物，培养儿童将不同感官获得的信息进行关联和整合的能力。

感官对比游戏：设计需要儿童对比不同感官信息的游戏。例如，准备不同材质的布料让儿童触摸并描述其感觉，然后让儿童闭上眼睛，通过触摸来识别这些布料。通过对比游戏，提高儿童对感官信息的辨识和判断能力。

小组讨论与分享：组织儿童进行小组讨论，分享他们在活动中的感受和发现。教师可以引导儿童描述他们的感官体验，并鼓励他们表达自己的理解和判断。通过交流和分享，加强儿童对感觉信息的关联和判断能力。

2. 建立感官学习策略的教学策略

设置感官探索角：在教室中设置专门的感官探索角，提供丰富的感官材料，如不同纹理的布料、不同形状和颜色的玩具、各种声音设备等，以鼓励儿童自主探索和发现。

撰写感官日记：引导儿童记录他们的感官体验，如描述他们触摸到的物品、听到的声音、闻到的气味等。教师可以定期与儿童一起回顾和讨论他们的感官日记。

设计感官挑战任务：设计一些具有挑战性的感官任务，如让儿童在限定时间内通过触摸来识别不同的物品。教师可以根据儿童的年龄和能力调整任务的难度。

3. 促进感知觉形成的教学策略

感知觉训练活动：设计专门的感知觉训练活动，如颜色识别、形状配对、声音模仿等。这些活动可以针对儿童的视觉、听觉、触觉等感官进行训练。

感知觉与日常生活的结合：鼓励儿童在日常生活中运用他们的感知觉能力。例如，在吃饭时让儿童描述食物的味道和质地；在户外活动时让儿童观察并描述自然环境中的事物。

感知觉能力的评估与反馈：定期评估儿童的感知觉能力发展情况，并根据评估结果给予相应的反馈和指导。教师可以通过观察、测试等方式来评估儿童的感知觉能力。

感官学习包括感觉信息关联与判断、建立感官学习策略，形成感知觉三个环节。与感官启动不同之处在于，感官学习更强调儿童对感觉刺激的主动加工过程。感官学习需要教师提供丰富多样的感官刺激，以激发儿童的好奇心和探索欲。通过重复和拓展活动来强化儿童的感官学习经验，鼓励儿童主动探索环境。通过亲身实践来感知和理解事物，在感知过程中进行思考和表达。

三、感官经验

感官经验是儿童运用感官信息整合，建立感官剖面，形成感官经验并产生适应性反应的过程。感官经验是感觉信息在加工处理过程中，加入儿童的情绪体验、环境反馈等形成的独特感觉经验。感知环境越丰富，获得的感官信息越多，神经联络模式也越复杂，就越有利于感官经验的获得。感官经验塑造了儿童的思维模式，帮助儿童建立直接经验与抽象概念之间的联系。儿童主动接收来自环境的感觉信息，经过感官启动和感官学习对刺激做出行为决策。当大脑的决策信息转化为行动动作后，儿童能同时获得来自内外环境的反馈信息。对反馈信息与行为决策的匹配程度的思考能帮助儿童获得感官经验。儿童在主动与环境互动中不断调整自己的行为表现，获得认知、思维、情绪、知觉、社会交往互动等能力的提升。感觉与动作系统的交互与整合，发展了有功能性的行为。当这种行为符合环境要求时，被称为适应性行为。儿童在不断同化和顺化的神经反应过程（从刺激到适应性行为的过程）中，构建了具有个人特色的感官经验模型。在感官经验模型的基础上，儿童获得知识、形成概念，以及对事物的诠释。此阶段是儿童融合多元感官学习策略，对学习内容进行诠释的过程，是将体验和经验内化为学习的过程。感官经验培养的关键在于帮助儿童获得成功的体验和良好的人际互动。促进儿童感官经验形成的教学策略有：

1. 有序的感官活动

有序的感官活动是指经过精心设计和组织，旨在帮助儿童系统地感知、体验和理解不同感官刺激的活动。这些活动通常包括明确的指导原则、步骤和目的，以确保儿童能够按照预定的顺序和方式参与。例如，在活动中，教师可以设置一个"颜色分类站"。在这个站点，教师提供不同颜色、形状和大小的物品（如积木、珠子、卡片等），并引导儿童根据颜色进行分类。儿童需要仔细观察每个物品的颜色，然后将它们放入相应颜色的篮子或容器中。这个活动不仅锻炼了儿童的观察力和注意力，还帮助他们学会了按属性分类的概念。

2. 自主探索的学习环境

自主探索的学习环境是一个鼓励儿童根据自己的兴趣和需求进行学习和探索的环境。在这个环境中，儿童可以选择自己感兴趣的活动和材料，自由地探索和发现。例如，在艺术创作区中，教师可以提供绘画工具、颜料、纸张等艺术材料，让儿童自由创作。他们可以选择自己喜欢的颜色和工具，绘制自己想象中的画面或表达自己的想法和感受。在这个区域中，儿童可以自由地表达自己的创造力和想象力，同时发展他们的审美能力和手眼协调能力。

3. 提供适当挑战和支持

根据儿童的最近发展区设定合理的目标和期望，以激发他们的潜能。鼓励儿童尝试新事物，引导他们主动探索新领域、掌握新技能，在挑战中获得成就感和自信心。教育儿童正确看待失败，从失败中吸取经验教训，不断成长和进步。

感官经验是儿童学习和理解环境的关键途径。通过提供丰富的感官体验和适宜的学习环境，可以促进儿童感官能力的发展。儿童感官经验的发展需要教师提供适当的感官刺激，以丰富他们的感官经验。在一个安全的环境，让儿童自由地探索和体验不同感官刺激，促进他们感官能力的全面发展。适当的指导和反馈有助于增强儿童对感官信息的理解和处理能力。重复和实践有助于儿童加深对感官经验的理解和记忆，从而提高感官能力。

四、习得学习品质

学习品质的形成是感觉统合功能高度发展的最终产物之一。感觉统合功能帮助儿童将感觉刺激转化为感官经验，从而形成儿童对世界的认知。从感官发展到学习能力，经历了感官启动（感觉期）、感官学习（知觉期）、感官经验（认知期）三个阶段。感官启动提高了儿童感官系统的敏锐性，使儿童能够运用不同的感官系统对学习信息进行识别和储存。感官启动帮助儿童集中注意力（感官聚焦），也方便学习信息的存储与提取。感官学习提升了儿童对学习信息的加工效率，使儿童能够运用感官策略对学习信息进行加工处理。感官学习帮助儿童更好地理解学习内容，实现从未知到已知的感官解析。感觉调节可以有效调节儿童对学习的情绪反应，感觉区辨可以对比分析不同的学习内容特征。感官学习将感觉刺激加工成感知觉，从而提升儿童情绪的调节能力和坚持性。感官经验将感知觉与环境反馈相结合，内化为儿童的思维模式，提升儿童的计划与执行能力。适应性互动行为和成功体验培养了儿童的自尊心和自信心。感觉统合的最终产物包括注意力、组织能力、学习能力、抽象思维能力、推理能力、自控能力、自信心等。这些能力转化为学习品质时，主要表现为注意与坚持、自我调节、好奇、主动等。特别是在专注力、主动性等因素的发展上具有重要的推动作用。

第五章　学习品质培养的核心立场：儿童立场

　　课堂教学是培养学习品质的主要渠道，要以儿童为中心，以培养儿童学习品质为着眼点，深化课堂教学的改革[①]。以儿童为中心需要课堂教学更多关注儿童的内心活动，关注儿童在课堂中的体验，更好保护儿童好奇、兴趣、探索、创造等良好学习品质发展的本性。然而，现实学前教育课堂中却存在严重的"小学化"倾向，课堂教学以知识为中心，教师为主导，儿童成了知识的被动接收者。为了适应即将来临的小学教育，儿童必须学会静坐、书写、拼音、识字、阅读等基本技能。儿童的入学准备成了"知识的储备"，课堂教学成了知识的加工厂。这种"短视而有害的做法"严重制约了儿童学习品质的发展。"小学化""短视化"等教育问题的根源在于教育立场的偏移，教师和家长没有准确把握儿童立场。如何"充分尊重和保护幼儿的好奇心和学习兴趣"[②]，关键在于对儿童的了解。儿童是如何学习的，以何种方式进行学习，以及如何探索周围的世

---

① 彭贤智：《对学习品质的结构与培养策略的研究》，《唐山师范学院学报》2004年第 1 期，第 75—79 页。

② 中华人民共和国教育部：《3—6 岁儿童学习与发展指南》，首都师范大学出版社，2012，第 3 页。

界，这些问题都需要教师深入了解。教师对儿童了解越深入，越有利于教师理解与识别儿童的学习品质。教师只有站在儿童的立场，才能真正了解儿童，发现儿童。儿童立场是儿童教育的根本落脚点，也是学习品质培养的核心立场。对学习品质的培养，核心在于正确把握教育中的儿童立场，明确儿童的主体地位，方能更好地保护儿童良好的学习品质。

第一节　儿童立场的概述

一、儿童立场的内涵

儿童立场是指教师从儿童的视角看待教育问题的立场，即教师要站在儿童的视角，体验儿童的内心世界，满足儿童的兴趣和成长需求，以达到促进儿童发展的目的[①]。王春燕、张传红（2020）对儿童立场的定义强调以儿童为中心，将儿童的发展和需求置于首位。儿童立场是一种教育的变革，代表儿童教育从知识本位转向人本位，从教师中心转向学生中心。儿童立场要求教师尊重儿童的主体地位，关注儿童的心理和情感需求。教育设计和实施应从儿童的视角出发，理解和满足儿童的需求和兴趣。教育目标是促进儿童的全面发展，包括智力、情感、道德、身体等方面的发展。成尚荣（2007）指出，把握好儿童立场的关键在于确立儿童的主体性[②]。他认为，儿童立场的核心在于"发现儿童和引领儿童"。

[①]　王春燕、张传红：《学前教育变革中儿童立场的审思》，《幼儿教育》2020年第9期，第3—6页、第32页。

[②]　成尚荣：《极高明而道中庸——儿童立场的完整性》，《人民教育》2020年第7期，第44—49页。

他强调，儿童立场的内涵丰富，但其特质与核心是如何看待和对待儿童，只有真正认识和发现儿童，才能坚守儿童立场。儿童立场的内涵包括儿童视角、儿童需求和儿童发展。教育应从儿童的视角出发，理解儿童的心理和认知特点，关注儿童的需求和兴趣。教育应关注儿童的真实需求，提供适合儿童成长和发展需要的教育内容和方式。教育应遵循儿童身心发展的规律，根据儿童的年龄特点和成长需求，提供适宜的教育。两位学者在儿童立场的定义中都强调以儿童为中心，尊重儿童的主体地位，关注儿童的需求和兴趣，促进儿童全面发展。

从童年社会学角度分析，儿童立场是从"自上而下"的视角，而非俯视的视角，来思考儿童如何理解他们自己的童年①。童年社会学认为，儿童的世界与成人的世界是不同的，儿童有自己的认知方式、价值观念和生活体验。成人应该尊重儿童的独特性，而不是简单地将成人的价值观和期望强加于儿童。儿童有自己的社会文化，包括儿童之间的互动、游戏、语言以及他们创造的社会结构。儿童立场应该尊重并理解这种独特的社会文化现象。儿童立场还意味着在政策制定和社会变革中应该考虑到儿童的需求和利益，确保儿童的权利得到保障。最终目标是建立一个更加公平和包容的社会，使每个儿童都能获得良好的成长环境。从童年社会学角度分析，儿童立场更强调尊重儿童的权利和需求，以及关注儿童在教育和社会生活中的地位。

儿童立场要求教师更全面地理解儿童，从儿童的视角、需求、权利、主体性发现和认识儿童，关注儿童的兴趣、发展阶段和个体差异，以促进儿童全面发展。儿童立场的核心在于真正理解和尊重儿童，将儿童视为独立的个体，而非成人的预备或附属。

---

① 高敬:《学前教育实践应坚守怎样的儿童立场》,《教育发展研究》2020 年第 12 期，第 38—45 页。

二、儿童立场对教师和课程提出的要求

1. 儿童立场对教师的要求

（1）尊重儿童的主体性

儿童立场强调儿童是教育的主体，教育应以儿童为中心，尊重儿童的意愿和选择，鼓励儿童主动参与和探索。首先，尊重儿童的意愿和选择意味着教师不再是单一的知识传授者，而是成为儿童学习过程中的引导者和伙伴。教师需要关注儿童的兴趣和需求，根据他们的特点来设计和实施教育活动。这样的教育环境能够激发儿童的学习动机，使他们更加主动地参与学习，从而取得更好的学习效果。其次，鼓励儿童主动参与和探索是尊重儿童主体性的重要体现。儿童通过亲身参与和探索，能够更深入地理解知识，培养自己的观察、分析和解决问题的能力。同时，这种参与和探索还能够锻炼儿童的自主性和创造力，为他们未来的成长打下坚实的基础。最后，根据儿童主体性的教育目标，教师应调整教学措施。具体如下：

营造积极的学习环境：创设开放、自由、民主的学习氛围，让儿童感受到尊重和信任，鼓励他们敢于表达自己的想法和观点。提供多样化的学习资源和材料，满足儿童不同的学习需求和兴趣，激发他们的好奇心和探索欲。

鼓励儿童主动参与：设计以儿童为中心的教学活动，让他们成为学习的主人，积极参与到教学活动的各个环节中。鼓励儿童提出问题、发表意见、与同伴合作解决问题，培养他们的参与意识和合作能力。

提供个性化的教育支持：关注每个儿童的兴趣、特长和发展需求，为他们提供个性化的教育方案和支持。尊重儿童的差异，采用多样化的

教学方法和手段，以满足不同儿童的学习风格和节奏。

培养儿童的自主性和独立性：鼓励儿童自主选择和安排学习活动，培养他们的自主性和独立性。给予儿童适当的自主权和责任，让他们学会自我管理和自我约束。

激发儿童的创造力和想象力：提供富有创意和挑战性的学习任务，激发儿童的创造力和想象力。鼓励儿童尝试新的方法、探索新的领域，培养他们的创新思维和解决问题的能力。

建立积极的师生关系：与儿童建立良好的师生关系，关注他们的情感需求和心理健康。

尊重儿童的个性和意愿：给予他们足够的关心和支持，让他们感受到被理解和被接纳。

（2）关注儿童的发展需求

儿童立场要求教师关注儿童在不同发展阶段的特定需求，包括生理、心理、社会和情感等方面。在教育实践中，教师应始终关注儿童在不同发展阶段的特定需求，确保教育内容和方式符合儿童的身心发展规律，从而帮助他们健康成长。首先，教师需要了解儿童在生理方面的发展需求。儿童的生长发育是一个持续的过程，不同年龄段的儿童在身高、体重、动作发展等方面存在差异。教师应根据儿童的生理特点，为他们提供适宜的学习环境和活动设施，确保他们的身体得到充分的锻炼和发展。其次，教师要关注儿童在心理方面的发展需求。儿童的心理发展包括认知、情感、意志等方面。随着年龄的增长，儿童的认知能力逐渐增强，情感变得丰富复杂，意志力逐渐提高。教师应针对不同年龄段儿童的心理特点，设计有趣味性、启发性的教育活动，激发儿童的学习兴趣和探索欲望，培养他们的创新思维能力、情感表达能力和意志品质。此外，教师还要关注儿童在社会和情感方面的发展需求。儿童是社会的一员，他们需要学会与人交往、合作、分享等社会技能。同时，儿童也需要得到关爱、尊重、支持等情感满足。教师应为儿童创造丰富的社交机会，培养他们的社交能力。

教师可以采取以下措施关注儿童发展需求的教育目标：定期进行儿童发展评估，了解儿童在各方面的发展状况，为制定个性化的教育计划提供依据；针对不同年龄段儿童的发展特点，设计符合他们身心发展规律的教育内容和活动方式；加强与家长的沟通和合作，共同关注儿童的发展需求，为儿童提供全面的支持和帮助；为儿童提供丰富多样的教育资源和学习机会，满足他们的兴趣和探索欲望，促进他们的全面发展。

（3）倾听儿童的声音

儿童立场倡导教育者应倾听儿童的意见和想法，让儿童在教育过程中发出自己的声音，参与到决策中来。倾听儿童的声音强调教师在教育过程中应该充分尊重儿童的意见和想法，鼓励儿童表达自己的观点，参与到教育决策中来，从而确保教育活动的针对性和有效性。首先，教师要理解并尊重儿童的意愿和选择。教师要认识到儿童有自己的意愿和选择，要尊重并倾听他们的意见。当儿童分享自己的想法或感受时，教师应给予积极的反馈和关注。由于儿童的思维与情感与成人有较大差异，教师要站在儿童的角度去思考问题，设身处地理解儿童的感受。这要求教师暂时抛掉自己的身份，以儿童的视角看待问题。其次，教师要采用有效的倾听技巧。教师在倾听儿童时，可以运用非语言动作，如专注的眼神、前倾的身体、偶尔点头等，向儿童传递出对他们表达的接纳和尊重。同时，教师还要耐心等待儿童完整地表达自己的想法，不要急于打断或替他们说出。最后，教师要建立一个良好的师生关系。教师在倾听儿童时，要以一颗充满柔情的爱心，真诚地接纳和理解他们。这有助于建立亲密的师生关系，使儿童更愿意与教师分享自己的想法和感受。

（4）保护儿童的权利

儿童立场认为儿童拥有一系列基本权利，如受教育权、表达权、参与权等，教师应保护和支持儿童行使这些权利。教师应当深刻理解和尊重这些权利，并采取实际行动来保护和支持儿童行使这些权利。首先，应当确保每个儿童都能接受优质的教育，不受任何形式的歧视和排斥。为每一位儿童提供平等的教育机会，使他们获得相同的教育资源。关注特殊需求儿童，为有特殊需求的儿童提供额外的支持和帮助，以满足他们的特殊需求。其次，尊重儿童的表达权。教师应当尊重儿童的表达权，鼓励他们勇敢地表达自己的想法和感受。倾听儿童的声音，给予儿童足够的表达机会和空间，耐心倾听他们的想法和感受，并尊重他们的意见。

通过课堂讨论、角色扮演、绘画等多种方式，鼓励儿童表达自己的想法和感受，培养他们的表达能力和自信心。同时，为他们营造一个安全、自由的表达环境。最后，保护儿童的参与权。为儿童提供参与各种社会活动的机会，如社区服务、环保活动等，让他们在实践中学习和成长。通过组织小组讨论、角色扮演等活动，培养儿童的合作能力、沟通能力和解决问题的能力，使他们能够更好地参与社会生活。尊重儿童的决策，让他们参与到教育活动决策中来，培养他们的自主性和责任感。教师应当深入理解并尊重儿童的权利，并采取实际行动来保护和支持儿童行使这些权利。

2. 儿童立场对课程的要求

（1）课程内容的生活化

儿童立场要求幼儿园课程内容应贴近儿童的生活经验，符合儿童的认知发展水平。课程内容应包含儿童感兴趣的主题，如自然、社会、艺术等，以激发儿童的学习兴趣和探究欲望。

课程内容应基于儿童的生活经验，注重与儿童的实际生活相联系①。课程内容的选择应与儿童的日常生活紧密相连，让儿童能够在熟悉的生活场景中学习和探索。生活化的课程内容设计方式符合儿童的心理特点，使他们更容易理解和接受新知识，从而增强学习的主动性和积极性。课程内容的生活化不仅关注知识的传授，更重视儿童在情感、社交和身体等方面的全面发展。通过参与实践活动，儿童能够锻炼合作能力、沟通能力、解决问题的能力等，为将来的生活和学习打下良好的基础。

（2）课程目标的全面化

儿童立场强调幼儿园课程目标应当关注儿童的全面发展，包括身体、情感、认知、社会等方面；应当具体、明确，符合儿童的年龄特点和个体差异，以促进其全面和谐地成长。例如，对于幼儿园小班的儿童，课程目标侧重于基本的自我照顾能力和简单的社交互动；而对于大班儿童，则更注重复杂的逻辑思维和团队合作。吴永军在《我们需要正确对待"儿童立场"》一文中提到，课程目标应当"基于儿童的实际情况和发展需要，体现对儿童的尊重和关爱"。"基于儿童的实际情况和发展需要"意味着课程目标不是一成不变的，而是应根据儿童的实际表现和发展速度进行调整。教师应通过观察、评估和与儿童的互动，不断调整课程目标，确保它们始终与儿童的需求保持一致。

（3）课程评价的多元化

儿童立场强调，教育活动应当以儿童的需求、兴趣和经验为中心，只有这样，才有助于更全面地了解儿童的学习和发展。在幼儿园课程评价中，儿童立场要求教师重新审视评价的目的和方法，从而更好地促进儿童的全面发展。传统的课程评价往往侧重于学习结果，如考试成绩或

---

① 高敬：《学前教育实践应坚守怎样的儿童立场》，《教育发展研究》2020年第12期，第38—45页。

技能掌握程度。然而，儿童立场要求幼儿园课程评价应关注儿童的学习过程和发展变化。课程评价应注重过程导向，关注儿童在学习过程中的参与度、兴趣、互动和探索行为。袁文娟在《教育需要坚守"儿童立场"》一文中强调，课程评价应"以儿童为中心，关注儿童的学习过程和发展变化"①。基于儿童立场的教学评价改进，应该让儿童在过程中受到激励②。课程评价方式要更关注儿童在学习过程中的积极反馈和鼓励，以激发儿童的学习兴趣和动力。课程评价手段要多元化，如观察记录、学习日志、自我评价、同伴评价等，以获得对儿童发展的全面理解。评价内容应涵盖儿童的各个发展领域，包括身体、情感、社交、认知和创造力等。课程评价还要突显儿童的主体性，鼓励儿童参与评价过程，使他们能够自我反思和自我评估，培养自主学习的能力。课程评价应服务于儿童的发展，而不仅仅是作为评价工具。课程评价要有助于教师更好地理解儿童的需求，调整教学策略，同时也要能够增强儿童的自信心和学习动力。基于儿童立场的课程评价，要求教师从传统的结果导向转变为过程导向，更加关注儿童在学习过程中的体验和成长。这种评价方式有助于教师更准确地理解儿童的需求，为他们提供更加个性化和支持性的教育环境。

---

① 袁文娟：《教育需要坚守"儿童立场"》，《中国教育学刊》2017 年第 9 期，第 90—93 页。

② 杨辉、丰丽娟：《基于儿童立场的小学低年级写字教学策略探究》，《齐鲁师范学院学报》2021 年第 5 期，第 114—119 页。

第二节　学前教育中存在的儿童立场问题

一、教育的数字化离身学习

具身认知理论指出了身体的感觉—运动系统在儿童学习中的重要作用，身体与环境的互动是认知的基础。由于师资和场地等原因的限制，幼儿教育依然以端坐静听为主要方式。幼儿园教室环境布置中固定的桌椅占据了大部分的幼儿活动空间。幼儿在狭窄的空间进行视听形式的集体学习，户外探索活动受空间和时间的限制，只能每周开展 1—2 次。另外，数字化时代给教育带来了巨大冲击，再加上新冠疫情影响，儿童线上学习开始普及，儿童学习进入了数字化学习时代。据相关数据调查，受新冠疫情影响，儿童每日累计屏前静坐时间增加了 10 分钟，超过 60% 的儿童每日累计时长达 1 小时[①]。儿童在享受数字化的视听盛宴同时，身体被禁锢于各种屏幕前，儿童的学习开始脱离鲜活的生活世界，游离于各种屏幕之间。这种数字化学习的离身性给儿童带来大量的信息冲击，同时又将儿童的学习与身体感知相割裂。处于"数字土著"时代的儿童往往倾向于从多种数字渠道获得信息，并且在处理文本信息之前，先处理图像、声音、色彩和视频信息[②]。甚至在幼儿园教学中，现代化教学手段也开始变得普及，带来高效学习效率的同时却将儿童的思想困在了屏幕前。高频快的信息输入让儿童的大脑始终处于一种被动吸收状态，儿

---

① 邵珊珊、江澜、章琴等：《新型冠状病毒肺炎疫情控制期无锡市学龄前儿童视屏行为及影响因素分析》，《中国学校卫生》2020 年第 5 期，第 661—663、667 页。

② 邹红军、柳海民：《重新认识儿童——论"数字土著"的四维特征》，《教育研究与实验》2022 年第 2 期，第 15—24 页。

童通过不断地切换视听模式进行学习。儿童无法建立情绪、自我感知与学习之间的联系，而是在一个真实的世界中进行虚拟数字世界的信息学习。这种离身学习忽视了儿童的学习体验，剥夺了儿童的体知和反思机会[①]。当前教育中存在课程的"离身"、教学的"无身"、学习的"分离"等问题[②]。教育的数字化离身学习将儿童视为被动的知识接收者，是对儿童立场的异化体现。

教育的数字化离身学习对儿童学习品质发展的影响主要表现在以下几个方面：

（1）端坐静听式学习，割裂了儿童身体与学习之间的联系，减少了大脑对信息的存储与提取，思维的灵活性降低；

（2）数字化信息输入方式增加了儿童感官阈值，降低了他们对文本学习的兴趣；

（3）课程的"离身"，儿童情绪、体验与学习的分离，限制了儿童反思、自我调节的发展；

（4）过于生动形象化的数字教学，减少了儿童想象与创造的空间。

数字化离身学习脱离了儿童"实际操作、亲身体验"的学习特性，片面追求通过增加学习信息新异性来提升儿童学习兴趣，过度消耗儿童对周围世界的好奇心。这种教育方式将学习简单理解为儿童对知识的存储与提取的过程，过于注重知识量的积累，而忽视了主动性对儿童学习与发展的长远影响。

---

① 高海龙：《从"离身"到"具身"——当代学习方式的重要转变》，《上海教育》2022年第14期，第32—35页。

② 施凌云：《具身认知视域下学习观念的重构》，《教学与管理》2022年第6期，第12—15页。

二、过度教育与过度保护

在幼儿早期，为了保护婴幼儿的身心健康，常常出现过度保护现象。例如：包裹过厚重的衣服，导致婴幼儿无法自由活动身体；因家居生活环境的不安全因素，将婴幼儿限制在婴儿车、婴儿床、婴儿防护栏里，阻止了儿童探索周围环境的机会。当儿童能自由活动时，家长为了保护财产而阻扰儿童具有破坏性的探索行为，甚至为了环境的干净整洁，禁止儿童触摸和使用不属于"玩具"的物品。这种对儿童的过度保护，使儿童缺少感知和体验，身体活动的过度限制影响了早期大脑神经网络的连接。儿童身体安全被保护的同时，感知和探索也被圈固起来。

在实践教育中，过分依赖儿童立场，出现了对儿童可塑性进行过度开发的现象。"不让孩子输在起跑线""小学化""左右脑开发""早期专项化训练"等现象就是对儿童过度教育的基本产物。学龄前儿童就奔波于各种培训班之间。为了提高儿童的学习效率，以死记硬背的方式教授儿童各种解题技巧，用公式化学习代替儿童的学习经验。通过各种成人化的考级和比赛来证明儿童学习成效，最后导致儿童获得的证书越多、学习兴趣越低的后果。学龄前儿童教育的功利化、短视化趋势，使儿童还未开启学习探索生涯就被层层筛选，带上各种贴上标签的"光环"（过早的学科启蒙教育给儿童划定了哪些学科适宜，哪些学科不适合）。

过度教育与过度保护对儿童学习品质发展的影响主要表现为：

（1）身体的过度保护，限制了儿童的空间感知能力，影响了儿童想象力的发展。身体的限制影响神经—肌肉系统的协调性发展，儿童的自我感知、空间感知是在运动中发展的，这些又是想象力发展的基础。

（2）过度教育，降低了儿童的学习兴趣。单纯追求知识和技能的教育方式对儿童学习品质发展是"短视而有害的"。"有害"意味着儿童的学习动机受到伤害[①]。以成人的方式进行的过度教育，不能有效保护儿童探索与好奇的天性，重复机械性的学习让儿童失去学习的兴趣。

三、儿童立场的唯中心论

儿童立场的关键是儿童的主体性。然而，幼儿园教育在把握儿童主体性地位时却出现了成人在儿童立场上缺位和过分迁就、迎合儿童冲动的"时代病"问题[②]。成人的缺位体现在教师在教育中被边缘化的极端现象，即教师不敢教、不能教，幼儿园只有保育没有教育。一些幼儿园甚至要求教师做各种活动记录材料以体现儿童的中心地位，教师沦为摄影师、记录者。教师每日为儿童准备各种游戏材料等待儿童自由探索，材料选择也简单地以趣味性、新奇性为导向。儿童主导的活动具有随意性、碎片化等特征，而这种儿童主导的活动成为教育的唯一。儿童除了游戏、玩的天性外，还具有思考、探索、好奇、创造的天性，这些天性的激发需要教师提供科学、系统的指导。儿童在探寻事物本质的过程中需要获得即时的教育支持，包括探索工具、科学知识储备等。满足儿童天性不是简单任由儿童自主发展，儿童发展还包括游戏以外的教育支持、环境支持，及促进儿童深度学习的课程支持。"时代病"将儿童自主游戏等同于课程。游戏与课程在幼儿园教育中是不可分割的一个整体。无视游戏的课程和无内容的游戏都是不适合儿童的，必须将游戏和课程加以整

---

① 鄢超云：《关于儿童的学习品质及其评价》，《学前教育（幼教）》2021 年第 11 期，第 8—13 页。

② 吴永军：《我们需要正确对待"儿童立场"》，《教育发展研究》2018 年第 22 期，第 1—6 页。

合①。课程与游戏的整合必然涉及儿童与教师的关系，教师与儿童、游戏与课程不是简单二元对立的关系，而应该处于一个互动平衡的状态。简单将儿童立场等同于以儿童兴趣为主导的游戏活动是成人缺位的儿童立场，是过分迁就的"时代病"。儿童的可塑性需要环境的支持和成人的引导，任其发展的儿童立场是唯中心论的儿童立场。

儿童立场的唯中心论对儿童学习品质发展的影响主要表现在：

（1）随意性、碎片化的儿童主导活动，影响了儿童学习的系统性和科学性，降低了求知欲对学习品质的推动作用。单一主体的教学方式，忽视了儿童对教育支持的需要。儿童思考、探索、好奇、创造等天性的发展，需要成人提供机会、榜样模仿、反馈、鼓励和引导。

（2）课程与游戏的二元对立，制约了儿童反思与解释的发展。适宜的课程能为儿童提供挑战自我的机会。儿童的发展要符合社会、文化的发展需求，适应性行为反应的评判标准是社会、文化的需求与认可。

儿童的行为、态度要符合所处环境的要求，课程能教授儿童社会之"道"。通过学习社会的"道"，儿童可以反思、解释、调整自己的行为表现。儿童在反思、解释、调整、互动中不断形成自己的学习品质。

第三节　儿童立场下学习品质培养的关键点

一、教师的环境支持

儿童立场与成人立场不是二元对立的，教师与儿童是协调依存、交

---

① 黄人颂：《学前教育学》（第三版），人民教育出版社，2015，第227页。

互反馈的合作共生体①。教师与儿童如何合作共生？从儿童发展的角度来看，教师是儿童发展的支持者与引导者。儿童学习品质的发展需要适宜的环境，教师是儿童学习环境的主要准备者。教师应该以儿童为中心，以发展为目标，提供相应的教育准备。充分的感知操作体验和支持性的师幼互动都是有利于学习品质发展的重要条件和要素②。高质量的环境可以支持儿童对学习的热情和投入，教师所准备的优质环境是儿童学习品质培养的关键。

1. 教师要为儿童的发展提供环境支持和成功体验

3—6 岁是儿童感觉统合能力发育的关键期，也是感觉统合治疗的黄金期。儿童的感觉统合能力发展直接影响其未来的认知水平、学习能力和思维方式。教师应为儿童提供丰富多样的环境支持，以促进其感觉统合能力的发展。例如，准备色彩丰富、形状结构多变的教学材料促进儿童视觉的发展；提供音节丰富、旋律节奏变换明显的音乐促进儿童听觉发展；准备不同材质、不同形状的材料，鼓励儿童触摸和操作，感知物体的材质、重量、温度等；本体觉和前庭觉的发展则需要教师提供不同的运动形式，创造安全的运动场地和充足的游戏时间。教师准备材料的大小和使用方式，应该适合儿童自主操作，并来源于生活。另外，儿童感觉统合能力发展的前提是儿童有机会感知环境，儿童可以使用不同的感官系统进行学习，特别是来自触觉、前庭觉和本体觉的感官学习。教师的教学环境应当允许儿童自由支配身体，尽量以真实的物品进行教学内容直观展示。成功体验来自教师对教学难度的有效把控和提供实践操

---

① 高敬：《学前教育实践应坚守怎样的儿童立场》，《教育发展研究》2020 年第 12 期，第 38—45 页。

② 苏婧、李一凡：《家园协同视角下幼儿学习品质的培养研究》，《中国教育学刊》2022 年第 5 期，第 80—85 页。

作的机会。当儿童获得实践操作的成功体验时，便能将学习内容与环境、情绪相连接，形成经验。经验的形成也需要教师准备可供反复实践的环境支持和充足的时间。

2. 积极的反馈和正确的引导

当儿童对感觉刺激做出行为反应时，能同时获得来自内外环境的反馈信息。例如，投篮后能感知来自手臂的本体感觉和来自外环境球进筐的视觉和声音反馈。在教学过程中，儿童对教学内容做出的行为反应，教师需要及时给予回应，还应为积极回应提供环境反馈，即外环境状态的改变。积极的反馈与成功体验密不可分，在教学初期，应提高儿童成功操作的机会，为儿童提供尽可能多的环境支持和教育引导。声音、图像、语言、动作和表情都可以给儿童提供积极的反馈和指导，特别是来自教师和同伴的认可。正确的示范和恰到好处的语言引导能有效提高儿童成功率，直观而简单的评价指导又能让儿童正确判断来自环境的积极反馈。

教师是儿童学习准备环境的主导者。教师应根据儿童的发展需求，不断调整来自环境的感觉刺激数量、种类、频次等。教师从有准备的环境入手，成为有准备的教师，开展有准备的教育。教师要为儿童准备适宜的物质环境、社会情感环境，并为其发展提供锻炼机会。儿童的学习离不开教师的引导，儿童立场教育不是教师立场的缺失。教师作为有准备环境的主导者，要为儿童准备有趣且富有挑战性的任务、与同伴和环境互动的机会、提高成功体验的环境支持、多感官的学习渠道。对儿童学习品质的培养，需要明确教师主导与儿童主导的区别。教师是儿童学习品质的推动者。有准备的环境能更好地支持儿童学习品质的发展。

二、儿童经验的架构

学习品质是促使儿童使用已学的知识与技巧的重要因素[①]。学习品质培养的目标是帮助儿童架构经验。知识首先转化为经验，然后在实践中不断运用，逐渐内化为思维方式和学习能力。将知识转化为能力并在学习过程中运用的过程，即学习品质形成的过程。课堂教学中，教师应帮助儿童形成感官经验并将其转化为思维能力，而教师对儿童感官经验形成过程的了解是关键。感官经验是经过感觉注册、调节、区辨、控制和运用等几个步骤形成的。

（1）感觉注册是身体调用各感觉器官对信息进行接收与检测的过程。因此，在课堂教学中，教师应当允许儿童运用不同的感觉器官进行学习。视听学习虽然是学前儿童主要的学习方式，但不应成为唯一的学习方式，不能将儿童限制在课桌前端坐静听。

（2）感觉调节是对信息感觉刺激量进行调节的过程，儿童对信息进行自我管理时需要各感觉系统间相互配合。对相同量的刺激，不同儿童的调节反应不同。因此，在学习信息输入方面，教师应考虑有感觉调节障碍儿童的感觉刺激需求，提供多层级的感觉信息呈现方式。

（3）感觉区辨是感知觉的基础，对各种感觉信息的辨别对儿童感觉的品质、感觉的时间及空间有重要影响。在此过程中，教师需要为儿童提供区辨不同感觉的机会，即为儿童提供直接感知的机会，儿童在不断辨别与对比中形成感知觉。

（4）控制与运用是指维持正确身体姿态控制和执行大脑行为指令的

---

① 鄢超云:《关于儿童的学习品质及其评价》,《学前教育（幼教版）》2021 年第 11 期，第 8—13 页。

过程。在此过程中，神经肌肉的协调性起主要作用，这也是思维能力的最终呈现方式。在课堂教学中，教师应该强调儿童实践操作，儿童的亲身参与能让其在实践锻炼中不断接收信息、发出指令、执行，形成极具个人特色的感官经验。感官经验的形成还离不开情绪和环境反馈两大因素，因此，课堂教学还应注重儿童主动参与的愉快体验和来自环境的正向积极反馈。

多元的感官体验为大脑神经系统创造了良好的发育条件，特别是富有挑战性的感官刺激增加儿童感官的敏锐度，为儿童学习信息的高效输入夯实了神经基础。从信息输入、整合、行为输出，再到反馈信息再输入、再整合、行为输出，最后到经验的习得，如此的循环往复，儿童的认知不断经过同化、顺化，并构建更高级的认知系统。认知能力的提升、神经网络的发达让儿童有源源不断的想法和探索渴求。通过实践获得成功体验激活了儿童内在的学习驱动力。丰富的感官体验有助于信息的记忆、提取与连接，儿童的知识网络不断扩大，儿童学习进入可持续发展的心流状态。对儿童学习品质的培养需要调整课程教学目标，注重儿童经验的获取与架构。学习品质的关键在于让儿童在丰富的感知经验中，形成良好的学习习惯和积极的学习态度。

三、儿童天性的充分尊重

儿童立场强调儿童应处于课程的中心，课程内容、教学方法、培养目标要紧密围绕儿童的天性。天性是由各种各样的有序元素组成，紧密围绕儿童的天性就是尊重儿童自身学习与发展的特性。对儿童学习品质的培养要尊重儿童与生俱来的天性。

（1）满足儿童好奇与探索的天性。在儿童立场的教育中，虽然玩和游戏的天性很重要，但也不应忽视儿童好奇与探索的天性。好奇与探索源于儿童对周围世界的观察和体验，环境刺激越丰富，越能激发儿童好奇的天性。新奇的事物更能吸引儿童的注意，特别是多元感官刺激丰富的事件。为了满足儿童好奇与探索的天性，教师和家长需要为儿童准备丰富的感官环境，让儿童因好奇而探索，因探索而学习。

（2）顺应儿童发展的天性。儿童的发展是连续性与阶段性、稳定性和可变性协调统一的过程。感觉统合发展由感觉通路的建立、感觉动作的发展、知觉动作的形成、认知学习的产生四个阶段构成。每个阶段的发展都建立在上一层级整合功能成熟的基础上。顺应儿童发展的天性需要教师关注不同阶段儿童发展的特点，有针对性地开展教学。教育方法、教学目的应以儿童发展为中心，实现连续、阶段、稳定、可变的协调统一。

（3）激发儿童好学的天性。学前阶段的儿童主要以感觉学习为主，即通过直接感知、实际操作和亲身体验来学习。儿童喜欢观察与模仿，不仅模仿成人，还模仿同伴和周围的环境。激发儿童好学天性的关键在于为儿童提供可以直接感知、实际操作、亲身体验的观察与模仿对象，学习内容的呈现也应该符合儿童学习的特性。对儿童学习品质的培养应该从儿童的天性出发，以遵循儿童发展规律的方式进行。

第四节　儿童立场下促进儿童学习品质发展的教学模式

儿童立场的教育是一种以儿童为中心，重视儿童视角、需求和兴趣的教育模式。儿童立场的教育模式要求教师认识到每个儿童都是独特的个体，通过提供适宜的支持和挑战，帮助3—6岁儿童建立积极的学习态度，发展有效的学习策略，并形成持续的学习兴趣，从而在学习品质的各个方面取得进步。学习品质是教育中心由"学什么"向"怎么学"的转移，强调学习的过程性。对儿童学习品质的培养要围绕"怎么学"这一过程进行深入探究，从儿童的视角出发，探索学习品质的培养策略。Hyson（2008）指出培养儿童学习品质的方法有：高质量的早期教育课程模式、有效的教学方式、科学的学习品质评估系统等。其中，高质量课程强调儿童的积极参与和社会交往，有效的教学方式需要明确的学习目标和有效的教学支架，科学的学习品质评估系统包括基于真实情景的儿童行为评估。课程模式、教学方式、评估系统的构建应该紧扣儿童的发展特点和入学准备需求，而感觉统合教育、运动、游戏是符合学习品质培养需求的有效策略。

一、感觉统合教育

有趣且富有激励作用的课程可以促进儿童学习动机和相关学习品质的发展[①]。感觉统合教育通过游戏和运动手段对儿童感觉统合能力进行培养，以寓教于乐的方式提高儿童与环境互动的能力。感觉统合教育中新颖的教具和有趣的游戏活动，充分激发和调动了儿童学习的主动性。感觉统合教育的核心是培养儿童主动适应环境的能力，趣味性、主动性和针对性是感觉统合教育的基本原则。感觉统合教育中，儿童的主动性来源于身体与环境的互动交流。当儿童处于教育的中心地位时，更能激发儿童的主观能动性。感觉统合教育的课程模式能培养儿童参与的积极性，提升其社会交往能力。

---

① ［美］马里奥·希森：《热情投入的主动学习者——学前儿童的学习品质及其培养》，霍力岩等译，教育科学出版社，2016，第88页。

另外，感觉统合教育帮助教师从神经科学和心理学角度，观察和分析儿童在学习活动中存在的行为问题。它为教师解释了儿童行为表现与神经统合功能之间的关系，帮助教师更好地理解儿童的行为。感觉统合理论不仅为教师提供了观察与评估指标，还为解决儿童的行为问题提供了参考构架。当儿童存在行为问题时，教师能看出其背后存在的感觉统合干预需求。《感觉统合评估量表》可评估儿童是否存在感觉统合障碍，帮助教师分析在教学中是否需要增加感觉统合干预活动。《常见的感觉统合功能失调一览表》则可以帮助老师解读儿童行为问题背后的感觉统合障碍，让教师了解儿童释放的感觉统合需求信息。例如，当儿童喜欢强烈、快速和绕圈圈的动作，坐在椅子上经常动个不停时，教师可以根据《常见的感觉统合功能失调一览表》判定儿童可能存在前庭觉反应不足的问题。儿童通过行为表现向教师释放了前庭刺激需求的信号，教师可以看出儿童的感觉统合教育需求。根据儿童的前庭刺激需求，教师在进行静坐类学习活动前应先提供大量前庭觉、本体觉刺激活动，以帮助儿童提高神经系统的警醒水平。教师在教学活动中安排不同速度、不同方向的旋转和奔跑类动作等教学内容，以满足儿童前庭觉的刺激需求。在改善儿童前庭觉反应能力后再开展对前庭功能要求高的静坐类学习活动。感觉统合教师对儿童教育需求的可见性，源于对儿童身、心、脑交互过程的观察。他们从儿童的动作行为解读其运动技能、认知能力、情绪与环境的互动交流过程，并以此为依据为儿童提供相应的教育支持。当儿童的需求被教师看见并得到满足时，教师与儿童间便会进行高质量的师幼互动，而师幼互动能有效促进儿童发展。

感觉统合教育不仅具有高质量教育课程模式的特点，还为教师提供了科学的学习品质评估工具，帮助教师准确了解儿童的教育需求。感觉统合教育从课程模式构建、教学方式选择、真实情景的行为评估三个方面，帮助教师制定有效的学习品质培养策略。

二、运动

儿童的身体运动是认知、社交和情感发展的基础[①]。儿童的高级神经功能发展是建立在大脑与身体之间密切联系的基础上。康奈尔的动觉模型指出，感官工具和动力共同构成了身体能力，经验转化为思维，充盈了运动的学习动力，运动又有助于儿童的学习。反射、感官、运动形成了学习与了解世界的基础。运动从认知功能、执行功能、社会性三个方面促进了儿童学习品质的发展。

运动促进神经网络的连接、神经发生和髓鞘化，为认知功能的发展提供了生理基础。运动是儿童获得前庭觉、本体觉、触觉、视觉等感官刺激的主要方式，运动中各种感官刺激相互整合，帮助儿童获得空间概念和时间概念，促进认知功能的发展。神经递质的增加和脑区激活功能的增强，能提升儿童记忆、注意功能。神经—肌肉系统的协调性能促进儿童执行功能的发展。反思、计划、解决问题等能力，以及学习任务的执行，都依赖注意、记忆等认知功能和执行功能的发展。运动时大量的前庭刺激促进了前庭系统的发育，前庭系统对儿童情绪发展具有重要作用。运动促进前庭通路的成熟，提升了前庭系统兴奋与抑制的调控水平。前庭系统通过网状系统与边缘系统调节儿童情绪的高低。运动，特别是团队运动过程中，同伴间、师生间的交流增加，刺激了儿童与同伴间的主动交流，促进了儿童社会性的发展。情绪、感觉、运动模式的整合，帮助儿童记忆和理解学习内容。运动中的互动增加了儿童参与的积极性

[①]　[英] 萨利·戈达德·布莱斯：《平衡良好的孩子——运动与早期学习》，张瑞瑞译，南京师范大学出版社，2021，第3页。

和社会交往的主动性，是提升儿童学习品质的有效教学手段。

三、游戏

游戏是儿童调节情绪的主要工具，为儿童提供了理解自己、别人以及环境的机会，能促进儿童思维能力和问题解决能力的发展[①]。心理动力理论指出，游戏可以帮助儿童处理情绪，获得控制感。儿童在游戏中，通过假装、想象的方式释放焦虑和恐惧，也通过角色扮演巩固和练习社会技能。儿童在游戏中将自己的知识和经验加以运用，并不断反思和创造出新的活动。《3—6岁儿童学习与发展指南》指出："3—6岁儿童的学习是以直接经验为基础，在游戏和日常生活中进行学习。"游戏是培养儿童的自我调节能力，促进儿童语言、认知和社会能力发展的重要工具[②]。游戏的规则性有利于儿童社会性的发展，游戏的趣味性增加了学习的投入热情，游戏的多变性为儿童提供了知识、经验的整合机会，有利于灵活性的发展。

游戏既可以成为学习品质的培养工具，又可以成为学习品质的评估工具。教师可通过儿童在游戏中与同伴的提问、角色探讨等行为评估儿童好奇心的发展。通过游戏道具的选用和想象（游戏物品的替代）评估儿童创造力、想象力的发展。《游戏检核表》可帮助教师评估儿童在游戏活动中想象力、创造力、问题解决、好奇心、反思、兴趣、独立性等学习品质的发展情况。游戏评估可以提高评估的准确性。游戏活动可以减少评估对儿童真实水平的影响，例如，评估可能导致儿童紧张。游戏活

---

① 黄人颂：《学前教育学》（第三版），人民教育出版社，2015，第226页。

② [美]Judith Van Hoorn等：《以游戏为中心的幼儿园课程》（第六版），史明洁等译，中国轻工业出版社，2020，第17页。

动的多变性更有利于儿童知识、经验整合，促进灵活性的发展。

感觉统合教育、运动、游戏不仅是促进儿童学习品质发展的有效策略，还是观察和评估儿童学习品质的重要工具。科学、系统、有针对性地选择感觉统合教育、运动、游戏，能帮助教师更好地辨识儿童学习品质，提升教师培养学习品质的能力。感觉统合教育为教师提供理论参考、课程教学指导以及学习品质观察与评估指导，而运动与游戏是儿童学习品质培养的主要教学方式。

第六章 感觉统合教育

第一节 儿童感觉统合失调的原因

当下儿童的教育和身心健康已经成为父母最关心的问题。感觉统合失调被各大报纸称为"城市儿童的流行病"。据相关学者对儿童的感觉统合失调率调查：北京地区为 42.1%（杨慧婷，2020），湖北地区为 55.8%（余丽丽，2019），长沙地区为 40.64%（张瑾瑜，2019）。感觉统合失调率已从 1994 年的 30% 上升到 55.8%，甚至个别调查显示高达 73.5%（贾富池，2022）。感觉统合是指大脑对前庭觉、触觉、本体觉、视听觉以及嗅觉等由多种感觉器官传入的感觉信息进行识别、分类、解释和整合，并依据既往经验，对环境做出适应性反应。当感觉信息不能在大脑得到很好的整合时，则会出现感觉统合失调[1]。感觉统合失调的儿童会出现注意力不集中、多动、自控力差、胆小等问题，这些问题可能影响儿童的智力发展和身心健康。著名心理学家皮亚杰曾说过："智慧的根源来自婴

---

[1] 黄晨、孔勉、张月华等：《儿童感觉统合及感觉统合失调》，《现代临床医学》2019 年第 2 期，第 145—148 页。

幼儿期的感觉和运动发展。"大脑只有具备良好的感觉统合能力，才能协调身体对外界的刺激做出适应性反应，为儿童未来适应社会发展奠定坚实的基础。教育中儿童立场的缺失、儿童感知权利和环境缺乏都会影响儿童感觉统合的发展。家庭支持系统差、居住环境恶劣和父母对孩子不切实际的期望均会对儿童感觉统合发展造成负面影响[①]。将感觉统合训练融入幼儿园教学，有助于预防和治疗儿童感觉统合失调，并促进儿童全面健康发展。幼儿园感觉统合教育是儿童教育中一种既顺应儿童自然发展的天性，又有利于发展感觉敏锐性及感觉综合能力的有效形式[②]。目前感觉统合训练主要集中在康复治疗机构，而在幼儿园教育中，教师也常常面临大量的感觉统合失调儿童，因此，幼儿教师也迫切需要感觉统合训练方面的教育和指导。感觉统合教育不仅能帮助教师回归儿童立场，还能帮助教师解读儿童问题行为，从而改善因感觉统合障碍对学习品质发展产生的消极影响。

一、神经系统发育异常

感觉统合是指各感觉神经系统间协调配合，处理感觉信息并做出适应性行为反应的能力。感觉统合失调是感觉神经系统间统合功能失调，导致儿童与周围环境互动时存在反应不协调的情况。神经系统的功能障碍是感觉统合失调的重要原因，主要表现为神经系统无法对感觉刺激进行有效地接收、调节、辨别，并做出适应性行为反应。感觉调节障碍是

---

① 黄悦勤、王玉凤、刘宝花:《父母养育方式与幼儿感觉统合关系的初步研究》，《中国心理卫生杂志》1998 年第 4 期，第 224 页。

② 胡秀杰:《感觉统合训练融入幼儿园课程的策略研究》，东北师范大学硕士论文，2006。

中枢神经系统在感觉刺激时间掌控方面出现障碍。神经系统与肌肉的协调配合不佳则导致感觉动作协调障碍。运用障碍主要是指组织和计划一个有目的的性行为的能力出现问题[①]。孕期和围生期不良因素会引起胎儿神经系统发生病理生理学改变，导致神经系统在结构和功能上出现异常。分娩方式、早产、缺氧以及一些遗传性疾病（如智力障碍、孤独症、脆性 X 染色体综合征等）都是导致神经系统功能异常的母体因素。例如，脑瘫儿童既有原发感觉统合障碍，又有继发感觉统合障碍，原发感觉统合障碍是神经功能损伤导致运动障碍和感觉统合障碍同时发生[②]。弥散张量成像（DTI）技术显示患有感觉统合障碍儿童的顶叶和枕叶出现白质微结构减少的现象。异常的交感神经系统活动与感觉调节障碍有明显相关性。感觉反应过度儿童有较低的诱发反应点位。这些神经功能障碍不仅直接造成原发感觉统合障碍，还通过情绪、社交、运动、语言等因素间接诱发继发感觉统合障碍。

二、感官刺激不足

感觉统合失调被称为"城市儿童的流行病"，其主要原因是城市空间狭小，儿童缺少同伴玩耍和亲子互动。在儿童早期，缺少爬行和爬行开始时间过早或过晚都会影响感觉统合正常发育，爬行发育不足与感觉处理障碍有关[③]。爬行能引起紧张性迷路发射，为前庭提供大量的感觉刺激。当前庭信息输入不足时，网状系统、大脑及身体之间的关系则会协调不

---

① [美]安妮塔·邦迪、[美]雪莱·莱恩主编:《感觉统合理论与实践》，韩平等译，厦门大学出版社，2022，第100页。

② 李晓捷:《实用小儿脑性瘫痪康复治疗技术》，人民卫生出版社，2016，第5页。

③ 高丽芷:《感觉统合》，南京师范大学出版社，2007，第23页。

良①。由于感觉刺激不足，大脑缺乏足够用于识别和分类的编码参考信息，无法处理感觉反馈和运动命令，因而出现感觉区辨障碍。婴儿期缺少拥抱、触摸也会导致触觉神经系统发育不成熟，出现触觉防御的功能障碍。触觉刺激不足，会导致儿童对物体材质、软硬等信息感知缺乏，无法形成正确的物体性质信息，最终影响儿童感知觉的形成。

　　另外，感觉权利和感知空间的剥夺等不利的教养环境也是感觉统合失调的重要后天因素。城市化挤压了儿童接触自然的空间，"自然缺失症"让儿童的感觉能力日渐萎缩②。城市化生活给儿童提供了优越的物质条件，但儿童活动的时间和空间却在减少，儿童的感知体验机会缺失。电子媒介的过度入侵和身体静态束缚让儿童的真实体验被虚拟场景所取代，儿童感官发育呈现电子化特征，感知空间被电子场景取代。童年游戏时光的消逝又剥夺了儿童自由感知的权利。"恐惧文化"下，过度关注安全导致自然游戏的非法化③。成人为了保护财产而阻扰儿童具有破坏性的探索行为，甚至为了环境的干净整洁，禁止儿童触摸和使用不属于"玩具"的物品。在户外环境中，家长更是因各种安全问题限制了儿童探索环境、观察环境的自然游戏。儿童身体安全被保护的同时，感知和探索也被圈固起来。感官体验环境的缺乏、感知空间和感知权利的缺失是造成儿童感觉统合失调的重要影响因素。

---

①　赵亚茹：《感觉统合失调及其临床意义》，《国外医学（儿科学分册）》1997年第2期，第34—36页。

②　范燕燕、章乐：《儿童的自然缺失症及其教育对策》，《教育科学研究》2018年第5期，第67—71页。

③　范燕燕、章乐：《儿童的自然缺失症及其教育对策》，《教育科学研究》2018年第5期，第67—71页。

三、感官刺激过度

感官刺激过度是指感觉神经系统在接收到感觉信息后对感觉刺激的程度和强度上的过度反应，从而引发过于强烈的感觉刺激反应行为。身处"数字土著"时代的儿童被各种电子屏幕所包围，儿童的学习与休闲活动比以往更具有数字化特征，儿童的感知权利在逐渐丧失。电子媒介占据了儿童接触自然的时间，"童年之死""童年消逝"的隐忧折射出属于儿童的自然感知空间和感知权利被过度的屏前娱乐所替代。屏前娱乐通过获取大量精准化的视听刺激满足儿童的获得感，儿童的视听神经阈值在高频快的视屏娱乐活动中逐渐升高，而神经阈值与行为反应是密切相连的。根据 Dunn 的神经阈值概念模型，主动追求与神经阈值升高维度的儿童在感觉调节方面呈现感觉寻求型特征，即儿童会不断寻求更多的高频切换、持续时间更长的感觉刺激。这种主动的高神经阈值视听刺激最终导致屏前成瘾行为，存在文本学习时感觉反应不足障碍。电子媒介将儿童的"器官、感官或曰功能强化和放大"，使儿童在电子媒介面前形成了一种获得感；儿童被吸引在电子媒介的屏幕前，静态欣赏成为唯一指令[1]。这种过度的屏前娱乐行为增加了儿童视觉、听觉的感官阈值，让儿童沉迷于这种高频快的信息输入方式，带来娱乐至死的童年危机，也引发感觉反应不足的感觉统合失调问题。

另外，长时间暴露在噪音、强光刺激等不良环境中，也会对听觉和视觉神经系统造成损伤，破坏视听神经的感觉统合功能。例如，过于强烈、频繁、长时间不愉悦的感觉刺激则将导致感觉统合失调。感受器对

---

[1] 刘欣然、张娟:《生命的记忆——童年消逝的文化危机与身体教育的哲学拯救》，《成都体育学院学报》2021 年第 4 期，第 33—38 页。

持续输入的感觉刺激产生适应性，感受器受体膜的去极化也会停止。不良刺激的去极化会引起机体的防御反应，造成感觉防御障碍。

四、个体不良的生活行为习惯

个体不良的生活行为习惯也是造成感觉统合失调的因素之一，如挑食、睡眠不足、过度的屏前娱乐行为等。挑食、饮食不均衡使身体和大脑缺乏必要的脂肪酸、维生素、矿物质，从而导致听觉与视觉问题[1]。喜好吃过软、流质食物的儿童也可能会因口腔缺乏触觉刺激而出现语言障碍。过多的食品添加剂会增加大脑的兴奋性，影响儿童的警觉水平，让儿童过于兴奋，无法专注，从而出现感觉调节障碍。睡眠具有调节觉醒的功能，睡眠不足或睡眠障碍将影响 5- 羟色胺和多巴胺系统的调节功能。多巴胺系统是调节触觉反应的基础，5- 羟色胺与多巴胺系统的调节配合影响感觉信息输入的处理是感觉调节的基础。睡眠不足或睡眠障碍不仅影响大脑神经系统的生长发育，还影响儿童的情绪调节能力，从生理功能和社会功能两个层面影响感觉统合。屏前久坐行为降低了儿童的身体活动水平，减少身体活动带来的感官刺激，进而影响感觉统合功能。数字化学习方式的改变，再加上新冠疫情影响，使得儿童屏前静坐成为影响儿童发展的又一隐忧。儿童空间感知、身体知觉的区辨技能，需要在三维物体中对触觉、前庭觉和本体觉信息进行整合。数字化学习无法取代真实环境下的身体教育，儿童的感官发育不仅需要视觉、听觉，更需要整合触觉、前庭觉、本体觉等信息输入。

---

① ［美］卡洛尔·斯多克·克朗诺威兹：《帮孩子找到缺失的"感觉拼图"》，周常译，中国发展出版社，2017，第 21 页。

五、身体活动的缺乏

当前我国学前儿童体力活动整体较少，久坐行为高发，中高强度活动缺乏，甚至一半以上幼儿园户外活动时间少于 2 小时 [①]。躯体感觉系统内有适应速度快慢的感受器、大小不一的接受野、不同的激活阈值、不同的信息传递速度到达中枢神经系统 [②]，而这些是儿童感觉区辨的基础。身体活动是本体觉和前庭觉信息输入的主要方式，活动量的减少使儿童缺乏感官刺激，以及身体与环境互动、感知的机会，进而导致儿童感觉统合失调。户外活动时，儿童通过跑、跳、攀爬、翻滚、抛接等动作锻炼大肌肉运动能力和身体的协调性，并获得丰富的本体觉和前庭觉刺激。户外游戏活动能让儿童与周围环境互动，儿童运用视觉、本体觉、前庭觉信息感知身体与自然的空间位置变化关系。攀爬、跳跃和翻滚活动能为前庭提供三个不同空间变化的感知信息，还能使颈部肌肉和核心力量得到锻炼，促进前庭系统的发育成熟。前庭系统是感觉系统的整合中心，调节神经系统的兴奋与抑制平衡。前庭觉、本体觉、视觉的整合是儿童身体感知、空间知觉发育的基础，并形成视知觉。身体活动不仅是感觉信息获取的重要渠道，还是各感觉系统间整合功能的外在表现形式。儿童通过身体活动与周围环境互动，形成感官经验。因此，身体活动的缺乏导致儿童缺少感官信息刺激和感官整合的机会，不利于儿童获得身体与环境互动的感官经验，从而引发感觉统合失调。

---

① 郭凯、胡碧颖、陈月文:《幼儿体力活动水平：基于幼儿身体活动观察记录系统的评估》,《学前教育研究》2022 年第 1 期，第 34—45 页。

② [美]安妮塔·邦迪、[美]雪莱·莱恩主编:《感觉统合理论与实践》,韩平等译，厦门大学出版社，2022，第 100 页。

第二节　感觉统合教育的价值与特点

一、感觉统合训练融入幼儿园课程的价值

1. 促进儿童全面发展

学前阶段儿童正处于感觉统合发展的第三阶段成熟和第四阶段起始期，儿童的知觉动作形成并开始产生认知学习。知觉动作的形成需要前庭系统整合听觉、视觉、本体觉、触觉等感官刺激，形成视知觉、听知觉和身体知觉的概念。学前阶段感觉统合训练具有促进神经网络连接、形成感官经验、产生适应性行为的作用，从生理、心理、认知和社会情绪四个方面促进儿童全面发展。首先，各种感官信息刺激激活了不同的感官神经通路，有利于脑区功能分化与成熟。例如，前庭刺激激活了前庭—动眼神经连接，运动时，前庭神经核接收来自头部运动方向变化的信息，而眼球则根据注意需要始终注视目标物体，保持稳定不动。这种前庭眼球反射是追视和保持视觉稳定的生理基础。儿童出现跳读等阅读障碍，可能与前庭眼球反射功能异常有关。前庭—丘脑—皮层通路可通过顶叶、内嗅皮层和边缘皮层向海马传递关于环境的空间信息，并与空间表征和身体知觉概念相关[①]。其次，多感官学习通路的建立，促进了儿童认知功能的发展。动觉模型指出，反射、感官工具和动力工具是儿童学习与了解自己和周围世界的基础[②]。儿童运用感官工具构建属于自己的

---

① Hitier M, Besnard S, Smith PF." Vestibular pathways involved in cognition", Frontiers in Integrative Neuroscience8(2014):1-16.

② [新西兰] 吉尔·康奈尔、[美] 谢丽尔·麦卡锡:《运动塑造孩子的大脑：0—7岁关键运动全方案》，方菁等译，华夏出版社，2018，第34页。

感官剖面进行学习，并通过感觉器官获得经验。感官经验形成了儿童内部的心理表象，心理表象是记忆、思考和解决问题的主要方式[1]。最后，感觉刺激形成的适应性行为反应，促进了儿童社会功能的发展。适应性行为反应是根据感觉经验和环境要求所产生的有目的的行为动作。在感觉统合训练中，儿童主动接收环境刺激并获得积极的反馈信息。儿童主动性参与能减少感觉防御行为，积极的反馈能帮助儿童获得自尊、自信。儿童在不断与环境互动中形成感官经验，帮助儿童形成良好的自我感知、协调的身体动作、稳定的情绪，从心理和行为方面促进了儿童社会功能的发展。

2. 改善儿童行为问题

感知环境的缺乏和教养方式的不当导致了儿童的行为问题越来越多，如多动、注意力分散、社交行为障碍、动作协调困难、运用能力差等。儿童的行为问题增加了教师教学组织和管理的难度，加上教师对儿童行为问题的不理解，容易出现贴标签甚至惩罚或放弃教育的现象。感觉统合训练融入幼儿园课程中可以帮助教师评估和解读儿童的行为问题，并针对行为问题提供教学策略指导。首先，感觉统合训练采用感觉运动发育史调查问卷和感觉统合与运用能力测验对儿童进行全面评估，帮助教师评估儿童的行为问题。感觉运动发育史调查可以了解儿童产前及儿童早期的感觉运动发育状况，帮助教师发现儿童中枢神经系统处理感觉信息的限制因素。感觉统合与运用能力测验可以帮助教师鉴别儿童是否存在感觉处理问题以及这些问题是否影响儿童的行为表现。其次，感觉统合训练可以帮助教师解读儿童的问题行为。感觉统合与运用能力测验能明确区分视觉形状和空间感知、触觉区辨、运用能力、前庭觉和本体觉

---

① [美]Dennis Coon，John O. Mitterer：《心理学导论——思想与行为的认识之路》（第13版），郑钢等译，中国轻工业出版社，2014，第318页。

处理四个领域的功能障碍，教师可以根据评估结果了解儿童行为问题与功能障碍之间的相关性。例如，口头指令运用能力差（运用能力测试之一）和长时间的旋转后眼震（前庭觉和本体觉处理测试之一）与注意力分散、听觉处理问题相关[①]。最后，感觉统合训练针对儿童感觉统合障碍提供了干预治疗策略，为教师调整教学提供参考。课堂专注力不佳与前庭觉、本体觉失调有关，改善儿童注意力分散问题可以从调整神经系统警醒水平入手。例如，上下跳跃的活动可以增加神经系统的兴奋性，用力的推拉和慢速的旋转可以激活网状系统达到安定和抑制的功效。感觉统合训练从评估、问题行为原因分析、干预治疗策略三个方面帮助教师解决儿童的行为问题。

3. 推进幼儿园课程的幼小衔接

2012 年教育部颁布的《3—6 岁儿童学习与发展指南》明确指出："最大限度地支持和满足幼儿通过直接感知、实际操作和亲身体验获取经验的需要"，"帮助幼儿逐步养成积极主动、认真专注等良好学习品质"。然而，当前幼儿教育中普遍存在儿童立场缺失的问题，导致幼儿教育小学化、短视化、功利化的倾向，过度的学科教学成为幼小衔接的主流。幼小衔接核心是培养儿童良好的学习品质，特别是主动与专注的学习品质。儿童专注品质的发展需要成熟的前庭系统，视觉与本体觉的整合又为阅读和书写提供学习准备。感觉统合训练能有效改善儿童的阅读、书写、自信心、注意力、动作计划与执行等能力。融入感觉统合的教学策略能提升学习困难儿童的学习行为表现，促进学前期幼儿养成良好的行为习惯。感官经验、情绪、运动共同促进了儿童学习能力的发展，感官、反射和运动是儿童大脑认知发展与学习生理基础。感觉统合训练从生理和

---

① [美]安妮塔·邦迪、[美]雪莱·莱恩主编：《感觉统合理论与实践》，韩平等译，厦门大学出版社，2022，第 178 页。

行为方面提高儿童的学习准备能力，以符合儿童特点的教育方式推动幼小衔接。

二、儿童立场下感觉统合教育的特点

1. 感觉统合教育的寓身性、体验性和互动性特点

具身学习具有寓身性、体验性和互动性三大特点，是身体的静态化和动态化的结合[①]。儿童天生具有好动的特质，主要通过运动和亲手操作来学习和感知事物。儿童通过运动获得丰富的感官信息，大脑对这些信息进行分析、过滤、组织、翻译等加工整合后做出行为反应。感觉统合的过程是身体、大脑、情绪、环境与学习信息相互作用的过程。感觉统合教育的具身化学习主要体现在以下三个方面：

（1）感觉统合教育是以直接感知为主的寓身性学习。身体感觉是学习的输入形式，感觉统合教育强调儿童身、心、脑共同参与的感官学习。幼儿的思维发展处于动作思维和形象表征思维阶段，儿童学习最关键的不是陈述性知识符号化的识记，而是通过直接感知、动手操作、亲身体验的方式在"做中学"，掌握"如何去做"的程序性知识[②]。身体参与的"做中学"能帮助儿童掌握物体的性质，帮助儿童理解抽象的概念。例如，身体动作的发展，能帮助儿童形成身体空间概念。儿童通过这些感官信息将身体定位和空间概念进行整合形成空间意识，完成动作思维向形象表征思维的发展。儿童通过操作、模仿等身体活动将个人感官体验与抽象概念进行联系，形成独特的感官剖面，建立自己的知识元结构。

---

① 高海龙：《从"离身"到"具身"——当代学习方式的重要转变》，《上海教育》2022 年第 14 期，第 32—35 页。

② 洪秀敏：《儿童发展理论与应用》，北京师范大学出版社，2015，第 317 页。

（2）感觉统合教育是在真实环境中发生的、多感官参与的体验性学习。感觉统合的核心组成部分为前庭系统、本体系统和触觉系统，这三个系统是与个体适应生活关系最密切的部分。感官刺激丰富的环境是儿童进行感官学习的必要条件。虽然屏前学习能给儿童丰富的视听觉刺激，但这种虚拟世界的感官刺激方式过于单一。相比之下，真实环境的多感官学习不仅能帮助儿童通过不同信息渠道对事物进行编码，还有利于构建多元连接的信息网络，促进知识同化和顺化。

（3）感觉统合教育是顺应环境的互动性学习。感觉统合教育的最终目的是提高儿童的感觉统合能力，对来自环境的感觉刺激做出适应性行为反应是衡量感觉统合能力发展的重要指标。感觉统合过程不仅有信息的输入，更重要的是对信息输入的应答模式，应答模式必须符合当下的环境。这体现了感觉统合教育中身、心、脑与环境的互动。儿童主动参与的环境互动是感觉统合教育的关键，只有输入没有输出的感觉统合无法形成螺旋式发展。顺应性互动是儿童在与内外环境进行信息交互后产生的行为反应，可以提高儿童适应社会环境的能力。

感觉统合教育以直接感知为主的寓身性、多感官参与的体验性、顺应环境的互动性特点体现了身体参与儿童学习的重要作用，而具身化学习是符合儿童发展需求的学习。直接感知符合儿童思维发展的需求，多感官参与符合儿童神经系统发育的需求，顺应环境符合儿童社会发展的需求。

2. 感觉统合教育的感官学习多元性和均衡性特点

感觉统合教育的多元性是指儿童需要启动多种感官系统进行整合性学习。在儿童早期，以动觉学习为主，随着儿童高级思维能力的发展，视觉学习和听觉学习能力明显提高，但不同儿童的学习方式存在个体差异。儿童立场要求教育应满足儿童个体的发展需求。儿童教育要充分利用不同的感官系统进行学习，以满足不同偏好类型儿童的学习需求。感觉统合教育学习方式的选择应根据学习内容的不同进行区别对待。例如，对物体的质感、重量、性质的感知，不仅要通过眼睛观察，还要用手去触摸感受。物体的空间位置概念则需要儿童结合本体觉、平衡觉、视觉共同作用，将身体空间感知和物体空间感知进行对比。前庭觉与听觉协调配合帮助儿童形成听知觉，触觉、本体觉、前庭觉与视觉的整合促进了视知觉的发育成熟。

感觉统合教育的均衡性是指感觉刺激的输入量应保持一定的平衡状态，使儿童学习始终处于最佳唤醒水平。当儿童存在感觉调节障碍时，过强的感觉刺激容易引起儿童的感觉防御反应，过低的感觉刺激则让儿童表现为感觉迟钝、注意力分散。感觉统合教育根据儿童不同的感觉阈限，调节教育环境和教育内容给儿童带来的感觉刺激量。感官刺激的种类、强度、频次、时长等均应根据儿童个体需求的不同保持相应的均衡状态。例如，患有多动症的儿童在学习视听内容前，需要先给予大量的前庭觉、本体觉刺激，降低儿童神经系统的兴奋水平，然后再进行相对静态的视听学习。另外，感觉统合教育的均衡性还体现在儿童发展的均衡性上。在生理发展方面，感觉统合教育促进了儿童神经系统的发育成熟和大脑结构的均衡性发展。在心理发展方面，感觉统合教育促进了儿童认知、情感、意志、社会性和个性发展。在身体动作发展方面，感觉统合教育能提高儿童的动作技能水平，促进粗大动作和精细动作的发展，提高动作计划与执行功能。总之，感觉统合教育不仅能促进感觉调节的均衡性发展，还能促进儿童生理、心理和身体的均衡性发展。

3. 感觉统合教育的挑战性与成功性并存特点

朱智贤提出，只有那种高于主体原有水平，经过主体主观努力又能够达到的要求，才是最适合的教育要求①。感觉统合教育是一种通过鼓励儿童积极主动参与富有挑战性的任务，让儿童在游戏中不断挑战自身能力，并与环境互动从而产生适应性反应的教育方法。适应性反应形成的两个要素分别是富有挑战性的任务和成功体验，即儿童要挑战不同感觉刺激强度、不同感觉输入方式以及不同环境变换的游戏任务。比如，有触觉防御的儿童需要在集体游戏中与同伴进行近距离身体接触，从而挑战自己触觉防御距离，适应同伴的身体触碰。游戏的成功性体现在儿童参与游戏时没有产生过激行为，即当有同伴身体接触时，儿童没有出现躲避的行为。

成功性体验不仅是快乐的源泉，还能让儿童接收大量高品质的感觉刺激反馈，进一步促进感觉统合的发展。例如，正确的身体姿态控制能提供大量本体觉、前庭觉信息回馈，本体觉、前庭觉的再次输入，并结合视觉信息，可帮助儿童建立正确的身体空间感觉，促进空间知觉的发展。挑战性虽然能提高感觉刺激的强度，但失败的经历容易让儿童气馁，打击儿童的自信心，影响学习的驱动力。因此，挑战性与成功性应该达到一种协调平衡的状态。挑战性与成功性并存的特点能有效激发儿童学习的主动性和趣味性，让儿童的学习目标始终保持在最近发展区，从而合理地促进儿童发展。

第三节　幼儿园感觉统合活动方案的制定与实施

制定幼儿园感觉统合活动方案是一个系统性的过程，需要综合考虑幼儿的年龄特点、发展需求以及幼儿园的实际情况。感觉统合活动方案

---

① 洪秀敏:《儿童发展理论与应用》，北京师范大学出版社，2015，第317页。

一般包括计划和实施两个阶段。计划阶段包括需求评估和目标设定。教师要观察儿童在园日常活动中的行为，与家长沟通，收集儿童的感觉统合需求信息，使用标准化评估工具来确定儿童的感觉统合能力。根据评估结果，设定清晰、具体、可衡量的目标，确保目标符合儿童的发展水平和感觉统合需求。实施阶段则包括引导参与、实时监测、灵活调整、评估反馈等。教师要向儿童介绍活动，确保他们理解活动的目的和规则。活动开展前，教师要鼓励儿童积极参与，根据需要提供支持和引导，并实时观察儿童在活动中的表现，记录儿童的进展和反应。根据儿童的反馈和进展，灵活调整活动，必要时修改活动内容或难度。根据计划安排，定期评估活动的有效性，并收集儿童、家长的反馈，根据反馈进行必要的调整。

一、感觉统合活动方案设计的基本原则

1. 以儿童为中心原则

以儿童为中心原则是指在设计和实施感觉统合活动时，始终将儿童的需求、兴趣和发展水平放在首位，其强调个性化的方法，确保活动能够满足每个儿童独特的感觉统合需求，并促进儿童整体发展。感觉统合所有活动都应基于儿童的个体差异、兴趣和需求进行设计和调整。每个儿童都有其独特的感觉统合发展水平和需求，因此，活动的设计应充分考虑这些因素，确保每个儿童都能从中获得适当的刺激和训练。感觉统合活动要尊重儿童生长发育的规律，根据个体的发育水平、发展形态，循序渐进地开展有针对性的训练。

例如，A 是一名 4 岁的女孩，表现出对声音过于敏感（听觉过敏）、对亮光反应强烈（视觉敏感），并且在新环境中容易焦虑。通过观察 A

在不同环境中的行为，以及与家长和教师的访谈，确定她在听觉和视觉处理上的具体问题。针对 A 制定的感觉统合活动的目标是降低其对声音和光线的敏感度，提高其在新环境中的适应能力。根据 A 的兴趣（喜欢绘画和音乐），设计结合艺术创作和音乐的活动。开始时使用柔和的声音和光线，让 A 在一个安静且光线柔和的房间中进行绘画活动。随着 A 逐渐适应，逐步增加声音的音量和光线的亮度，但始终保持在她的舒适范围内。通过绘画活动，引导 A 练习在不同光线条件下观察和表现色彩，增强她的视觉适应能力。通过音乐活动，让 A 尝试在不同音量下聆听和识别声音，逐步提高她的听觉适应能力。

2. 多感官刺激原则

多感官刺激原则是指在感觉统合训练活动中同时刺激和整合来自不同感官系统的信息，以促进儿童全面的感觉统合能力。感觉统合理论指出，大脑需要从多个感官通道接收信息，并有效地整合这些信息以产生适应性行为。感觉统合活动涉及多种感官系统，如视觉、听觉、触觉、前庭觉等，通过提供多种感官刺激，可以帮助儿童更好地整合来自不同感觉器官的信息，提高他们的感知和反应能力。

例如，B 是一名 5 岁的男孩，被诊断为感觉统合失调，表现出触觉过敏、前庭觉处理障碍和动作协调困难。通过观察和家长访谈，发现 B 对粗糙的纹理非常敏感，不喜欢身体接触，且在平衡木上容易失去平衡。针对 B 制定的感觉统合活动是让 B 在一个安全、支持性的环境中尝试各种触觉和前庭觉活动，以提高 B 的触觉调节能力，增强他的前庭觉和平衡能力。在开展感觉统合活动时，使用触觉刷和不同质地的布料进行渐进式的触觉脱敏训练。在平衡木训练中，结合视觉和前庭觉刺激，如在平衡木下放置彩色垫子，或在训练时使用镜子增强视觉反馈，并通过音乐和节奏指导，增加其前庭觉的输入。这些环节分别刺激儿童的触觉、听觉和前庭觉，有助于他更好地整合各种感觉信息。

3. 适应性原则

适应性原则是指感觉统合活动的设计和实施应根据儿童的个体差异和进展情况进行调整。在活动过程中，教师应密切关注儿童的表现，根据他们的反应和进展灵活调整活动的难度和形式，以确保活动的挑战性和适宜性。例如，C 是一名 6 岁的男孩，他在书写和运动技能方面表现出双侧协调障碍，因此在进行跨越身体中线的活动时会遇到困难，例如写字、剪纸或踢球。针对 C 制定的感觉统合活动的目标是提高其书写速度和质量，增强其运动技能。按照从简单到复杂，逐渐增加难度的方式，将活动分为几个阶段，每个阶段专注于提高 C 的特定技能。首先练习镜像画线，让 C 尝试用非惯用手模仿教师或纸上的画线动作，并逐渐增加线条的复杂性。然后进行交叉式协调练习，如交叉拍手或手脚协调游戏，鼓励 C 使用双手和双脚进行协调。接下来进行书写练习，提供特殊的书写工具和垫板，帮助 C 改善书写姿势和笔迹。最后进行运动技能训练，通过篮球、足球等运动，训练小刚的身体协调性和双侧整合。

4. 参与性原则

参与性原则主要通过鼓励儿童积极参与活动，提高他们的动机和参与度，进而增强训练效果。为了激发儿童的参与兴趣，活动设计应充分考虑儿童的年龄、性格和兴趣特点。

例如，D 是一名 5 岁的女孩，她被诊断为运用与执行障碍，具体表现为在理解和执行口头指令方面有困难。针对 D 制定的感觉统合活动的目标是提高她对口头指令的理解和执行能力。结合 D 的兴趣，设计一系列与音乐和舞蹈相关的活动。首先，让 D 尝试使用简单的打击乐器，如手鼓或沙锤，跟随口头指令进行演奏。然后，组织团队音乐游戏，让 D 与其他儿童一起合作，共同完成音乐任务。最后，通过模仿舞蹈动作，鼓励 D 跟随教师、同伴或视频中的角色进行动作，以提高她对口头指令的理解和执行能力，同时提升她的自信心和学习兴趣。

5. 发展适宜性

发展适宜性是指活动的设计应符合儿童的发展阶段和水平，避免过于简单或过于复杂。过于简单的活动可能无法提供足够的挑战和刺激，而过于复杂的活动则可能让儿童感到挫败，从而失去兴趣。例如，E 是一名 8 岁的男孩，表现出前庭觉和本体觉处理障碍，他在平衡、协调和空间感知方面存在困难。针对 E 制定的感觉统合活动的目标为减少其触觉过敏反应，提高其平衡能力。前庭系统训练初始阶段，让 E 坐在旋转椅上，轻轻地、缓慢地旋转，以刺激他的前庭系统。随着 E 逐渐适应旋转，适当增加旋转的速度和持续时间，并结合其他感觉输入，如在旋转时抛接球。在平衡和协调训练初始阶段，让 E 在稳定的地面上练习单脚站立，开始时提供辅助支撑，让他逐渐建立平衡感。在 E 能够稳定单脚站立后，引入不稳定的表面（如平衡垫或泡沫垫），并让他尝试在这些表面上保持平衡。感觉统合活动要根据个体的反应和进展，及时调整训练内容和难度，确保训练始终具有挑战性，但又不至于让他感到挫败。

二、幼儿园感觉统合活动方案的制定流程

1. 评估儿童的感觉统合能力

评估是了解儿童基础，是看见儿童、看清儿童的工具，能帮助教师用科学的评量工具回归儿童的立场。感觉统合能力的评估包括标准化测试和结构性观察。感觉统合与运用能力测验（SIPT）是国际上通用的标准化测试量表，主要包括视觉形状和空间感知、触觉区辨、运用能力、前庭和本体处理 4 个领域 17 个测验项目。由于该套测验需要专业人员进

行测试且耗时较长，在我国教育行业中使用较广的是《儿童感觉统合能力发展评定量表》。该量表有两个版本，一个版本筛选包括前庭平衡和大脑双侧分化失常、脑神经生理抑制困难、触觉防御过多及反应不足、发育期运动障碍、空间形态视感失调、重力不安全感失常、工作压力情绪反应（6岁以上）等七大障碍；另一个版本筛选包括前庭失调、触觉防御、本体感失调、学习能力发展不足（6岁以上）、大龄特殊问题（6岁以上）等五大障碍。评定量表将原始分转化为标准分后，将小于50分的判断为感觉统合失常。但第一个版本的评定量表缺少年龄分组的标准分转换，建议教师使用第二版本的评定量表，重点判断前庭失调、触觉防御、本体感失调三大障碍。结构性观察包括姿势动作的临床观察和运用能力的临床观察两大部分，具体包括受感觉处理影响的中轴姿势控制、动作计划、感觉处理的其他观察等。临床观察主要通过儿童模仿规定的动作测试其神经—肌肉的整合功能。教师通过感觉统合能力评估筛查儿童是否存在感觉统合障碍，以及障碍的类型和程度。

根据评估结果分析儿童感觉统合障碍的原因，评估当前的教育环境、教学内容等是否存在教育支持不足的情况。如感觉统合评估发现儿童存在运用能力障碍，教师可根据评估结果进一步分析：

（1）运用能力障碍是个别现象还是群体现象，是先天遗传还是后天环境教育支持不足；

（2）当前课程教育中是否为儿童提供了足够的前庭—本体整合与感知的身体活动机会；

（3）幼儿园是否有足够的场地、活动器材、活动时间支持儿童的运用能力发展。

2. 制定感觉统合训练方案

当前教育"异化"的根本症结在于儿童能否在教育里成为一个真正

被"看到"的主体。一份好的感觉统合训练方案应从儿童的发展现状出发，针对儿童行为障碍背后的发展需求，帮助教师更好地了解儿童。

感觉统合训练方案包括：当前儿童感觉统合情况分析和感觉统合训练的目标、训练内容、注意事项、训练效果评估标准等。感觉统合情况分析包括儿童当前行为状态和障碍原因分析两部分。首先描述儿童当前存在哪些行为问题，然后针对每一个行为问题分析其是由哪些方面的感觉统合障碍引起的。教师可参照《常见的感觉统合功能失调一览表》进行对照分析，但切记儿童的情况具有个体差异，对照分析时应结合儿童的生活经验进行个性化区分。其次，针对儿童的感觉统合障碍制定感觉统合训练目标。目标的确定需要邀请家长、儿童共同参与，特别要体现儿童的话语权和选择权。感觉统合训练方案的训练目标首先要具有意义性，即从儿童最希望提高的能力出发，对儿童而言在学习和生活中具有较强的实用价值，包括某个功能和行为上的改变。目标应源自儿童实际生活需求，且具有可行性。长期目标是改善儿童某个方面的障碍，训练周期以一个学期或一个学年为主。短期目标是改变儿童某个行为或降低问题行为发生频率，训练周期可以是一个月或8周。最后，训练内容是围绕目标进行分解的干预训练方法。具体包括训练的操作步骤、感觉刺激的类型和强度、训练频率和时间。训练内容以感觉注册、感觉区辨、感觉调节、姿势控制、计划与运用五个环节为基础，并选择合适的训练器材。特别需要注意的是围绕儿童感觉防御问题提出的规避事项，以及避免出现过度刺激现象。训练效果评估标准包括中断训练的标准、衡量儿童进步的观察标准。

感觉统合训练方案是解决儿童教育问题的教学改进计划。感觉统合训练方案分三个阶段：第一阶段是提高儿童的感觉统合能力，第二阶段是改善儿童的行为表现，第三阶段是培养儿童的学习准备能力。

第一阶段从感觉注册、感觉调节、感觉辨别、行为动作运用与执行四个方面制定计划。第一步，感觉注册。为儿童提供丰富的感官刺激，帮助其识别并建立刺激与概念之间的联系。第二步，感觉调节。根据儿童的教育需求，调整感觉刺激的强度，诱发儿童对刺激产生神经动作电位传导。第三步，感觉辨别。通过提供外环境支持和反馈信息，帮助儿童正确认识刺激，形成感知觉。第四步，行为动作运用与执行。让儿童在真实的环境中进行操作—反馈—调整，提高儿童的神经肌肉的协调性。

第二阶段主要针对儿童的行为问题，提供增强感觉刺激的训练计划。第一步，增加感觉刺激。为儿童提供足够强度的感觉刺激输入量和种类，以提高神经系统对感觉刺激的适应能力，改善因感觉防御产生的行为问题。第二步，激发参与活动的主动性。从明确目标、及时反馈、积极引导、减少不良刺激、增加安全感等方面设计训练内容，通过游戏活动和儿童感兴趣的方式开展训练。

第三阶段以建立神经通路—习得感官经验—获得学习准备能力为路径设计训练方案。神经通路建立以感觉统合能力发展为基础，训练方案可参考第一阶段方案，适当增加前庭觉、本体觉、触觉的感觉刺激训练，以调整神经系统的警醒状态。感官经验以提高儿童参与的成功性为主，根据儿童的能力水平设计具有挑战性的活动任务。学习准备能力训练是将感觉统合训练与认知活动相结合，通过设计不同环境和学习情境，训练儿童的适应性行为和感官整合能力。

3. 设计感觉统合活动，调配"感觉套餐"

感觉统合活动是在感觉统合训练计划的基础上，结合幼儿园课程安排而实施的教育与干预相结合的活动，也是感觉统合训练计划中的具体执行性方案。感觉统合活动包括名称、目标、组织形式、内容、器材、注意事项以及观察与记录目标。

　　首先，设计感觉统合活动要明确感觉统合训练的融入方式。感觉统合训练与哪个领域课程相结合，取决于其目的和训练内容。前庭觉和本体觉的感觉统合训练主要以身体运动的方式进行，需要较大的活动空间，因此适合与户外活动或体育游戏相结合，而融入运动健康领域课程的运动游戏是最合适的方式。

　　其次，感觉统合活动的目标是感觉统合训练目标和课程目标的结合体。活动目标应该包括动作技能、行为反应、情绪与态度、认知等多个方面。教师可运用感觉统合理论，将教学目标分解成不同感觉训练的要求，注重过程体验性目标的达成。活动组织形式分为集体游戏、角色游戏、师幼互动游戏、个别指导、集体指导等五种，具体安排依据教学目标和儿童的基本情况合理选择。

　　最后，依据感觉统合活动目标调配"感觉套餐"。"感觉套餐"的调配是从"感觉餐单"中选择合适的游戏活动，并安排活动的时间、频次和训练量。"感觉餐单"是依据感觉种类，罗列出可实施的感觉游戏活动。例如，前庭觉训练"感觉餐单"分为旋转类、摇晃类、平衡类、跳跃类、姿势反应类、速度感体验类、距离感体验类、位置感体验类，每一类又包含多种游戏活动。教师可根据感觉统合活动安排，结合现有的教育资源，选择不同的游戏活动。"感觉套餐"的调配要注意控制刺激总量，有效调控感觉种类、感觉强度的合理性和均衡性。

三、幼儿园感觉统合活动实施的行动路径

　　"儿童立场"的课程行动路径是一个"放开—观察—解析—支持—放

开"的循环过程^①。放开是指放开儿童,让儿童以自己的方式进行活动。观察是指在生活和游戏中对儿童进行观察。解析是对儿童真实的教育需求进行解释和分析。支持是指对儿童的教育需求提供支持,促进有效的师幼互动。最后,教师以理解和支持的态度放开儿童的活动。

儿童教育需要教师准备环境,放开儿童,让其自由在环境中探索。教师根据儿童的探索活动,观察儿童、评估儿童,并及时提供支持,以帮助儿童获得经验。儿童在活动中不断发生同化和顺化,逐渐形成自己独特的感官剖面。教师再调整再放开,以促进儿童更高级的感觉统合功能发展。因此,感觉统合活动的行动路径是"准备——放开——观察——支持——评估再放开"的循环过程。

1. 准备

准备是指教师为儿童发展的各种可能性准备学习条件。感觉统合活动的准备包括感知环境准备和参与机会准备两部分。

感知环境准备包括提供多种刺激类型的活动器材和活动场地。活动的器材应该来源于生活,符合儿童当前的发展水平和感觉统合训练需求,且应保证儿童能够安全独立操作。活动器材不在于种类的多样性和新奇性,重点是其材料的适宜性。活动器材不仅要能满足感觉统合活动的训练需求,而且器材的数量和种类要方便教师根据儿童的特性适时调整;此外,活动器材还应具有提供刺激,促进儿童发展的价值。活动场地的布置则要充分考虑儿童的生理特点和活动需求,让儿童能够自由探索,以开放、自主的方式进行活动。场地布置时还要考虑其灵活性,场地布置的路线、空间设计能灵活调整,并具有调控感觉刺激强度的功能。

参与机会准备包括激发儿童活动参与积极性的情境准备、丰富的感

---

① 邹晓敏:《"儿童立场"视域下高品质幼儿园的课程改革》,《教育科学论坛》2021年第20期,第77—80页。

知体验机会、个性化选择与环境互动的交流方式、良好的师幼关系以及和谐的同伴关系。准备应"聚焦于儿童主体地位的确立，引导儿童进行自我教育"。

2. 放开

放开是指课程中心的儿童学习权利释放。放开意味着儿童拥有了独立、主动、创造、人际互动的可能性[1]。儿童是以亲身参与、直接感知的方式进行学习的，感觉统合的发展需要儿童主动与环境互动，产生适应性行为。放开需要教师规避以成人经验代替儿童经验的越位问题，让儿童以自己的方式进行探索和感知。传统的课堂教学是通过一示范一操作的方式进行学习，用成人的经验向儿童展示知识的获取途径。适应性行为的产生是儿童对来自环境的刺激进行感官整合后做出的行为反应。刺激与行为之间还有儿童感官经验、感知能力、情绪的影响。放开意味着儿童天性的释放和儿童权利的释放。放开需要教师在感觉统合活动中摒弃成人的驯化观念，放开儿童的身体，允许儿童使用不同的感官进行学习，在学习中试错并体验错误。活动过程中，教师的指导应基于儿童感官发展的特点，而不是基于成人经验对儿童行为进行评判。放开更需要体现教育中儿童感官的引领作用，让儿童的感官需求引导教学活动。将目标模式转换为行为模式，将知识与能力的课程目标转化为感官行为和感官经验目标，注重活动过程中儿童感官参与的能动性。

3. 观察

观察是指教师从儿童的视角，对儿童在不同情境下的行为、情绪、兴趣等进行有目的、有计划的记录和分析的过程。观察是教师的核心能力，也是教师获得教学反馈的主要途径。首先，教师需要蹲下来，以儿

---

① 邹晓敏:《"儿童立场"视域下高品质幼儿园的课程改革》,《教育科学论坛》2021年第20期,第77—80页。

童的视角观察周围的环境是否安全可控,用儿童的方式参与活动并观察活动是否合适。其次,教师要明确,儿童的行为变化是观察的主体对象。活动过程中,教师要观察儿童的情绪、态度、行为反应的变化,观察儿童的个性化兴趣和需求。最后,观察的目的是通过观察评估感觉统合活动设计的合理性。教师要观察儿童是否主动参与活动、是否获得成功的体验、是否与周围的环境进行交流。当教师观察到儿童出现情绪失控或不愿参与的情况时,应当及时终止活动,并与儿童交流反馈。

4. 支持

支持是指在感觉统合活动过程中教师对儿童教育需求的及时回应。教师的支持包括动机情感支持和环境支持。当感觉统合活动准备的环境不能很好地促进儿童发展时,教师应调整环境以支持儿童适应行为的发生。如调整感觉刺激强度、感觉输入方式、活动任务的难度等。教师也可提供身体辅助性支持,如儿童在平衡木上行走时,教师牵手辅助。情感动机支持则体现在教师激发儿童参与动机上的情感支持策略。情感动机支持的原动力在于教师对儿童所进行的有意义、有价值活动的认可。教师可通过自身引领或同伴引领的方式帮助儿童达成有意义、有价值的活动目标。对儿童行为和态度的肯定,也是有效的情感动机支持策略。

5. 评估再放开

评估是指对感觉统合活动质量和儿童感觉统合能力发展的评估,即评估感觉统合活动是否为儿童提供了足够的感觉体验机会、感觉刺激的强度是否富有挑战性、儿童能否主动感知刺激、儿童是否有多重感觉输入、游戏或活动是否能引发儿童的适应性行为等。评估的目的一方面是评估活动是否合适,另一方面是评估儿童是否在活动中受益,并为下一步活动设计提供参考。儿童愉悦的情绪、成功的活动体验、积极的态度、适宜的适应性行为是高质量感觉统合活动的评估指标。动作技能目标、行为反应目标、情绪与态度目标、认知目标的达成是儿童感觉统合能力发展的评估指标。评估后要及时给予儿童反馈，帮助儿童总结成功的经验。教师也需要积极倾听儿童的感受，将儿童的反馈信息作为活动调整的参考依据。再放开是指对调整后的活动再次向儿童开放，赋予儿童再次进行更高级感觉统合活动的权利和机会。

儿童立场是教育的基本立场，需要教师用正确、有效的方法引导儿童。将感觉统合训练融入幼儿园教育活动中，有助于教师用正确有效的方法引导儿童，促进儿童大脑神经统合功能的发展，也是解决幼儿园儿童感觉统合失调的重要方法。感觉统合活动应该与幼儿园原有的教学活动相融合，帮助教师正确看待儿童，而不是将感觉统合活动视为教育课程的"加法"。感觉统合活动的融入不能仅停留在教学行为层面，而应该深入到教学理念、教学评估与反馈层面。对于幼儿教师而言，感觉统合活动是一种解决儿童行为问题的教学策略；对于儿童而言，感觉统合活动是感官学习、感官整合的教育需求回归。在制定和实施感觉统合活动过程中，教师需要积极听取儿童的意见，从儿童的立场、经验和需求出发，设计并实施活动。

实施过程中应明确以下三条标准：

（1）引导儿童主动感知刺激，并提供感知获取机会；

（2）根据儿童的感觉统合特点，安排适宜的挑战任务；

（3）确保活动过程中儿童能够获得成功的体验和愉悦的感受。

感觉统合活动能帮助教师将教育支持回归儿童，儿童立场的教育又能更好地促进儿童感觉统合的发展。感觉统合活动不仅是儿童立场教育的一个组成部分，更应该秉承儿童立场的教育观点。

第四节 实施感觉统合教育面临的困境及解决措施

一、实施感觉统合教育面临的困境

1. 教师缺乏专业的指导与培训

在实施感觉统合教育前需要对每个儿童进行感觉统合能力评估，标准的评估不仅要求教师具备良好的观察评估能力，还需要教师对感觉统合理论有全面系统地学习。感觉统合与运用能力测验（SIPT）是常用的评估工具，教师或家长可根据儿童最近的行为表现进行评估。该评估的17个测试需要对每个儿童进行单独评估，且每个儿童需要花一个半到两个小时的时间。感觉统合与运用能力测验仅作为儿童是否存在感觉统合障碍的评量工具，对感觉统合能力的系统全面评估还包括：神经动作评估、感觉调节能力评估、儿童发展与认知评估、姿势动作评估、运用能力评估等。如此复杂庞大的评估系统对教师的能力提出了较高的挑战，而职能治疗师与教师的对接还存在障碍。目前，我国幼儿园师资队伍中缺乏具有感觉统合教育背景的专业教师。这导致在实施感觉统合教育时，难以满足儿童多样化的需求。即便一些教师接受了理论培训，但在将理论应用于实践中仍然存在困难。因感觉统合相关培训机会不足，教师缺乏相关知识，理论到实际应用间还存在巨大沟壑[1]。如幼儿园开展感觉统合教育时存在感统测量数据解读能力有限、训练指导驾驭能力不足的问

---

[1] 徐子乔、张新发：《学龄前儿童体育教育中融入感觉统合理论的意义、困境与策略》，《教育进展》2024年第5期，第318—323页。

题①。此外，感觉统合理论涉及心理学、教育学、神经科学等多个学科，需要教师具备跨学科的知识和技能，而相关改善措施需要较长时间。

2. 个别化感觉统合教育需求与集体教学间的矛盾

感觉统合教育注重每个孩子的独特需求，旨在通过个性化的教学策略和方法，提升儿童的感觉统合能力，促进其全面发展。幼儿园集体教学更侧重于整体教育目标的达成，如知识的传授、社会交往能力的培养等。感觉统合教育要求教师为每个儿童制定符合儿童感觉统合能力发展需求的教学计划。在集体教学中，如何满足每个儿童感觉需求是当前实施感觉统合教育面临的问题。

以小明为例，小明在幼儿园集体教学中表现出感觉统合障碍。他在集体活动中经常表现出注意力不集中、动作不协调等问题，影响了他的学习和社交能力。在集体教学中，教师更注重知识的传授和社交能力的培养，而小明的感觉统合障碍却未得到充分的关注。这导致他在学习过程中遇到了很大的困难，也影响了他的自信心和学习兴趣。由于集体教学策略的局限，教师难以对小明进行深入指导和反馈。虽然教师也尝试通过一些活动来帮助小明改善感觉统合能力，但由于资源和时间的限制，这些措施往往难以取得显著效果。幼儿园在资源分配上更注重整体性和公平性，难以满足小明个别化教育的特殊需求。例如，幼儿园缺乏专业的评估工具和教学材料，导致教师难以对小明的感觉统合障碍进行准确评估和有效干预。

另外，即使同为感觉统合失调障碍儿童，对感觉统合的教育需求也存在较大差异。教师如何调整教学策略以满足不同感觉训练需求的儿童，是集体教学中需要解决的问题。如，感觉防御型儿童需要较低且循序渐

---

① 滕宇：《浅析幼儿园感觉统合训练存在的问题及对策》，《辽宁师专学报（社会科学版）》2015年第4期，第123—124、129页。

进的感觉刺激，而感觉迟钝型儿童则需要较高强度的感觉刺激来吸引注意。在集体教学中，如何调控感觉刺激强度既不会引起感觉防御型儿童的过激行为，又能吸引感觉迟钝型儿童的注意，是幼儿园教师在教学中亟待解决的一个问题。

3. 教育资源匮乏

幼儿园在实施感觉统合教育时，常常面临专业评估工具、教学材料、训练器材等资源匮乏的问题。这些资源的不足限制了感觉统合教育的有效实施。感觉统合教育的首要步骤是对儿童的感觉统合能力进行准确评估，以确定其发展水平和存在的障碍。然而，幼儿园往往缺乏专业的评估工具，导致难以对儿童进行科学的评估。感觉统合训练需要借助各种训练器材，如触觉训练器材、弹跳训练器材、固有平衡训练器材、本体觉训练器材等，以帮助儿童提高感觉统合能力。这些器材往往与幼儿园的教学器材存在较大功能差异。例如，用于调整前庭信息及平衡神经系统自动反应机能的按摩大龙球、平衡台；用于强化中耳平衡体系的独脚椅、大陀螺、脚步器、竖抱筒等。这些器材通过提供多样化的感觉刺激和运动体验，帮助儿童在玩耍中促进感觉统合能力的发展，增强其自信心和自我控制能力。同时，部分幼儿园对感觉统合教育的重要性认识不足，导致其在资源配置上忽视了感觉统合教育资源配置的需求。这些资源的不足限制了感觉统合教育的有效实施。

二、解决措施

1. 拓宽学习与培训渠道

要加强对幼儿园教师的培训，提高他们对感觉统合教育的认知和理解，以便更好地实施感觉统合教育。定期为幼儿园教师提供专业的感觉统合教育理论和实践培训，邀请专家或有经验的教师举办讲座或示范教学。鼓励教师参加在线课程或研讨会，持续更新知识，提升专业技能。与教育机构、大学或专业培训机构合作，建立长期合作关系，建立标准化的培训体系，实现资源和知识共享。邀请行业专家设计一套针对幼儿园教师的感觉统合专业培训课程，包括感觉统合理论、评估方法、实践技巧等。通过模拟教学、案例研究和现场观摩等方式，增加教师的实践机会，帮助他们将理论知识应用于实际教学中。利用多媒体和互联网技术，开发或引进感觉统合评估或应用软件，简化评估流程，提高感觉统合测量数据解读能力。建立在线学习平台，为教师提供在线培训和教育资源。

2. 优化教学策略

结合感觉统合教育理念，设计丰富多样的课程内容，以满足不同儿童的发展需求。采用灵活的教学方法，如小组活动、角色扮演、游戏等，以增强儿童的参与感和学习兴趣。采用分组或混合式教学方法，根据儿童的个体差异，提供不同层次和难度的感觉统合活动，确保每个儿童都能在自己的水平上得到挑战和发展。精确细分小组教学，每个小组中包含不同感觉统合能力的孩子，通过小组合作学习，促进互助与学习。灵活调整教学安排，在集体教学中穿插个别化教学时间，为需要个别化指导的儿童提供额外的支持。

3. 整合与优化教育资源配置

开发与利用现有资源，鼓励教师根据实际需要，自制简易的感觉统合训练器材，如利用废旧物品制作触觉训练器材。发掘日常生活中的替代物品，如平衡板、瑜伽球等，将其作为感觉统合训练器材的替代品。幼儿园也可以利用自然环境进行教学，如户外游戏和探索。整合共享资源，建立幼儿园与幼儿园之间、幼儿园与社区、幼儿园与家庭、幼儿园

与康复机构的资源共享机制，通过借用、交换等方式，实现资源的有效
利用。幼儿园应积极争取政府和社会各界的支持，争取更多的资源投入，
改善学前教育资源不足的问题。

第七章　智障儿童感觉统合教育

　　智障儿童是指年龄低于 18 周岁，且智商明显低于同龄儿童的平均水平，并伴随有社会适应困难的儿童。自 19 世纪初期开始，国外已对智障儿童进行研究。研究重点从最初的病因讨论，逐步发展到弥补教学和康复训练、教学理论、法规和专业组织的整合，最终达到多样化、个别化的研究水平。这一过程经历了四个阶段，使得对智障儿童的研究日益丰富和完善。无论是对概念的定义、病因的分析，还是对智障儿童的特点、干预训练、法律制度等，研究都比较深入，这也为我国的研究提供了大量的理论参考数据。我国对智障儿童的研究开始于 20 世纪 80 年代，最初研究的重点主要集中于对智障的定义和病因的探讨，并逐渐扩展到康复训练和身心发展研究。和国外研究相比，我国研究主要停留在智障儿童的教学和康复训练上，研究的范围较小，对智障儿童的帮助仅限于特殊教育。国外为保障智障儿童的教育权制定了相关的法律，还为他们将来的工作与生活提供各种便利，争取更多的权利。美国于 1975 年颁布实行《教育所有残疾儿童法令》，即"PL—142 号公法"。随后，其他国家相互效仿制定相关的法律。20 世纪 60 年代，我国的特殊教育开始进入发展普及阶段。先后有一大批学者投入特殊教育的研究，如肖非、陈云英、朴永馨、刘全礼、许家成等。随着国家对特殊教育的重视，智障儿童教育由原来的资源教室、个别化教育逐渐转向融合教育、适应性教育。教育方式更为多元，教育方法也更为丰富。2020年残疾儿童少年义务教育入学率约达95%，其中智障儿童占比最高。2021年，教育部等部门颁发的《"十四五"特殊教育发展提升行动计划》要求，到2025年，适龄残疾儿童义务教育入学率达到97%。越来越多的智障儿童开始进入普通学校接受义务教育，然而教师却缺乏相关教育背景，亟须相关的教育指导。

Ayres感觉统合理论在中国的推广引起特殊教育教师和家长的重视，他们发现，与普通儿童相比，智障儿童的感觉统合失调问题更为严重。智障儿童感觉统合失调率为60.6%，远高于正常儿童[1]。加之智障儿童的感官知觉发育缓慢，人际交往能力和语言学习能力比较弱，更制约了其感觉统合发展。另外，中枢神经系统发育障碍及先天畸形，使智障儿童存在姿势及运动模式异常的特点，其肌肉力量和身体机能等功能的表现也比正常儿童差。运动功能障碍不仅影响儿童的社会适应能力，也影响感觉统合功能。智障儿童不仅存在原发感觉统合障碍（与运动障碍同时发生），也存在继发感觉统合障碍（由运动障碍引发的感觉统合障碍）[2]。大量的文献资料证明，体育运动能改善儿童的感觉统合失调问题[3]，而体育运动联合感觉统合训练能更进一步提高临床治疗效果[4]。Ayres提出，改

---

① 于素红:《智力落后儿童感觉统合失调状况调查报告》,《中国特殊教育》1999年第2期，第21—23页。

② 李晓捷:《实用小儿脑性瘫痪康复治疗技术》,人民卫生出版社，2016，第449页。

③ 邓邦桐、谭华、李幸民等:《体育游戏对治疗不同年龄段感统失调儿童的疗效分析》,《天津体育学院学报》2008年第2期，第163—165页。

④ 赵非一、段怡汝、夏小芥等:《基于感觉统合理论的体育游戏对发展障碍儿童临床康复疗效的评价》,《体育学刊》2016年第4期，第127—134页。

变感觉输入，最好与运动结合，达到改善脑功能的目的[1]。感觉统合治疗和运动治疗成为智障儿童教育和干预治疗的主要方式之一。但在实际康复和教学中存在将运动游戏等同于感觉统合游戏的现象，不能充分融合两者的功能。智障儿童的感觉统合教育需要明确感觉统合疗法与运动疗法的区别，结合智障儿童的教育需求，将两者进行有机融合和调整。

第一节　智障儿童的特点

一、认知特点

从智障儿童的定义来看，智障儿童表现出智力发展迟缓和社会适应性行为困难的特点。智障儿童最明显的特点就是智力水平明显低于同龄儿童，这也是区分智障儿童同其他特殊儿童的标志。智力发展迟缓主要表现为认知能力较弱，导致儿童存在不同程度的学习困难。感知觉迟钝，对外界刺激的反应速度较慢，需要醒目、鲜明的刺激物才能引起他们的注意。他们容易受到外界声音或色彩的干扰，难以长时间集中注意力。他们的短期记忆和长期记忆能力较弱，需要反复练习才能记住信息。部分智障儿童还存在语言障碍，语言表达能力和理解能力受限，难以用复杂句子表达自己的想法。他们的抽象思维能力差，难以理解和掌握抽象概念，如颜色、形状、数字等。

---

① 任桂英:《儿童感觉统合与感觉统合失调》,《中国心理卫生杂志》1994 年第 4 期，第 186—188 页。

二、社会行为特点

智障儿童的第二大特点是社会适应性行为困难。适应行为指的是概念、社会和应用三个方面的技能[1]。智障儿童存在认知理解受限和概念形成困难，难以理解抽象概念或复杂信息，形成或应用新概念的能力较差，需要通过具体的例子来学习。例如，在学习数学时，他们难以理解"大于"和"小于"这样的概念，需要通过实物操作演示进行理解。智障儿童在与同伴交往时以身体语言为主，主要是由于他们在语言理解和语言表达方面与一般儿童存在差距[2]。由于智力发展迟缓，部分智障儿童还存在一定的读写困难，基本没有金钱的概念。智障儿童人际交往能力差，他们难以理解社交规则，如轮流交谈、保持适当的个人空间等。情感表达和理解方面，他们难以表达自己的情感或理解他人的情感反应，缺乏随机应变的能力。社交情感存在较大的依赖性，他们的情感表达比较直接、表面化、初级化。在团队活动中，他们经常难以与他人合作或分享资源。在社会应用方面，他们的日常技能学习缓慢，比如穿衣、洗漱等，需要更多的时间和练习。他们的问题解决能力有限，在遇到问题时难以找到或应用合适的解决方案。自我管理能力差，需要成人的监督和帮助来管理自己的日常活动。另外，部分严重智障儿童还存在行为困难，无法独立完成一般日常生活活动，甚至还存在身体发育畸形完全不能进行活动的情况。

---

[1] 梁海萍:《AAMR2002 智力落后定义评析》,《中国特殊教育》2005 年第 56 期，第 46—50 页。

[2] 谭雪莲:《幼儿园智力落后儿童与普通儿童同伴关系研究》，重庆师范大学硕士论文，2009。

三、身体机能特点

在身体机能方面，约有 1/2 的年龄组项智障儿童的各项形态指标明显低于正常学生，其中，肺活量和项素质指标的发展水平，均明显落后于正常学生[①]。在其他基本的运动能力上均与普通儿童存在一定的差距，这与他们平时缺乏体育锻炼有关。与同龄儿童相比，智障儿童的动作协调性和运动技能发展通常会比较迟缓，在体力活动和耐力方面也不如正常儿童，容易感到疲劳。智障儿童的平衡与协调功能较差，保持身体平衡和协调身体各部分动作方面存在困难；精细动作技能也存在困难，执行精细操作任务（使用剪刀、运笔等）。

四、感觉统合特点

1. 警醒程度低

知觉速度慢、知觉容量小是智力落后儿童最突出的知觉特点之一，其视觉、听觉、触觉、嗅觉和味觉能力也明显低于正常儿童[②]。智障儿童知觉发育障碍使得他们在感觉信息的接收、辨别、组织、整合方面存在一定的困难，从而影响感觉调节和感觉区辨功能，表现为警醒程度低，又称为反应迟钝。警醒程度是指人体对外界感觉刺激所产生的机体神经兴奋与反应程度。感觉调节与感觉区辨功能是影响警醒程度的关键因素。感觉调节功能可有效提高信息的输入量，感觉区辨功能可提高对时空感

[①]　孙耀鹏：《北京"八区"城市轻度智力落后学生身体形态、机能与素质特点及其评价标准的研究》，《体育科学》1990 年第 6 期，第 24—28、94 页。

[②]　肖非：《智力落后儿童心理与教育》，辽宁师范大学出版社，2002，第 93 页。

觉的精准性、感觉信息的质与量变化的区辨程度。当感觉调节和感觉区辨存在障碍时，儿童对信息输入刺激的过滤能力较差，容易表现出学习唤醒程度低、情绪稳定性差、注意力不集中等。例如，前庭系统唤醒不足时，儿童容易出现空间感觉差，对新环境的适应能力差，甚至拒绝进入陌生环境，从而开启自我防御模式。脑神经系统功能损伤也会导致儿童认知能力发育迟缓，神经活动兴奋性不足，进而表现出警醒程度低，并影响感觉调节功能和感觉区辨功能。

2. 姿态控制与动作协调困难

智力障碍儿童的动作技能呈现出动作不协调、动作节奏不明显、动作力量不足和动作速度慢等特点[①]。感觉调节和感觉区辨的障碍影响对本体觉、前庭平衡觉信息的有效判断，导致动作姿态异常。本体觉感觉信息来自肌肉、皮肤和关节等，主要感知身体所处空间位置和肌肉运动状态。本体觉主要负责计划和控制身体动作，是对动作执行的反馈信息。智力障碍儿童由于肌肉力量发展不平衡、动作速度慢、肌张力异常，导致本体觉信息输入不准确，从而影响姿态的控制和稳定性。姿态的控制和动作的稳定性是前庭平衡觉的重要信息来源，而前庭平衡觉和本体觉、触觉、听觉等感觉紧密联系，影响动作的协调性、重力安全感、身体概念等。另外，智障儿童在听觉、味觉、触觉方面存在感觉缺陷，进一步加重了儿童的动作控制和动作协调困难。他们通常存在坐、立、行等姿态控制异于普通儿童，行走时无法维持头部中立，坐在椅子上喜欢不停摇晃身体；身体协调性差，如双侧协调困难；肌张力异常，表现为肌肉痉挛型和肌肉松弛型；身体素质差，如耐力不够、平衡能力差、速度慢等特点。

---

① 王之春、李涛、骆意：《中轻度智力障碍学生体育运动特征及干预策略》，《安庆师范学院学报》2016年第4期，第164—168页。

3. 计划与组织知觉动作能力差

智障儿童由于脑神经损伤和发育障碍，导致语言发展缓慢、记忆容量小、理解能力差等。在思维表现方面，主要存在思维缺乏目的性、思维刻板、敏捷性差、反应慢等问题[①]。思维刻板表现为日常生活中动作行为计划与执行模式单一，如坚持固定的回家路线、不懂根据气温增减衣物等。记忆容量小、理解能力差导致智障儿童指令理解困难，对多指令的记忆缓慢，往往只能完成1—2个行为指令任务，对复杂且需要分步执行的任务理解能力弱。另外，前庭平衡觉与本体觉异常，影响儿童的空间分析能力，导致动作方向感差、空间位置与物体形状区辨能力差。当中枢神经系统把前庭平衡觉与其他感觉连接在一起时，才能产生自动又协调的移动与平衡[②]。前庭平衡觉与本体觉的系统化形成了身体概念，是完成动作计划与执行任务的参考定位点。以上因素致使智障儿童无法形成正确的自我概念，感觉执行指令与感觉行为反馈信息的不一致使他们表现出计划与组织知觉动作能力差的特点。

第二节　智障儿童运动疗法与感统疗法

感统疗法是指运用感觉统合训练的方式改善儿童作业功能的一种康复治疗方法。由于前庭觉、本体觉、触觉是感觉统合理论的三大核心，因此感统疗法通常以运动与游戏相结合的方式进行。在实际康复治疗过程中，感统疗法和运动疗法容易混淆，出现以运动游戏代替感统治疗的情况。个别康复机构甚至将运动疗法更名为感统疗法，混淆家长的视听。

---

① 茅于燕:《智力落后与早期干预》，上海教育出版社，2007，第65页。

② [美]卡洛尔·斯多克·克朗诺威兹:《帮孩子找到缺失的"感觉拼图"》，周常译，中国发展出版社，2017，第112页。

但智障儿童不仅存在运动功能障碍，也存在感觉统合障碍，针对不同的障碍应选择不同的治疗方式。因此，有必要对两种治疗方法进行明确区分。

一、运动疗法与感统疗法的差异

1. 治疗内容的差异性

表 7-1 运动疗法与感统疗法评估内容的比较

感统疗法	运动疗法
1. 粗大、精细动作的发展程度 2. 视觉动作统合、视觉区辨 3. 神经机构控制（平衡与姿势） 4. 对于感觉刺激的回应（触觉、前庭平衡觉、本体觉等） 5. 双侧协调 6. 动作计划与执行 7. 旋转后眼球震颤	1. 躯体外观情况检查 2. 关节活动度评定 3. 肌力评定 4. 痉挛评定 5. 上肢及手功能评定 6. 平衡功能评定 7. 协调性评定 8. 步态分析 9. 日常生活能力和独立性评定

注：表格内容来自 [美] 卡洛尔·斯多克·克朗诺威兹:《帮孩子找到缺失的 "感觉拼图"》，周常译，中国发展出版社，2017，第 65—198 页。纪树荣:《运动疗法技术学》，华夏出版社，2011，第 6—75 页。

运动疗法以功能训练为主要手段，旨在改善和提高机体运动功能，属于物理疗法的一种。运动疗法的重点是增强体能，提高日常生活中的基本运动功能。智力障碍是一种由中枢神经系统损伤或发育障碍导致的大脑功能性疾病。脑损伤和脑发育障碍是导致运动功能障碍的主要原因。运动疗法针对儿童的坐、立、卧、行等基本身体姿态，以及不同体位间的转移、平衡、协调等能力进行练习和训练，通过改善运动模式、神经肌肉和关节功能来提高儿童的社会适应能力。感统疗法通过各种感觉刺激提高中枢神经系统功能，进而改善患者接收和处理感觉信息的能力，属于作业疗法。现代智障教育创始人塞甘曾指出，智力障碍的原因更多的是他们的各种感觉被长期剥夺、隔离的缘故；智力障碍可通过有效的生理刺激训练获得改善，其训练以感知觉训练为主[①]。智障儿童在各种感官信息接收和辨别方面存在困难，感知觉发育缓慢且感受范围狭窄。感统疗法通过提供不同程度的感觉刺激信息，让儿童做出正确的感觉接收、辨别和处理的适应性反应。通过丰富的感觉刺激来提高儿童的感觉调节能力，进而改善他们的学习能力、姿势控制、运动计划、平衡和稳定能力。

2. 治疗特点的差异性

表 7-2 运动疗法与感统疗法治疗特点的比较

	运动疗法	感统疗法
理论基础	运动技能学习与控制理论	感觉统合理论
理论假设	运动能影响中枢神经系统的适应性，促进脑功能重组	中枢神经系统的可塑性、适应性互动能有效提升感觉统合，且感觉统合一直在发展
基本构架	以运动技能学习的三个阶段为基本框架	以感觉发展的四个层次为基本构架
治疗形式	采用主动与被动运动相结合的体育运动；团体和个案治疗相结合	以感觉统合游戏为主；以个案治疗为主
治疗对象	运动功能障碍人群，包括儿童和成人	感觉统合障碍儿童

---

① 王斐、朱宗顺:《塞甘与蒙台梭利智障儿童感觉训练理论的比较研究》,《绥化学院学报》2018 年第 10 期，第 58—61 页。

续表

	运动疗法	感统疗法
治疗目的	1. 改善关节的灵活度； 2. 增强肌肉力量和耐力； 3. 提高运动协调和肢体活动能力。	1. 提高大脑对感觉信息接收、调节、整合、处理的功能； 2. 改善动作计划和执行功能； 3. 提高动作和行为适应环境的能力。
调控性因素	改变运动体位、身体运动姿态、运动频率、运动时间	感觉刺激的强度、频率、持续时间和节奏

注：表格内容来自作者整理。

运动疗法与感统疗法都是基于中枢神经系统可塑性的基础上提出的康复治疗方法。运动疗法通过儿童主动参与运动，建立正确的运动模式，学习和训练运动技能动作，以改善关节活动度、增强肌肉的运动功能，从而提高行为与动作的能力。感统疗法是在儿童的神经及肌肉无器质性损伤，骨骼、肌肉功能正常的前提下，通过提供感觉刺激的环境，帮助儿童建立正确的感觉处理模式，改善儿童接收、组织、整合信息的功能，最终形成适应性反应。

两者的不同之处在于：

（1）运动疗法是建立运动模式，感统疗法是建立感觉处理模式；

（2）运动疗法通过提高技术动作来适应环境，感统疗法通过提高信息处理能力来适应环境；

（3）运动疗法通过环境诱发正确的动作模式，感统疗法通过环境提供丰富感觉刺激诱发大脑对信息进行加工和处理。

（4）运动疗法通过改变运动方式调控治疗效果，感统疗法通过改变刺激程度来调控治疗效果。

动作是神经系统主要功能的体现，是神经系统状态的一种表现[①]，但神经系统又是动作完成的基础。一种是外显的行为动作表现，一种是内隐的神经整合功能，两者相互依存，互相促进。运动功能的改善能提供优质的感觉输入信息，感觉处理功能的提升是运动技能提高的神经基础。因此，将运动疗法与感统疗法结合，不仅能改善外显的行为动作表现，还能提高内隐的神经整合功能，达到内外兼修、标本兼治的目的。

二、运动对感觉统合训练作用

1. 调节神经系统的警醒程度

神经系统的警醒程度主要取决于感觉调节功能和感觉区辨功能的发展水平。感觉调节功能是大脑具备调适神经兴奋程度及反应程度的能力，感觉区辨功能是经过感觉调节后大脑对刺激进行更细致的解码与分析[②]。交感神经和副交感神经的活跃程度是影响感觉调节功能的关键因素。体育游戏通过追逐、奔跑和大肌肉运动能有效调节神经系统的兴奋性，有效控制交感神经和副交感神经活跃的平衡性。运动能使大脑中的神经递质和其他化学物质达到平衡，对大脑结构和功能产生持久效益，提高神经系统中细胞、分子和神经回路的机能[③]。体育游戏不仅能改善大脑结构和功能，更能通过调节神经系统功能提高大脑的唤醒水平。另外，在调节感觉区辨功能方面，体育游戏通过变换身体位置、空间方向，以及不

---

① [以]摩谢·费登奎斯：《动中觉察》，林若宇等译，北京科学技术出版社，2019，第33页。

② 任彦怀、李介至、李静晔等：《感觉统合游戏与儿童学习》，华格那企业（台中），2017，第142页。

③ [美]约翰·瑞迪、[美]埃里克·哈格曼：《运动改造大脑》，浦溶译，浙江人民出版社，2013，第30页。

同肌肉的运动，丰富了儿童的感官剖面，也进一步调节了神经系统的警醒程度。

2. 改善前庭与本体系统功能

良好的前庭系统可以提供正确的讯息，帮助儿童协调身体的姿势动作、形成空间的概念以及调节情绪和行为[①]。本体觉管理动作的控制与计划能力，也具有调节身体警觉程度的功能[②]。体育游戏中头部及躯干的稳定移动、瞬间的倾斜等，刺激椭圆囊而引起的牵张反射，以及跳跃运动带来的肌张力改变，都能有效改善前庭觉、视觉、本体觉冲突，完善前庭与本体系统的整合能力。慢速的旋转和翻滚活动能提供有利于感官整合的前庭信息，从而改善前庭系统功能。大量肌肉运动参与的游戏活动增加了本体感觉信息输入量，奔跑、投掷、跳跃不仅丰富了感觉活动的层次，还提升了感觉反应的准确性。因此，运动能有效改善前庭和本体系统功能。

运动在调节神经系统的警醒程度、改善前庭与本体系统功能两个方面，具有促进儿童感觉统合发展的作用。智障儿童的神经损伤不仅影响了运动功能，更制约了其感觉统合能力的发展。智障儿童的康复治疗需要运动疗法与感统疗法"双管齐下"，才能达到治疗效果的"事半功倍"。因此，可将运动疗法与感统疗法进行融合，以促进智障儿童的全面发展。

---

① 任彦怀、李介至、李静晔等：《感觉统合游戏与儿童学习》，华格那企业（台中），2017。

② ［美］卡洛尔·斯多克·克朗诺威兹：《帮孩子找到缺失的"感觉拼图"》，周常译，中国发展出版社，2017，第 112 页。

第三节　智障儿童运动疗法与感统疗法的融合

一、运动疗法与感统疗法的融合机制

1. 以游戏为融合载体

游戏是儿童学习的主要形式，其趣味性和娱乐性深受儿童喜爱。游戏能充分调动儿童的学习主动性，促进儿童身心的健康发展。在游戏中，儿童可以通过假想模拟社会生活，置换社会地位和角色。而智障儿童可以作为一位游戏者，平等地参与游戏活动，从而提升其社会认同感。游戏的竞争性和合作性又进一步促进儿童社会功能的发展。因此，以游戏为融合载体的治疗方法、符合智障儿童身心发展规律。

智障儿童运动疗法以体育游戏为主，感统疗法以感统游戏为主。两者均以游戏的形式进行训练，游戏成为两者有机融合的载体和媒介。感统训练器材一旦与幼儿体育游戏相结合，其功能可被拓宽，由此派生出来的游戏一定会新颖别致[①]。在设计新的游戏时，应将游戏的功能和两者治疗的特点相融合。以游戏为载体的治疗应该在充分发挥游戏功能的前提下，将两种治疗的特点充分融合，共同发挥其价值，进行全面多领域的干预。任桂英指出，感觉统合训练以游戏为主要治疗方式，是经过精心设计的游戏[②]。游戏是治疗的载体，其内容经过精心的改编。儿童在游戏中可以展现真实的自我，形成人与环境的一种自然互动，且这种互动

---

① 单大卯：《儿童感觉统合训练在幼儿体育中的应用》，《山东体育学院学报》2000 年第 1 期，第 25—27 页。

② 任桂英：《儿童感觉统合与感觉统合失调》，《中国心理卫生杂志》1994 年第 4 期，第 186—188 页。

是积极的、正向的。两者融合的游戏应以触觉、本体觉、前庭觉刺激为基础。游戏的载体功能体现在游戏器材选择上，可以多选择感统器材，充分利用其鲜艳的颜色和功能化的设计；游戏规则可以采用体育游戏灵活多变的特点；在游戏胜负裁定方面，应以儿童的自我判定为主。游戏的难度可根据动作级别划分进行调整，对动作的要求还需要结合感觉刺激量和强度。

2. 以儿童为中心，以儿童主动性参与为治疗核心

运动疗法强调个体、任务、环境之间的互动，鼓励儿童主动练习。感统疗法强调感觉刺激、个体行为反应、环境之间的互动。两种治疗方法均以儿童为中心，运动疗法根据儿童能力和治疗目的设计动作，感统疗法则根据儿童的感觉统合特点来创设环境。两种治疗方法的最终目的都是改变儿童的行为模式，而环境和功能基础是行为模式的决定性因素。环境要素包括内环境和外环境，内环境指儿童的主动性，外环境为周围的人与物。改变行为模式必须改变自我意象，自我意象包括动作、感觉、感受、思考[1]。儿童主动性动作、主动接受感觉刺激，并将这些信息内化与连接，形成感受，是两种疗法共同强调的核心理念，目的是改变儿童的内环境。

激发儿童主动参与需要以儿童为中心：

（1）以儿童的需求为中心，让儿童自主选择参与的形式。从儿童擅长且喜爱的游戏活动开始，并赋予儿童选择游戏器材和游戏方式的权利。在游戏治疗中，儿童可以随时终止游戏，也可以自由选择游戏角色。

（2）以儿童的优势为中心，从儿童的最近发展区出发。感统游戏强调富有挑战性的任务，以促进儿童与环境的适应性互动。挑战性是儿童

---

[1] [以]摩谢·费登奎斯：《动中觉察》，林若宇等译，北京科学技术出版社，2019，第10页。

积极参与的内驱力，而挑战的难度应贴近儿童的最近发展区。

（3）以儿童的兴趣为中心，充分激发儿童的主动性。将训练目标融入到儿童的兴趣爱好中，从兴趣中拓展新的技能目标，以多种方式进行学习和知识技能的运用。

另外，在外环境改变上激发儿童的主动性，需要根据儿童的发展特点来确定治疗目标，创设环境。治疗师在游戏过程中应该是协助者和引导者，而非主导者，要配合儿童的需求，适时引导儿童主动思考，并对儿童的行为提供积极反馈。以儿童为中心的环境创设体现在为儿童提供安全可信赖的环境，让儿童对环境具有可控性。在安全的环境中，儿童能获得归属和认同，激发儿童内驱力，提升专注力。

3. 以感觉、动作为基础的评估模式

儿童始终处于一个动态发展的过程中，其神经系统、肌肉骨骼的发展不仅具有连续性，也具有阶段性。智障儿童因认知水平的限制可能认知心理发展落后于生理发展。针对智障儿童的评估应该从生理年龄和心理年龄两个方面综合评估。智障儿童的身体发育，如身高、体重、肌肉骨骼的生长，与同龄人相近，但在认知、心理成熟方面却明显落后于同龄人。感觉统合疗法从儿童感觉区辨、感觉处理和信息整合三个方面评估儿童的感觉统合能力，运动疗法从肌肉功能、运动神经系统功能和动作模式三个方面评估儿童的运动能力。行为是神经调控和肌肉控制共同作用的外在表现形式。动作是神经系统的状态反映，神经系统是动作的基础。导致智障儿童障碍的原因往往是多方面的，但由于智障儿童存在脑神经功能损伤，在障碍评估方面，首先要分析是否受神经系统损伤的影响。以肌张力的状态、感觉运动功能、神经系统的控制、动作计划与执行等评判神经损伤的程度和部位，以关节活动度、肌肉功能评定、动作模式分析等评判运动功能水平，进而分析是否存在神经功能障碍和运

动功能障碍。感觉与运动相结合的综合性评估能相互佐证评估结果的准确性，当评估结果指向同一神经功能时，应该优先解决该功能系统的康复问题。另外，以感觉、动作为基础的评估模式还要结合儿童的认知水平，因为感觉统合发展水平在一定程度上受认知功能的影响。对智障儿童的评估应该构建多角度、多系统、持续动态的观察评估模式，并充分认识到儿童是在环境中动态发展的，能力水平会呈现螺旋前进式发展。

二、运动疗法与感统疗法的融合策略

1. 营造"形神兼备"的治疗环境

"形神兼备"的治疗环境是指治疗要在接近自然、真实的社会环境中实施，而环境本身也具有治疗的功能。自然、熟悉与安全感兼具的环境是治疗环境的外部"形态"特征。在一个安全且接近日常生活的环境中，儿童才能将自己最真实的一面展现出来。在这样的环境中进行治疗，有利于智障儿童将训练内容直接转化为生活技能。安全感是儿童探索环境的前提，自然熟悉的环境能减少儿童的焦虑和反抗情绪，为治疗塑造良好的心理状态。感觉统合治疗强调精心设计的环境和训练手段的环境化，这与蒙台梭利的"有准备的环境"中学习和环境化教育的特点不谋而合。"有准备的环境"包括为儿童准备足够的、能满足感官刺激需求的环境刺激物和能激发儿童主动性的、玩法多样的训练器材。比如满足视觉刺激的环境颜色搭配，满足触觉刺激的多材质训练器材，以及满足前庭觉和本体觉刺激的悬吊设备、蹦床等训练器材。通过"有准备的环境"，让儿童主动参与、自主学习。为儿童提供感觉刺激的环境，为适应性反应的自主发生创造条件。适应性反应、正确的动作模式在环境中得到验证与反馈，这种反馈又能提供成功的体验、社会的认同和同伴的认可，促进儿童社会化发展。

2. 寻求家长协助，在生活中开展训练

家长的积极配合与主动参与能有效提高干预的效果。治疗目标的确定应与家长和儿童共同商榷。首先，了解儿童和家长最迫切的生活需要。然后，依据需求评估智障儿童的发展水平。最后，以智障儿童当下的发展水平为基础，将生活目标设定为可评估的阶段性目标。例如，儿童的四点支撑爬行为是最迫切的生活需求。首先要进行本体觉、前庭觉的感觉刺激，提升儿童的平衡与手脚协调能力，然后再针对爬行动作进行分步动作训练：有辅助支撑的四点支撑—仰卧位的四点支撑—四点支撑爬行。训练中要增加生活诱导因素，激发智障儿童参与的主动性。在训练过程中需要寻求家长的协助，特别是在日常生活中的训练，教会家长日常行为观察与评估的方法，对儿童进步有明确的判断并及时鼓励。源于生活的训练目标能激发儿童的内驱力和坚持性，而在生活中开展训练又能提高儿童与环境的互动，从而改善其社会适应能力。

3. 治疗方式的多样性综合运用

当智障儿童存在感觉统合失调而导致行为受限时，应使用不同的治疗方式进行综合治疗。综合治疗不仅包括通过感觉刺激进行大脑整合性训练，还包括改善关节活动度和肌肉力量的身体动作训练，强调肌肉骨骼功能和神经系统的协调配合。第一阶段的训练以改善儿童的基础感觉功能为主，进而提升训练的专注力。基础功能的改善和良好的信任关系是开展动作训练的前提，也是儿童持之以恒的原动力。第二阶段通过感觉刺激加动作训练的方式对游戏进行调整和设计。动作训练的目的是帮助儿童建立正确的运动模式，通过感受正确运动模式带来的感觉信息反馈，促进感觉动作经验的形成。第三阶段是感觉动作与环境的互动。此阶段要注重"感觉刺激—行为动作—适应性反应"模式的建立，即将内外环境的信息刺激整合后，输出行为指令，使动作行为与所处环境相适应（即适应性反应），进而产生积极的行为动作反馈，习得经验。

第八章　培养儿童学习品质的体育游戏

游戏的创编需要遵循创编原则，以儿童发展为中心。只有遵循游戏创编的原则，才能使创编的体育游戏更合理、科学，才能更好地适应儿童的发展需求。3—6 岁儿童学习品质的发展需要教师为儿童提供充足的游戏活动空间，增加团队间合作探索的机会，预留反思和解释的时间等。教师要根据儿童的认知、身体、技能水平，对体育游戏的技术动作、场地、器材以及规则等方面进行分析、改造，以促进儿童学习品质的发展。

第一节　体育游戏的创编原则

一、主动性原则

主动性是指儿童参与活动的积极行为态度。儿童主动参与体育游戏活动是发挥游戏育人价值的关键。体育游戏的创编首先需要激发儿童参与的主动性。主动性原则是指在体育游戏创编时为激发儿童参与的积极性，而对游戏进行相关调整与设计的原则。在游戏活动中，哪些因素能够激发儿童的主动性？爱泼斯坦（2012）指出，关注儿童付出的努力而非结果、认可儿童对新鲜事物的尝试、平衡环境中自由与结构、鼓励儿童的主动参与，这些教学策略都可以提高儿童的主动性①。

游戏创编时对游戏结果的评判应该增加对儿童努力因素的评判，鼓励儿童的努力行为。如，将传统的以完成时间快慢判定游戏比赛输赢的方式，调整为以成功、独立完成为比赛输赢的评判依据，对待不同儿童的表现采用不同的评判标准。为保护儿童对新鲜事物的好奇性，在游戏创编时可增加游戏器材选用的新颖性和游戏环境布置的创新性。同时，在游戏内容方面增加儿童自主探索的活动环节，适当减少教师的示范和讲解。自由与结构的平衡需要调整游戏的场地选择与游戏器材的搭配。体育游戏活动形式的创编不应过于结构化，游戏规则的限制不能过多。在设计游戏玩法时对体育游戏技能的限制不能过多，应该允许儿童使用不同的运动技能达成游戏目标。游戏目的不应局限于运动技能的熟练掌握，更应强调儿童参与的主动性、灵活性。

有意义、自主决定的游戏能提高儿童参与的主动性。因此，主动性原则还要求体育游戏创编的内容贴近儿童的真实生活，活动主题来源于儿童关注的事件和人物。如疫情期间，排队做核酸已成为儿童在园生活的常规部分，体育游戏创编时可将核酸检测作为游戏主题，结合核酸检测流程设计游戏。在游戏角色的选择方面，允许儿童自由决定扮演的角色（医护人员、教师、儿童）。这种贴近儿童日常生活的游戏创编更能激发儿童的共鸣，增加儿童参与的主动性。总之，体育游戏创编的主动性原则要求选用新颖的游戏器材、环境布置具有创新性、游戏内容和主题贴近儿童生活和兴趣、游戏角色多元化。

---

① ［美］安·S.爱泼斯坦：《学习品质——关键发展指标与支持性教学策略》，霍力岩等译，教育科学出版社，2018，第29页。

二、挑战性原则

挑战性原则是指游戏设计的任务难度对儿童而言具有一定的挑战性，需要儿童付出一定的努力才能完成的基本准则。维果茨基的最近发展区理论指出，学习任务的难度应该超出儿童现有发展水平，以有挑战性且能激发儿童深入学习兴趣的内容为主。教师的教育应该围绕"最近发展区"引导与支持儿童知识的重构，产生积极"教"与"学"的互动。游戏任务的挑战性难度是处于儿童当前基础的"最近发展区"，且不同群体和对象儿童的"最近发展区"具有差异性。因此，挑战性原则的前提是教师对儿童现有发展水平的了解与熟知，能够明确区分儿童个体间的差异。教师可以从游戏的动作要求、完成时间、完成次数以及技术的整合性方面向儿童提出挑战。例如，3岁儿童基本能掌握双脚交替跳的动作，此阶段儿童的最近发展区为双脚交替上楼梯。在游戏动作安排上，可以有选择性地安排双脚交替跳和交替上楼梯相结合的技术动作。对于尚未完全掌握双脚交替跳的儿童，可以在游戏中要求他们使用双脚交替跳完成身体移动；而已经能独立完成双脚交替跳儿童，则要求他们完成交替上楼梯的任务。在游戏动作路线和器材选用方面，教师应根据儿童的动作需求合理调配。

挑战性不仅体现在动作技术难度的挑战上，还包括思维方式、团队合作等方面的挑战。游戏任务可以整合运动技能以外的其他知识，如语言、数学、科学与运动游戏等。高认知参与的游戏活动对儿童而言也是一种挑战，特别是团队合作方式的要求。

总之，游戏创编的挑战性原则要求游戏任务的难度、时间、能力、团队合作方式等方面稍高于儿童现有发展水平，以达到"最近发展区"

的挑战目标。同时，教师在创编游戏时应为儿童提供时间、场地、教育指导等方面支持，协助儿童完成挑战任务。

三、发展性原则

发展性原则是指体育游戏的目标是以促进儿童在学习品质、语言、社会情感等方面的发展为主，注重游戏在经验连贯性、发展的可续性方面的功能作用的一种基本原则。学习品质不同维度和要素的发展条件不同，因此，在游戏创编时要围绕学习品质的发展需求，有针对性地设计游戏内容。如主动强调儿童在游戏过程中付出的努力，在创编游戏时应注重激发儿童内部动机，增加对儿童努力程度的评判。改变传统的以运动技能熟练程度作为游戏评判标准的习惯，以儿童是否能独立完成作为评判游戏胜负的标准。为激发儿童创新品质的发展，在游戏技术动作说明方面不做过多限制和要求，鼓励儿童以不同的方式完成相同的游戏任务，并以游戏方法的新颖性、多样性作为游戏胜负的评判标准。

第二节 特殊儿童体育游戏创编的原则

由于特殊儿童身心发展上的特殊性，在教育方法和教育内容上与普通儿童存在差异。对普通儿童而言轻而易举的事情，特殊儿童却需要付出巨大的努力才能完成。随着融合教育和全纳教育的推广，特殊儿童开始与普通儿童一起学习。但特殊儿童需要大量的教育支持，因此，教师在游戏创编时也应考虑特殊儿童的特殊性，针对他们的身体特点，调整和创编适合的体育游戏。

一、无障碍性原则

无障碍性原则是指体育游戏环境要保证特殊儿童参与体育游戏的过程中无障碍，主要包括场地、器材和游戏方法的无障碍性。能否让特殊儿童使用游戏场上的游戏设施是决定他们可否参与到游戏中的一个主要问题[①]。体育游戏是为所有儿童服务的，因此，在创编游戏时需要明确特殊儿童是体育游戏的主体之一，要根据他们的特点创编适合他们的游戏。特殊儿童参与游戏的无障碍性，包括道具、器材的设计和场地的规划符合特殊儿童的生理和运动特点。游戏的技术动作要求、组织形式和器材的使用要确保特殊儿童能正常参与，尽量规避特殊儿童的功能缺陷，且游戏的环境对特殊儿童而言是安全的。例如，针对视力障碍儿童设计游戏时，应充分考虑他们的视力问题，减少游戏过程中对视力的要求，并为他们提供相应的信息反馈渠道，帮助他们顺利完成游戏任务。设计游戏路线时应该给予声音、触摸、地标等引导，或同伴协助的方式，帮助视力障碍儿童顺利完成规定路线的移动。无障碍性还体现在特殊儿童和普通儿童的游戏互动上。在融合环境中，游戏活动应该邀请所有儿童，也包括特殊儿童，同场竞技，共同参与游戏，而不是将特殊儿童进行单独分组，区别对待。因此，体育游戏创编时需要调整游戏的组织形式，丰富游戏的角色元素、动作设计和内容，以达到融合性和包容性。

二、公平性原则

公平性原则是指特殊儿童参与体育游戏时，在游戏获胜机会上应具

---

① 刘晶波:《游戏和儿童发展》，江苏教育出版社，2011，第343页。

有公平性。公平性要求特殊儿童与普通儿童在游戏获胜机会、参与的成功性上具有均等的机会，让每个儿童都有能力、有机会平等地参与游戏活动。若游戏一开始时就将特殊儿童置于相对弱势的环境中，不管他们怎么努力也难以获得胜利，那么这个游戏便已违背了公平性原则，也就失去了让特殊儿童与普通儿童一同参加体育游戏的意义。在进行特殊儿童体育游戏创编时，一定要坚守特殊儿童比游戏更重要的基本准则。若有儿童不能适应这个游戏，就说明这个游戏是不适合的，需要重新对游戏进行创编、修改调整。科学的游戏是能让每一个儿童都能适应并能成功参与的游戏。在创编儿童体育游戏时，无论是运动方式的选择，还是运动场地、运动器械的选择，都应根据特殊儿童的运动特点进行适当调整，确保特殊儿童能与普通儿童一样，公平地参与游戏。

三、生活化原则

生活化原则是指体育游戏的玩法和内容要贴近游戏者的日常生活，便于游戏者掌握一定社会生活技能。特殊儿童体育游戏的取材更要源于生活、贴近生活，应尽量避免选用脱离社会现实的游戏。在体育游戏中，尽量减少运动技能的迁移，应注重运动技能的实用性。儿童身体方面的缺陷影响了他们融入社会生活，运动技能的缺失与不足导致他们在生活自理方面存在困难。为特殊儿童创编的体育游戏，在游戏目标和活动方式设计上，要为他们未来融入社会提供帮助，通过游戏加强和训练他们的社会技能。体育游戏的创编要注重游戏目标的生活取向和功能取向。体育游戏的创编以发展运动技能为前提，通过体育游戏，让他们掌握和提高运动技能，更好地发展其机体的能力。尤其在提高身体素质和生活自理能力方面，游戏的方式可以有效弥补他们因身体上的缺陷而导致的社会适应问题。

第三节　体育游戏创编的方法与步骤

体育游戏的创编原则是体育游戏的理论参考依据，只有在遵循创编原则的基础上，才能科学、合理、规范地创编出符合教育目标、具有趣味性的体育游戏。

一、了解游戏对象

在进行体育游戏创编前，需要了解游戏创编的服务对象，即参与游戏的儿童的情况。为培养学习品质而设计体育游戏时，首先需要了解儿童学习品质发展的特征，以及学习品质发展的基本条件，才能有针对性地培养儿童的学习品质。不同年龄阶段儿童学习品质发展的要求不同，不同因素的学习品质表现也具有差异性。对儿童学习品质发展特点的了解能帮助教师明确游戏培养目标。由《儿童学习品质发展变化连续表》可知，3—4 岁儿童的坚持性表现为能坚持完成多种任务、游戏和经验，即使任务有一定难度，也能坚持完成；5—6 岁儿童的坚持性则表现为在监督下能在长期的、复杂的项目上坚持下来，可以接续前一天的活动继续完成任务[①]。在好奇心方面，3—4 岁儿童表现为持续寻找并参与感官体验活动及其他活动，而 5—6 岁儿童则表现为尝试更为广泛的新活动，既有独自玩的，又有与同伴一起玩的。与坚持性发展不同，好奇心更体现

---

① ［美］马里奥·希森：《热情投入的主动学习者——学前儿童的学习品质及其培养》，霍力岩等译，教育科学出版社，2016，第 164 页。

儿童参与活动形式的多样性。因此，了解不同年龄段儿童、不同学习品质要素发展需求，能让创编的体育游戏更有针对性，更适合游戏者的发展情况，凸显游戏者的核心地位。对游戏对象情况的了解是创编儿童体育游戏的前提，是充分发挥游戏功能的基础保障。

二、确定游戏目的

游戏的目的，对教师而言，是成人通过游戏所要完成的教学任务；对幼儿而言，是教师对幼儿提出的任务要求，直接指向于幼儿的活动过程[①]。游戏目的是创编游戏的根本出发点，通过不同的游戏方式达到生理和心理方面发展与提高的目的。通过了解游戏参与者的具体情况，确定游戏者的游戏目的。例如，通过了解3—4岁儿童学习品质的发展需求，教师可以确定坚持性体育游戏的目标为坚持完成具有挑战性、多样性的游戏任务。在设定游戏难度的同时，增加游戏任务的复杂性，以达到培养3—4岁儿童坚持性学习品质的培养目标。而5—6岁儿童的游戏目的则更注重活动任务的延续性和挑战性。游戏目的不仅要包括增加参与活动的时间和挑战性，还包括任务中断后的延续性。游戏的目的要围绕儿童学习品质的发展需求进行有针对性地设计。

三、构思游戏方法

通过了解游戏者的情况和确定游戏目的，结合现有的场地、器材、气候、环境等条件和游戏创编者的创编思维，来构思游戏方法。游戏方法包括：参与者的组织和分组、游戏路线的安排、技术动作要求、所需

---

① 刘焱:《儿童游戏通论》，北京师范大学出版社，2008，第468页。

器材和场地等。在构思游戏方法时，需要考虑以下问题：通过体育游戏要达到怎样的水平和要求？教师如何组织体育游戏？按照什么样的方式来开展体育游戏？教师能提供哪些游戏上的支持？培养学习品质的游戏与普通的体育游戏相比，其主要区别在于，前者更注重儿童参与游戏的过程体验，而后者更注重运动技能的灵活运用。因此，在构思培养学习品质游戏时，玩法应更为多样。

兴趣的培养要求游戏内容贴近儿童日常生活，游戏的玩法符合儿童的认知发展水平。游戏器材、场地布置、名称等的新颖性能激发儿童参与游戏的兴趣，游戏的趣味性（满足儿童的兴趣爱好）也能提升儿童的兴趣。例如，篮球运球游戏，可将传统的单手运球改为模仿动物运球游戏。儿童可选择一种自己喜欢的小动物，并模仿其运球完成指定任务。游戏角色的选择和运球方式的独特性能充分激发儿童参与游戏的内驱力，达成培养兴趣的目标。

坚持性游戏主要体现在游戏的挑战性和游戏目标的明确性两个方面。构思游戏方法时，对游戏任务难度的把控以"最近发展区"为参考点。在游戏活动中，儿童既面临一定的挫折和困难，又能通过努力成功完成游戏任务。简单明确的游戏目标能帮助儿童将注意力集中在目标任务上并坚持下去。例如，同样是篮球运球游戏，可将单手运球改为不利手运球（如将右手运球换为左手运球），同时增加移动方式的要求（如由走步式运球改为跳跃式运球或侧向移动式运球），以增加难度。让儿童在游戏活动中体验不同的运球方式，挑战各身体部位的协调性。这些游戏方法的改变能有效培养儿童学习品质的发展，但针对不同对象、不同学习品质培养目标，游戏方法应具有差异性。

四、制定游戏规则

初步构思好体育游戏后，接下来要考虑具体的游戏规则。游戏规则是对游戏玩法的限制和要求，比如运动形式、线路和竞赛方法等，是决定游戏胜负的关键。通过规则的制定，确保游戏安全、公平、顺利进行。规则的制定直接影响游戏者参与游戏的积极性和主动性，因此规则必须明确、严谨、合理。合理的规则能提高游戏的趣味性和游戏者的参与热情，更能确保游戏的安全性和公平性。不合理的游戏规则会影响游戏者的参与热情，增加游戏的危险性和游戏组织管理的难度。学习品质游戏的设计需要注重儿童在游戏过程中态度和行为的引导，强调游戏过程的育人价值。因此，游戏规则应围绕儿童的学习热情和学习投入进行制定。

针对不同年龄阶段儿童学习品质的发展特点，游戏规则的制定应该注重引导儿童向更高阶段的学习品质发展。针对3—4岁儿童，要注重加强儿童在任务持续时间和抗干扰两个方面的引导，游戏规则拟定时可适当增加对游戏参与时间的评判（如以游戏任务坚持时间的长短作为游戏胜负的评判标准），以及在游戏路线设计、运动形式选择时增加一些外部干扰因素。针对5—6岁儿童，可在游戏玩法和限制上做适当调整。减少较为详细的游戏玩法说明，只提出任务目标和部分限制要求，让儿童自主决定完成游戏任务的方式。同时，在游戏规则上适当延长儿童游戏时间，给予儿童思考和计划游戏活动的时间和空间。

五、拟定游戏名称

游戏名称的拟定应该简单明确，它得和文章标题一样，能够吸引人的眼球。通常游戏名称可根据游戏动作方法和活动形式命名，也可根据竞赛形式命名，还可以运用抽象的拟物手法。于振峰等将游戏命名的方法分成两种：一种是直接命名，包括以游戏内容命名、以游戏形式命名、以游戏内容加形式命名、以游戏规则命名；另一种是拟喻命名[①]。直接命名法应该重点突出游戏的目的性，将游戏目标通过游戏名称予以强调，帮助儿童明确目标。拟喻命名法则从儿童的生活出发，以儿童感兴趣的主题、人物、事件等对游戏进行命名。例如，在游戏名称中增加儿童喜欢的动画角色，增加儿童游戏的热情和投入度等。

六、对游戏进行调整、修正，提出教学建议和障碍调整

体育游戏的基本构思和设计完成后，需要经过实践的检验再对游戏进行调整、修改，使其适应儿童的不同特点，然后提出教学建议，这样才能提高体育游戏的实用性。对于游戏中存在的问题和遗漏的细节，需要在后期进行修改和补充。对于不同情况的考虑可在教学建议中提出，特别是游戏场地的大小、游戏距离的长短、游戏的分组等，可根据游戏者的不同情况进行适当调整，从而提高游戏的实用性。体育游戏是一项集体运动，教师需要根据每个儿童的特点对游戏的规则和方法进行调整与设计，使所有儿童都能顺利地参与到游戏中。

七、制定游戏的教学评估方法

儿童学习品质的评估可分为直接评估、观察评估和叙事评估三种。直接评估是通过标准化测验对儿童学习品质各维度的行为表现进行评分。

---

① 于振峰、赵宗跃、孟刚：《体育游戏》，高等教育出版社，2007，第33页。

观察评估是在一定的环境中对儿童的行为、特征、明显的反应、事件发生的频率、持续时间等进行观察记录。叙事评估是通过讲故事的方式描述儿童学习品质的发展。

游戏评估属于观察评估的一种，教师通过观察和记录儿童在游戏活动中的行为表现，评估儿童学习品质的发展情况。游戏的教学评估方法是教师在教学游戏中对游戏者的情况进行评估，为教师提供一个游戏评估参考，方便教师在游戏中发现游戏者的不足和进步。游戏的可评估性可提高游戏的适用范围。体育游戏不仅可在准备活动和放松活动中运用，也可在基本部分的教学中运用。教师可以用游戏来进行教学，更可以用游戏来进行评估，从而避免枯燥、严肃的评估方式和学生的紧张情绪导致评估结果的失真，不仅能增强评估的趣味性，而且也能提高评估结果的可信度。

对儿童学习品质的评估需要教师在游戏教学中观察以下行为表现：儿童对游戏活动是否具有强烈的渴望、儿童能否独立完成游戏任务、遇到困难和挑战时儿童是否能坚持、儿童是否能将注意力集中在游戏活动任务上、儿童是否能灵活调整游戏策略、儿童能否遵守游戏的规则和要求。对以上行为的观察和记录能帮助教师更好地了解儿童学习品质的发展情况，还能发现游戏设计、组织、评估等方面的不足。

八、规范游戏的基本要素

儿童体育游戏的基本组成要素包括：游戏名称、游戏目的、游戏准备、游戏方法、游戏规则、教学建议、教学评估。游戏名称应简单扼要，突出体育游戏的特点和游戏任务。游戏目的包括生理目的和心理目的，除了提高身体素质外还要注重对学习品质的培养。游戏准备是对场地、器材规格和游戏路线规划的说明。游戏方法是对游戏的组织、分组、竞赛方式和运动形式的说明，包括准备队形、路线方向、接替方式和胜负评判方法。游戏规则是游戏过程中需要遵守的准则，包括对犯规队员的处理办法、游戏成功与失败的界定。教学建议是根据游戏者的情况提出的有安全性和针对性的修改建议，包括对游戏难度、游戏分组、游戏方式的调整，并对可能出现的安全问题提出有预见性的意见。教学评估是对游戏者在体育游戏中表现的学习品质进行评价，包括对游戏者的评估和对游戏的适应性评估。

第四节　基于感觉统合训练的智障儿童体育游戏调整

感觉统合训练是一种儿童主导并积极参与的经验探索学习过程，是一项融合感官教育、运动、游戏于一体的康复训练方法。体育游戏与感觉统合发展存在相互影响、互相促进的关系。当前感觉统合训练主要针对感觉统合障碍而设计，而智障儿童不仅有感觉统合障碍，还有运动障碍。在实际教学与训练中，如何正确处理感觉统合训练与体育游戏的关系，并根据智障儿童的身心发展特点和实际情况，科学创编与设计体育游戏显得至关重要。解决的关键在于对运动障碍和感觉统合障碍进行科学鉴别和区分，评量标准的建立需要进一步研究与探讨。智障儿童的主动参与和愉悦的体验能使康复效果事半功倍，因此，体育游戏需要根据智障儿童的实际情况不断调整、修正与反思。

一、体育游戏调整的要求

感觉统合是神经系统接收身体内外部的感觉刺激进行感觉统合的过

程，神经系统不同的部分形成一个协调的工作整体，使个体跟环境的接触顺利并感受到满足①。感觉统合过程可以分为感觉信息的输入、感觉信息的整合处理、产生适应性的行为反应。因此，体育游戏也需要遵循感觉处理过程的要求进行调整和设计。

1. 控制感觉信息的输入平衡

感觉输入是神经系统接收信息的过程，包括内部感觉和外部感觉信息的输入。感觉统合的治疗应提供感觉输入的控制，感觉输入的控制是学习活动的主要环节②。智障儿童知觉速度慢、容量小的特点导致了他们对周围信息接收的局限性，神经系统的损伤也影响了其感觉调节和区辨能力。这些因素影响了智障儿童学习的警醒程度，并在注意力保持方面存在障碍。如何有效平衡感觉信息的输入量和输入层次，是提高儿童学习效率的关键。适度的唤醒水平能提高大脑对感觉信息区辨的能力，进而改善智障儿童的学习行为。因此，感觉信息的输入量和输入类型要根据智障儿童的障碍程度和类型来控制平衡。只有控制感觉信息的输入平衡才能对智障儿童进行有效的感觉干预，促进感觉统合的正常发展。有目的和有规律的运动能有效控制平衡，在进行体育游戏创编与设计时应注重游戏目的的引导和有规律的动作技能的重复运用。

2. 满足感觉信息整合的要求

人体是由不同器官构成的不同系统进行有机组合后形成的结构性、功能性整体；这些不同的系统执行着各自的功能，同时在时间上和空间上有着严密的组织，相互配合，相互制约，使机体的功能保持自稳态③。

---

① 郑信雄：《如何帮助学习困难的孩子》，九州出版社，2004，第9页。
② 任桂英：《儿童感觉统合与感觉统合失调》，《中国心理卫生杂志》1994年第4期，第186—188页。
③ 邓树勋、王健、乔德才：《运动生理学》，高等教育出版社，2005，第113页。

从各感觉器官输入的感觉信息经大脑辨别、组织与转化后，以行动指令的方式传递到身体的相应部位和器官。感觉信息在各感官系统相互配合的基础上完成传递与整合，最终形成执行指令。感官的整合不仅极大影响感知，还影响人体对感官信息的翻译、理解以及反应①。感觉信息的整合与转化使感觉信息有意义，进一步促进形成适应性反应。例如爬楼梯，需要视觉、平衡觉和本体觉的协同作用，视觉判断楼梯的高度，本体觉判断脚抬起的高度，平衡觉保持身体平衡，三个信息整合后才能完成抬脚爬楼梯的动作。当视觉和本体觉的判断不一致时，就会出现踩空或抬脚不够高的感觉动作协调障碍。另外，根据 Ayres 博士的感觉发展理论，初级感觉系统是所有感觉构建的基础。高级别的感觉处理必须构建在低一级感觉的基础之上。触觉、平衡觉、本体觉为复杂技能的学习奠定了基础。因此，在对体育游戏进行调整与设计时，必须先满足智障儿童对基础感觉的刺激需求，并在给予时间和空间上的整合后，再进行高级感觉的刺激训练。

3. 建立和形成适应性反应

感觉统合训练的核心目标是运用各种感官刺激，提高大脑的感觉统合功能，从而使儿童对环境刺激做出正确的判断与评估，形成适应性反应。适应性反应是指大脑整合各感官信息，并指挥身体完成与环境相适应的行为动作的过程。在儿童感觉统合能力中，最关键的是感觉与动作的组织协调能力，这种能力是儿童有效顺应身体与环境的基础②。建立和形成适应性反应需要感觉和动作的结合，同时边缘系统也会调动以往的经验和情绪参与其中。情绪和行为动作的反馈是参与经验习得的重要基

---

①　[新西兰] 吉尔·康奈尔、[美] 谢丽尔·麦卡锡：《运动塑造孩子的大脑Ⅰ：0—7 岁关键运动全方案》，方菁等译，华夏出版社，2018，第 49 页。

②　李娟：《儿童感觉统合训练》，中国妇女出版社，2016，第 78 页。

础。成功经验的获得和快乐的情绪体验能有效激发儿童的内驱力。孩子的内驱力会驱使他们积极参与活动，而这些活动有助于他们的感觉加工处理 [1]。因此，适应性反应建立在儿童主动参与和快乐成功的体验中。针对这一特点，体育游戏的调整和设计需要从智障儿童的个人兴趣入手，并从简单到复杂逐步深入。通过游戏内容的趣味性和游戏器材的多样化，来调动以第一感官系统学习为主的智障儿童的主动参与性。并以智障儿童容易完成基础动作为主，通过不断叠加新的活动方式和新的环境挑战，帮助儿童建立和形成适应性反应。

二、体育游戏调整与设计的方法

1. 游戏组织调整

第一，游戏人员组织的调整。游戏人员组织可从单一的儿童游戏调整为成人与智障儿童、成人与智障儿童和普通儿童共同参与的游戏。感觉统合训练主要以个案训练为主，一个儿童一份训练计划。体育游戏以团队游戏为主，注重团队配合的同时也强调同伴间的竞争。不论是个体游戏还是团队游戏，对儿童的社会性发展都具有不可替代的作用。因此，在游戏组织时，既要考虑智障儿童不同个体间感觉统合训练的需求，也需要考虑对团队合作精神的培养。体育游戏的组织既要有集体性的社交互动，又要有个体差异化的加强训练。游戏组织可从成人与智障儿童社交互动开始，再过渡到正常儿童与智障儿童的融合互动。成人与智障儿童的互动，可由教师或父母作为引导者，并着重加强个别化的感觉统合训练。智障儿童在成人的协助和支持下完成由易到难的动作技能学习。

---

[1] ［美］卡洛尔·斯多克·克朗诺威兹：《帮孩子找到缺失的"感觉拼图"》，周常译，中国发展出版社，2017，第60页。

熟练掌握好基本技能之后，便可进行智障儿童间的团队干预游戏，最终进入融合环境的团队游戏干预。这样的游戏组织调整不仅可以满足智障儿童感觉统合训练的需求，还可以进一步促进智障儿童的社会融合，提高儿童的社会适应能力。针对游戏人员组织的调整，重要的是教师或家长应"蹲下来和儿童一起玩耍"。成人的参与不仅能调动智障儿童参与游戏的兴趣，还能有效调控儿童游戏的发展动向，将儿童引向游戏积极的方面，让儿童通过模仿来学习更多的技能。

第二，游戏内容组织的调整。在游戏内容组织方面，教师需要根据儿童感觉统合治疗方案明确本次游戏的干预重点，并按照感觉统合训练方案中游戏的时间、频率、次数、难度等进行游戏内容的调整。例如，对于有感觉调节障碍和感觉辨别障碍的儿童，在组织游戏时应适当增加前庭觉、本体觉和触觉方面的感觉刺激。通过教师有针对性地进行感觉类型输入控制来组织游戏，得以使不同障碍类型儿童的感觉信息输入量不同。感觉信息的输入量可以通过调整游戏环境和丰富游戏器材的选择来进行调控，在动作运用方式上也可以进行调整。通过改变体育游戏的环境、变换游戏器材和动作运用方式来进行游戏组织方面的调整。在充分考虑儿童对前庭觉、本体觉和触觉方面的感觉刺激需求基础上，叠加听觉和视觉的感觉刺激，能使感觉统合治疗达到事半功倍的效果。在拍球游戏中，可以选择不同材质、大小不一、颜色多样的球，并结合一定的故事情节进行。例如，蚂蚁搬糖豆的故事。用不同的球代表不同颜色、不同大小、不同味道的糖豆，让儿童去寻找和拍打，引导儿童听听不同"糖豆"掉在地上的声音。这样的游戏组织不仅能充分调动儿童的参与热情，还能运用多感官训练刺激增加感觉信息的输入量和输入类型。

第三，游戏场地和环境组织的调整。不管是体育游戏还是感觉统合训练，游戏环境的安全性都是首要考虑因素。安全是游戏顺利开展的基本保障。智障儿童在行为动作方面还存在一定障碍，环境设计更需要精心调控。例如，由于姿势障碍，地面微小的不平也会导致智障儿童摔倒等。另外，为了营造一个刺激度适当的感觉统合训练环境，体育游戏组织开展的场所需要进行调整。存在感觉运用能力障碍的儿童，对环境变化比较敏感。过强的阳光照射、嘈杂的噪音、奔跑的同伴都可能让智障儿童的感觉刺激过度，导致他们不知所措，甚至逃避。因此，体育游戏的组织开展应该选择一个感觉刺激度适宜、环境设置层次分明、游戏空间界限清楚且安全的场地。

2. 游戏规则调整

第一，以增加感觉刺激为目的的技术动作调整。皮肤、肌肉、关节、耳朵、眼睛、鼻子等是人体感觉信息的主要接收器，其中肌肉是神经分布最多的感觉器官。因此，技术动作调整可以从增加参与感觉接收的感觉器官数量和调动更多肌肉来参与两个方面着手。例如，单脚站立平衡动作类的游戏调整可以从增加双手抱膝动作或增加一个视觉固定点，来增加触觉和视觉信息整合性的输入，也可以从睁眼调整为闭目的方式来增加本体感觉的刺激。

第二，以增强感觉刺激为目的的器材使用规则调整。滑板和悬吊器械是感觉统合训练的经典设备，其在感觉统合治疗中具有不可替代的作用。因此，器材使用规则调整可以从高姿态的身体动作过渡到低姿态的身体动作。例如，运用滑板的运球游戏要求滑板使用者必须以身体俯趴的姿势移动，通过低姿态的器械动作增加前庭平衡觉的刺激，同时也可以通过背部肌肉的紧张增加本体觉的输入。悬吊系统的运用则可以通过调控摆荡的幅度和方向来增加感觉信息的刺激。

第三，以促进适应性反应形成的游戏胜负裁定规则调整。体育游戏规则的制定是对游戏者游戏权利公平性的保障，也是游戏顺利进行和有效组织的基本保障。在体育游戏中，游戏者需要运用一定的体育运动技能完成相应的游戏任务，并通过与同伴竞争以争取胜利，进而获得愉悦感和自信心。正是这种竞争性，更能吸引儿童争先恐后参与到游戏中。但在感觉统合训练中，游戏规则主要体现在控制感觉信息输入的种类、刺激方式、刺激量等方面。它通过丰富多样的玩法、新鲜有趣的感统设备和良好的训练环境来吸引儿童的兴趣，对游戏的竞争性要求不高。甚至在个案训练中，以完成感觉刺激为主要目的。Ayres 曾指出，适当的挑战性是治疗的精髓。因此，在感觉统合训练初期，游戏的胜负裁定规则以儿童是否获得有效的感觉刺激为评定标准，从自我挑战逐渐转向同伴间的竞争。在进行调控时，教师要控制好感觉信息的输入量，且感觉刺激量的挑战难度应适宜。难度的衡量标准以智障儿童通过全身心投入便能获得成功为基本准则，也可以以参与游戏的时长来评定胜负。另外，适应性行为也是评定游戏胜负的主要参考依据，应该多鼓励智障儿童做出正确的行为反应。制定游戏规则时，教师应提前考虑规则的可调控性，以便随时根据智障儿童的情况进行调整。

第九章　学习品质与运动课程模式

第一节　运动对儿童学习品质发展的作用

一、理论依据

学习品质是一种与学习活动相关的行为表现，是儿童入学准备的重要方面，对儿童的学业表现具有显著的预测功能。对幼儿学习品质的研究涉及幼儿是如何学习的脑科学理论、幼儿成长发育的心理发展理论以及动作发展理论。儿童通过早期运动和感官经验建立的神经网络决定了儿童思维和学习方式，因此，运动在儿童学习品质发展方面具有重要价值。

1. 脑科学理论指出，运动塑造了儿童的大脑

从脑科学的角度来看，运动对儿童大脑功能的发展具有积极的促进作用。体育运动不仅通过改善心血管健康、促进神经递质释放等途径直接影响大脑功能，还能够通过优化情绪状态、提高睡眠质量等间接方式促进儿童大脑的发展（陈爱国，2021）。运动能改变儿童的大脑结构，提

升神经递质的分泌功能。体育运动能够促进大脑内多巴胺等神经递质的释放，这些神经递质在注意力和学习记忆中起着关键作用（周成林，2021）。在认知任务中，短暂的体育活动休息能够增加儿童的选择性注意力（Janssen，2014）。运动不仅有助于注意力的提升，还能促进儿童认知能力的全面发展。Smith（2010）等人的元分析综述显示，有氧运动与神经认知性能之间存在正相关关系，表明运动能够改善儿童的记忆、思维等认知能力。此外，Colcombe 等人的研究进一步指出，心血管健康与大脑皮层的可塑性密切相关，体育锻炼能够通过提高心血管健康水平促进大脑皮层结构和功能的优化。

运动与大脑的前额叶、颞叶、顶叶、扣带回灰质的活动有关，能改变脑岛、小脑、纹状体的活动水平，改善大脑的认知功能、思维的灵活性、记忆力、专注力等，为儿童良好学习品质的形成夯实了生理基础。运动可以促进大脑神经纤维、树突和突触数量增加，从而增强大脑的结构和功能。有氧运动可以刺激大脑神经干细胞的增殖和分化，从而促进新神经元生成。这些新神经元参与到海马体的功能中，进而增加其体积。

运动能增加脑源性神经营养因子（BDNF）、血管内皮生长因子（VEGF）、抗炎因子、血清素、多巴胺、内啡肽、肾上腺素等神经递质的水平，让大脑保持清醒，促进神经细胞髓鞘化，提高记忆力、动作执行功能，激活内驱力，改善认知控制和情绪。运动能够激发谷氨酸盐刺激神经，帮助建立神经元信息传导，加速信息传递，并活跃神经元间的联系。运动是中枢神经系统最有效的刺激形式，为儿童的发展和学习提供了强健的大脑生理基础。

2. 心理学理论指出，运动是参与儿童学习的重要手段

皮亚杰的认知发展理论指出，2—7 岁的儿童处于前运算阶段，具有将感知动作内化的现象。动作是认识的源泉，是主客体相互作用的中介。

幼儿的学习具有直接感知、亲身体验、动手操作等特点，对身体动作和感知的掌控能力是学习的基础。在前运算阶段，儿童将感知动作内化的现象意味着他们开始能够在没有外部动作的情况下进行思维活动。然而，他们的思维仍然是直观的、非逻辑的，并且受到他们自身经验和感知能力的限制。在这个阶段，儿童能够通过动作探索周围环境，建立对世界的初步认识，身体动作和感知是他们与世界互动的主要方式。通过直接感知和亲身体验，儿童能够获取大量的信息，形成对世界的初步认识。同时，动手操作也是他们学习和探索的重要方式之一。通过动手操作，儿童能够更深入地理解事物的本质和规律。如果儿童能够熟练地掌控自己的身体动作和感知，那么他们就能够更好地与周围环境进行互动，获取更多的信息，从而促进他们的认知发展。

具身认知理论指出，认知、思维、情感、记忆、态度等与学习相关的技能是通过身体进行表达与创造的（叶浩生，2015）。认知方面：具身认知理论强调身体在认知过程中的重要性，认为身体不仅是一个物理载体，更是认知的积极参与者。身体与环境的互动造就了心智和认知，身体是认知过程的主体（叶浩生，2017）。儿童在成长过程中，通过身体与环境的互动，逐渐建立起对世界的认知。例如，儿童通过触摸、观察、操作等身体活动，感知并理解物体的形状、颜色、质地等属性，从而形成对物体的初步认知。思维方面：儿童的思维是在身体动作和感知的基础上逐渐形成的。通过身体的运动和感知，儿童能够体验和理解事物的内在规律和联系，从而形成对事物的抽象思维。例如，儿童在搭积木的过程中，通过手的操作、眼的观察，不断尝试和调整，最终完成一个稳定的结构。这一过程中就包含了儿童的思维活动。情感方面：儿童的情感与身体紧密相关，身体的运动和感知能够引发和调节情感。当儿童能够控制自己的行为并学会社会认同的反应方式后，儿童情绪及其外在表现会更加成熟（谢弗，2016）。身体、思想和情绪通过复杂的神经网络连接在一起，作为一个整体来发挥功能，丰富认知（韩纳馥，2012）。例如，当儿童在游戏中体验到成功和喜悦时，他们的身体会表现出兴奋和愉悦的动作和表情；而当他们遇到挫折和困难时，身体则会表现出沮丧和不安的反应。这些身体反应不仅反映了儿童的情感状态，同时也影响着他们的学习和行为。记忆方面：记忆不仅仅是大脑中的信息存储和提取过程，更是与身体紧密相关的。儿童在记忆信息时，往往需要通过身体的运动和感知来加强记忆。例如，当儿童学习一首儿歌时，他们不仅需要记住歌词和旋律，还需要搭配身体的动作和节奏来加强记忆。这种身体参与的记忆方式不仅更加生动有趣，而且能够提高记忆的准确性和持久性。态度方面：具身认知理论认为，态度的形成和改变与身体的活动和感知密切相关。儿童在与环境的互动中，通过身体的运动和感知来体验和理解事物，从而形成对事物的态度。例如，当儿童参与体育活动时，他们会通过身体的运动和竞争来体验成功和失败，这些体验会影响他们对体育活动的态度和价值观。

学习是大脑、身体、环境相互作用的过程，认知受大脑、环境、身体及感觉运动体验影响（仇乃民，2020）。大脑是信息处理的中心，它接收来自身体和环境的信息，并将其转化为知识、技能和情感。在学习过程中，大脑的不同区域会协同工作，形成新的神经连接和记忆。例如，当儿童学习一项新技能时，大脑的运动皮层、感觉皮层和前额叶等区域都会参与，确保技能的准确执行和记忆。身体是学习的载体和工具，通过与环境的互动来获取信息。身体的动作、感知和体验是学习的重要组成部分。例如，儿童通过动手操作来理解物体的特性和关系。身体的状态也会影响学习效果。例如，良好的身体素质和体态有助于提高注意力和学习效率。感觉运动体验也是身体与环境相互作用的结果，它提供了丰富的感知信息。这些信息不仅有助于儿童形成对世界的认知，还能促进他们的情感发展和社交能力。感觉运动体验还能够增强记忆和学习的效果。例如，通过亲身实践来学习新知识，往往比单纯听讲或阅读更加深入和持久。Ayres 提出的感觉统合理论也强调感觉是信息的来源，是行为与学习的重要基础，特别是前庭觉、本体觉和触觉；强调学习是儿童身、心、脑的一致性表达。

儿童发展心理学指出，动作的学习和身体运动有利于儿童大脑发育和心理发展（许之屏，2005）。动作学习对儿童的大脑发育具有直接促进作用。在动作学习的过程中，儿童的大脑会不断接收和处理来自身体各部位的信息，这种信息处理过程有助于大脑神经元的连接和突触的形成，从而促进大脑的发育。在幼儿期，动作发展是幼儿大脑建立神经网络联结的重要标志，儿童是在运动中学习的。大脑得到的刺激越多，就需要更多的运动以获得更多刺激，去探索新的事物，从而获得新的能力（Gill Connell，Cheryl McCarthy，2018）。身体的运动受大脑指挥，反过来，运动本身又促进了大脑的发育。例如，粗大运动技能的发展，可能与大脑的发育以及控制平衡和协调的大脑区域的神经元髓鞘有关。身体运动不仅有助于儿童的身体健康，还对其心理发展产生积极影响。动作学习可以培养儿童正确的身体姿势、卫生习惯、睡眠习惯、合作意识、集体意识、人际关系等健康行为。走、跑、跳、球类等游戏的练习及适当的运动强度是形成儿童健康行为的主要手段，并能够进一步促进儿童的心理发展。通过身体运动，儿童能够培养自信心，增强身体协调性，发展社交能力，提高认知能力。

3. 动作发展理论指出，儿童是通过动作探索环境，并进行学习和成长

动作控制的信息加工理论指出，信息通过感觉接收、加工，并以动作的形式输出到环境中，而动作是儿童学习的输出形式。信息首先通过儿童的感觉器官（如视觉、听觉、触觉等）被接收，再被传送至中枢神经系统（主要是大脑）进行加工处理。这些感觉器官负责捕捉环境中的刺激，如光线、声音、触摸等。信息的接收受到感觉器官的完好性和刺激强度的影响。只有当感觉器官完好并接收到足够强度的刺激时，信息才能有效地被传递到大脑。大脑再对接收到的信息进行解码、分析、比较和整合。这些加工过程有助于儿童理解信息的含义，并准备将其转化为动作输出。信息加工理论强调，人的认知过程就是对信息的加工过程，涉及人如何注意、选择和接收信息，如何对信息进行编码、内在化和组织，以及如何利用这些信息做出决策和指导自己的行为。经过加工处理的信息最终会以动作的形式输出到环境中。这些动作是儿童学习的输出形式，反映了他们对信息的理解和应用。动作的输出不仅体现了儿童的身体运动能力，还反映了他们的认知和情感状态。例如，儿童在玩耍时表现出的动作可能反映了他们的好奇心、探索欲或情绪状态。动作的输出也是儿童与环境互动的重要方式。通过动作，儿童能够探索环境、获取新的信息，并进一步发展他们的认知和情感能力。

神经成熟论认为，运动是解除先天反射的方式，并可促进大脑皮层的发育。随着婴儿的成长和运动的发展，婴儿的先天反射会逐渐减弱或消失，从而允许更为复杂的运动模式出现。大脑皮层是运动控制的主要区域，并通过运动得到更多的刺激和锻炼，从而促进了神经元的连接和突触的形成。动作系统理论认为，中枢神经系统负责调控肌肉和关节的协调配合，动作图式的产生需要中枢神经系统对信息进行加工和储存，而动作表现与神经系统成熟具有相关性。动作的发展水平对幼儿感知觉、认知发展和社会性发展具有极大影响，是幼儿成长的标志性代表。大脑和脊髓作为中枢神经系统的主要组成部分，通过神经信号的传递，协调和控制着身体的运动。随着神经系统的逐渐成熟，儿童的动作变得更加协调、准确和复杂。动作的发展有助于幼儿感知觉的发展。通过运动，幼儿能够接触到更多的环境刺激，从而促进了他们的视觉、听觉、触觉等感知觉能力的发展，使他们能够更好地理解和探索周围环境，形成对世界的认知。

4. 学前教育理论指出，运动是促进学习品质发展的有效课程模式

美国幼儿教育协会（NAEYC）、NAECS 两大学前教育组织明确要求，学习品质教育课程必须是"深思熟虑的、富有挑战的、幼儿主动参与的综合性课程"。体智教学模式的提出更是打破了运动与儿童学习的二元结构（McMullen，2016；Goh，2018）。基于认知提升假说和课堂行为优化假说，形成了运动课堂融合模式和课间融合模式，经实践证明，运动对儿童学业表现、记忆、执行功能、认知效益确实具有提升效益（Kern，2018；Oberer，2018；Tomporowski，2015）。Evans 的注意重置理论指出，运动在儿童学习投入与专注方面具有显著效果（Mavilidi，2020；Stapp，2018）。儿童动作发展与认知将影响学习品质的发展（柳青、曾睿，2018）。儿童的问题行为是影响活动参与性学习的破坏性因素，对学习品质具有一定的预测性（黄爽、霍力岩，2014）。学习品质的培养要以课程为抓手，与知识、技能一起成为幼儿园的课程目标（索长清，2021；霍力岩，2016）。以台湾学者洪兰为代表的脑科学儿童教育学派提出了运动促进儿童全人发展的理念，证明运动能提升学习效益。张育恺（2021）认为，有组织的中高强度运动能提升儿童学业表现。安吉游戏的流行从侧面反映出我国学前教育课程开始与国际接轨，已将运动融合到儿童发展中，并赋予其重要地位。"深投幼教"提出的三位一体课程，即健康、德行、聪明相融合的综合课程，有效地将儿童学习品质的培养融入到了不同领域中。

运动是促进儿童学习品质发展的有效教学手段和课程模式，但当前我国研究还处在学习品质培养和运动相分裂的阶段，对学习品质的培养还未深入到儿童发展背后的神经机制，运动促进儿童学习的机制也有待深入研究。此外，学习品质课程构建和本土化研究相对不足。

二、运动促进儿童学习品质发展的培育机制

运动通过"运动—神经生理—外显的学习品质发展"的路径，分别从脑区激活、神经递质水平提升、情绪调节、建立运动学习模式等四个方面，对学习品质的两个维度、七大因素产生积极影响（具体如下图9-1）。

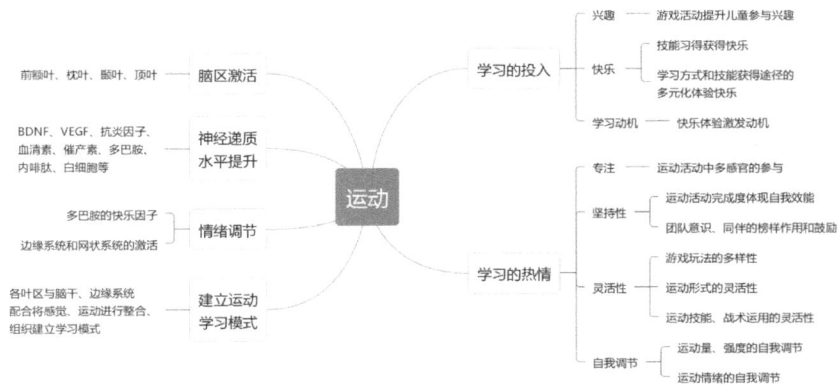

图 9-1 运动促进儿童学习品质发展的培育机制

1. 运动的脑区激活功能

运动与大脑中的前额叶、颞叶、顶叶和扣带回灰质的活动密切相关。通过增强这些大脑区域的功能和连接性，运动可以带来一系列认知和情感上的益处。前额叶是大脑的重要区域，与决策制定、注意力控制、问题解决和情绪调节等高级认知功能相关，负责对工作记忆和注意力的控

制进行编码，影响儿童的认知功能。这些功能对于儿童在学习过程中的自我调节、专注和坚持至关重要。Hillman（2009）等人通过对比长期进行有氧运动的人和久坐不动的人的大脑结构，发现长期进行有氧运动的人在前额叶区域的灰质密度较高。灰质是大脑处理信息的主要区域，负责控制肌肉活动，其密度的增加跟执行功能、记忆功能、信息处理速度、视空间记忆、言语流畅性、语言功能、注意力和视空间功能以及工作记忆等多种认知功能有关。长期进行有氧运动有助于增强前额叶的功能。运动干预能够改变前额叶皮层和运动皮层中的氧合血红蛋白水平，前额叶皮层和运动皮层是运动促进大脑健康的关键区域，与执行功能和运动控制有关（Shen，2024）。颞叶皮层与语言处理、记忆和情绪调节相关。颞叶功能的损伤会影响语言产生和理解，间接影响儿童的学习动机和兴趣 。Smith（2010）的元分析显示，有氧运动可以提高颞叶皮层的功能，尤其是在执行认知任务时。顶叶皮层与空间感知、注意力分配和感觉处理相关，主要负责处理感觉信息和运动控制。它接收来自身体和外界的各种刺激，并具有对各种感觉信息进行整合、处理并分析的能力，影响儿童精细运动技能和手眼协调能力发展。这些能力在学习过程中，特别是在早期教育阶段，对培养学习兴趣和专注力有积极作用。运动，特别是那些需要协调和空间感知的活动，可以激活顶叶皮层。Budde（2008）研究发现，急性协调性运动可以提高青少年的注意力表现，这与顶叶皮层的激活有关。扣带回皮层与情绪调节、自我意识和认知控制相关。扣带回灰质的损伤会导致情绪和记忆障碍，影响儿童的学习动机和情绪体验，从而影响学习品质。Szuhany（2015）指出，有氧运动可以提高脑源性神经营养因子（BDNF）的水平，进而激活扣带回皮层。运动训练促进了树突棘的形成和运动学习。雷帕霉素靶蛋白（mTOR）的激活增强了第 5 层锥体神经元的突触后兴奋和神经元活性，促进了少突胶质生成和轴突髓鞘化（Chen，2019）。这些研究表明，不同类型的运动可以激活大脑的不同区域，从而影响认知功能、情绪调节和其他重要的心理过程。运动通过促进大脑的可塑性、增强关键脑区的活动，以及改善认知功能，对儿童学习品质发展产生积极影响。

2. 运动的神经递质调控功能

运动对大脑的积极影响还可以通过复杂的神经生物学机制实现，包括神经递质的释放、神经元的生长和连接的加强等。运动能促进脑源性神经营养因子（BDNF）、胰岛素样生长因子-1（IGF-1）、血清素、多巴胺、内啡肽、血管内皮生长因子（VEGF）、抗炎因子、肾上腺素等神经递质的分泌，从而促进儿童学习品质的发展。BDNF 是一种对神经细胞生长、存活、分化和突触可塑性具有重要作用的蛋白质，有助于形成新的神经连接和修复衰竭的脑细胞，并保护健康的脑细胞，对提高学习兴趣和记忆力有积极作用。运动直接影响中枢神经系统中的多巴胺能、去甲肾上腺素能和 5- 羟色胺能系统。这些神经递质的变化可以促进神经细胞间的通信，从而增强认知功能[①]。运动时，肌肉因子的释放，如 FNDC5/Irisin（由肌肉收缩产生，并能够进入血液循环）能够影响大脑 BDNF 的表达（Leger，2024）。运动通过 PGC-1α（过氧化物酶体增殖物激活受体 γ 共激活因子 1α）和 FNDC5 通路诱导海马区 BDNF 的表达（Christiane，2013）。PGC-1α 是一种转录共激活因子，能够调节多种与能量代谢和神经保护有关的基因，包括 FNDC5。运动还能够从外周调控脑内 BDNF 的表达，如骨骼肌因子 irisin、cathepsin B 和 IGF-1，以及

---

① 周朝昀：《运动诱导神经可塑性生物学机制的研究进展》，《国际精神病学杂志》2023 年第 2 期，第 210—214 页。

能量代谢产物 β- 羟丁酸、乳酸和 α- 酮戊二酸等，从而促进认知功能[①]。

胰岛素样生长因子 -1（IGF-1）是一种与细胞增殖、分化和存活有关的激素样肽，它在运动后增加，对大脑功能有积极作用。IGF-1 与认知功能的发展密切相关，它能够促进神经细胞的存活和突触的形成，从而对学习与记忆等认知功能产生积极影响。运动能够促进 IGF-1 通过血脑屏障，对海马区的神经发生和记忆形成产生积极影响（Carro，2000）。运动增加了大脑的血流量，从而提高 IGF-1 及其受体在大脑中的可用性，激活 IGF-1 的信号通路（Ding，2012）。运动通过激活细胞内信号传导分子，如 PI3K/Akt 和 MAPK/ERK 通路，促进细胞存活和神经保护（Liu，2019）。运动还可以通过调节 IGF-1 及其受体的基因表达，增加它们在特定脑区的表达水平。运动通过多种机制促进 IGF-1 的分泌，包括直接刺激肌肉和内分泌系统的活动，以及通过血液循环将 IGF-1 输送到大脑和其他身体部位。

血清素（5- 羟色胺）是调节情绪、睡眠和食欲的关键神经递质。血清素水平的适当调节有助于维持儿童的积极情绪状态，从而增强学习兴趣和快乐体验。血清素能够调节脑内神经递质的平衡，维持情绪稳定。低血清素水平会导致情绪波动和抑郁等情绪障碍。运动可以增加血液中的色氨酸（血清素的前体）浓度，促进血清素的合成，改善情绪和认知功能。运动影响中枢神经系统区域的血清素释放、神经递质合成酶活性、负反馈调节血清素受体和选择性再摄取过程[②]。运动增加血清素代谢物 5- 羟吲哚乙酸（5-HIAA）的排泄，调节血清素代谢物的变化。运动通过多

[①] 于涛：《运动从外周调控脑内 BDNF 表达促进认知的研究进展》，《中国体育科技》2020 年第 11 期，第 71—77 页。

[②] 彭云栋、雷静、尤浩军：《运动诱导的镇痛效应相关神经递质的研究进展》，《中华物理医学与康复杂志》2023 年第 8 期，第 756—760 页。

种机制影响血清素水平，包括影响血清素的合成、受体功能、神经传递、代谢物水平以及与肠道微生物群的相互作用。这些调节作用对情绪、认知功能以及能量代谢平衡具有重要意义。

3. 运动的情绪调节功能

运动的情绪调节功能涉及多种神经递质如多巴胺、内啡肽等。多巴胺与奖励和快感相关，影响情绪和运动。适当水平的多巴胺可以增强学习动机和快乐体验，同时与认知功能（如专注和记忆）有关。运动能够促进多巴胺的释放，乙酰胆碱可以直接诱发多巴胺神经元末梢的动作电位，并且与多巴胺的释放同步（Liu，2022）。肌肉电刺激结合主动运动能改善反应时间，触发多巴胺释放（Ando，2024）。运动还可以增加纹状体中 D2 多巴胺能受体的表达，从而改善神经传递。运动通过多种机制影响多巴胺的分泌和功能，包括直接影响多巴胺释放、自愿运动信号的传递，以及影响多巴胺受体的表达等。多巴胺与大脑的奖励系统密切相关。运动时多巴胺的增加可以增强儿童的愉悦感和满足感，从而提高学习兴趣和快乐体验。多巴胺对前额叶皮层的调节作用与自我控制跟执行功能有关，有助于儿童在学习过程中更好地管理自己的情绪和行为。运动增强神经元的可塑性，增加海马体体积和神经元再生，改善儿童的情绪状态。运动还能够影响大脑中大型功能网络的连接性，如默认模式神经网络（DMN），通过提高不同功能网络之间的跨网络特异性来改善情绪（Stillman，2020）。内啡肽是一组在大脑中产生的肽类物质，与减轻疼痛和产生愉悦感有关。在学习过程中，内啡肽的释放可以带来快乐和满足感，从而提高学习动机和兴趣。内啡肽的积极情绪效应可帮助儿童适应不同学习情况，提高他们的灵活性和创造力。运动通过刺激垂体和下丘脑，促进内啡肽的合成与释放，进而与阿片受体结合，产生欣快感和止痛效果。这种机制不仅有助于提高运动的愉悦度，还对情绪调节和疼痛管理具有重要意义。

运动刺激中枢神经系统中的运动控制区域，如脑干的网状结构和大脑皮层的运动区域。这些神经元受到运动的刺激后，会释放多巴胺和血清素等神经递质。运动通过促进血液循环和氧气供应，为大脑提供更多的能量和营养，从而支持神经递质的合成和释放。运动还可以改善神经元的连接和通信，加强神经元之间的突触传递，进一步促进神经递质的传递和调节功能。总之，运动通过激活内啡肽系统、调节神经递质水平、增强神经可塑性、调节神经网络功能连接性、提高神经效率、调节神经肽以及激活特定的神经环路等多种机制的共同作用，帮助改善儿童情绪状态，缓解压力和焦虑。

4. 运动的学习模式建立功能

大脑皮层，尤其是前额叶皮层，负责高级认知功能，如决策、规划和问题解决。前额叶皮层的发育增强了儿童的执行功能，有助于他们学习过程中设定目标和集中注意力。边缘系统的杏仁核与情绪识别和调节能力有关，尤其是在处理情绪刺激和情绪记忆方面发挥着重要作用（Phelps，2000）。海马体则与新记忆的形成有关，对学习过程中的信息编码和长期记忆至关重要（Squire，2004）。情绪稳定和积极情绪是学习动机和记忆保持的基础。边缘系统和大脑皮层的相互作用帮助儿童适应不同的学习环境和情境，提高学习效率。网状激活系统（RAS）是脑干的一部分，负责调节大脑的唤醒状态和注意力。RAS 的活动有助于儿童在学习和探索环境中保持警觉和注意力集中。丘脑作为感觉信息的中继站，将感觉信息传递到大脑皮层，并对信息进行初步加工和整合。这种整合对于儿童理解外部世界和形成学习经验至关重要。基底神经节和小脑参与运动的协调和精细调节。这些结构与大脑皮层和边缘系统的相互作用，有助于儿童在体育活动和学习中发展运动技能。

通过大脑各部分的协调作用，儿童能够将感觉输入、情绪状态和运动输出整合起来，形成有效的学习模式。儿童在学习过程中需要整合来自不同感官通道的信息。大脑皮层的联合区域，如颞顶联合区（TPJ）和顶枕联合区（PPC），参与跨模态信息的整合，帮助儿童将视觉、听觉和触觉信息整合到一起。这些区域在处理多模态信息时特别活跃，TPJ在社会认知任务中对视觉和听觉信息整合起着重要作用（Calvert，2004）。跨模态学习还涉及注意力在不同感官通道之间的转移，如视觉刺激可以影响听觉注意力的分配。通过这些系统的相互作用，儿童能够更有效地处理信息、调节情绪、发展认知能力，并最终形成有效的学习模式。

5. 运动的学习品质促进功能

运动游戏的趣味性、互动性能提升儿童参与的热情，增加学习的投入。运动过程中带来的神经系统兴奋效益能够有效延伸到运动后一段时间的学习活动中（运动效益延时作用）。运动课程是以运动技能发展为基础，儿童需要运用与练习一定的运动技能。在运动过程中，儿童的协调性和自我控制能力得到提升，并激发儿童的自我成就感和自我效能感，从而推动儿童学习的动力。运动能增加快乐因子的分泌，以神经递质和奖赏回路激活的方式，增加儿童快乐体验。在学习热情方面，运动通过脑区激活、神经网络连接、动机激励、认知优化等途径提高学习的专注力、坚持性、灵活性和自我调节能力。多感官参与的运动能够提升学习的记忆，促进知识的整合与联系，增强儿童在学习活动中的专注性。运动中自我效能感的提升帮助儿童获得掌控的力量，团队活动的激励作用和运动抗挫精神的培养，有利于儿童坚持品质的发展。运动技能在不同运动中的使用，以及运动技战术的运用，需要儿童根据不同的运动环境进行调整，这有利于培养儿童将知识、技能在实践中灵活运用的能力。运动中，儿童经常面对失败、挑战，需要在不同的情况与环境中随时调整自己的情绪、行为、思维方式。尤其是同场对抗类运动，对儿童的自我调节和灵活性要求较高。运动从认知、情绪、团结合作、思维模式、社会适应等方面促进了儿童学习品质的发展。

第二节　促进专注发展的运动课程模式构建依据

专注是学习品质的核心要素，包括集中注意力的能力、抗干扰和挫折的能力、维持注意力的能力三个部分，学前期是培养儿童坚持与专注的重要时期[①]。据《2019 年中国幼小衔接行业调研白皮书》显示，儿童注意力不集中是困扰家长教育的首要难题，38.6% 的儿童在注意力方面入学准备不足，且有 12.3% 的儿童存在明显的注意力发展障碍[②]。当前教育对儿童专注力的训练主要包括视觉注意力训练、听觉注意力训练和视听注意力训练等内容，如舒尔特训练、串珠、涂色、手眼协调训练等，强调以端坐静听的形式进行训练。然而，这种端坐静坐的训练方式，忽视了儿童身体参与在专注力培养方面的重要价值。静坐是前庭系统成熟的高级表现之一，而促进前庭发展，就必须让儿童运动。

一、3—6 岁儿童专注力发展面临的困境

1. 屏前活动的认知消耗

"数字土著"儿童，从娱乐、生活到学习已深深嵌入数字化的烙印。

---

① 鄢超云、魏婷：《〈3—6 岁儿童学习与发展指南〉中的学习品质解读》，《幼儿教育（教育科学）》2013 年第 6 期，第 1—5 页。

② 艾瑞网.《2019 年中国幼小衔接行业调研白皮书》[EB/OL].2019[2019-10-25]. https://report.iresearch.cn/report/201910/3460.shtml.

数字界面成为儿童认识世界的窗口，屏前活动成为儿童娱乐与学习的主要方式。长时间的屏前活动给儿童带来了思维方式、信息处理模式、学习方式上的变化。"蚱蜢思维"在"数字土著"儿童的学习中表现得尤为明显，他们的思维呈现跳跃式、图形化的特征，因思维的快速跳跃而失去许多关注细节的机会[①]。在信息处理模式上，他们习惯于优先处理图像、声音、色彩和视频信息，文本和纸质阅读则呈现快速阅读的特征[②]。对细节的忽略与快速阅读容易导致文本阅读困难，甚至引发视觉区辩障碍。在学习方式方面，"数字土著"儿童表现出了"碎片化"和"多任务"的学习特点。碎片化、多任务处理的学习模式让儿童的感官阈值不断升高，特别是视频娱乐带来的强感官刺激。长时间的屏前静坐行为导致儿童认知灵活性的下降，视频—阅读时间比的改变降低了儿童的注意力、认知加工速度和记忆功能[③]。

2. 物质奖励的内在动机侵蚀

儿童具有好奇与探索的天性，这种天性是儿童学习的内在驱动力。然而，成人过度的物质奖励正在侵蚀儿童的内在动机。一方面，物质奖励是父母鼓励儿童坚持学习的激励方式。另一方面，物质奖励又是一种抑制儿童分心行为的控制手段。物质奖励降低了儿童由兴趣导向形成的内在动机，强化了即时快乐，让儿童学习的内驱力只停留在物质奖励下的外在行为表现层面。当儿童的物质欲望与现实奖励情况不相符时，则容易消耗儿童的内驱力。当奖励被作为控制手段时，内在动机则被侵蚀，

[①] 顾小清、林仕丽、汪月：《理解与应对——千禧年学习者的数字土著特征及其学习技术吁求》，《现代远程教育研究》2012 年第 1 期，第 23—29 页。

[②] [美] 伊恩·朱克斯、[美] 瑞恩·L. 沙夫：《教育未来简史——颠覆性时代的学习之道》，钟希声译，教育科学出版社，2020，第 65 页。

[③] 崔洁、李琳、朱春山等：《屏前静坐行为与学龄儿童认知灵活性的关系》，《体育学刊》2021 年第 3 期，第 112—118 页。

物质奖励对行为的持久性起了相反的作用[1]。在物质控制模式下，儿童处于一种被压抑的状态。为了获得物质奖励，儿童将有限的注意力用于行为控制上，而非改善内在动机。过度的物质奖励因缺乏可持续发展的内驱力和长期的抑制控制，从而影响儿童的专注力发展。

3.扬心抑身造成身体感知缺失

长期以来，智育在儿童教育中占主导地位，儿童的学习方式以视听为主。这种扬心抑身的教育观念注重对儿童进行单向塑造和知识灌输，导致身体实践被边缘化[2]。具身认知指出了传统认知学习中身体学习缺位的诟病，强调认知学习的身、心整体性发展。而随着现代信息技术的发展，技术的"呈现"消减了身体的"亲知"，身体与世界之间以技术填充，儿童的实际身体体验缺位[3]。扬心抑身的教育方式抑制的不仅仅是儿童身体的发育，更重要的是因身体感知和运动缺乏而影响大脑和神经系统的发育。根据 Aryes 的感觉统合理论，前庭觉、本体觉感知机会的缺失将影响前庭系统、网状系统、边缘系统的神经整合功能，降低专注力、警觉水平和注意控制能力。另外，身体感知缺失还将影响运动技能水平、认知能力、记忆力、执行功能，间接影响注意力的三大网络功能。

---

① 冯竹情、葛岩:《物质奖励对内在动机的侵蚀效应》,《心理科学进展》2014 年第 4 期，第 685—692 页。

② 陈乐乐:《论儿童教育中"身体"的缺位及其复归》,《中国教育学刊》2016 年第 8 期，第 30—35 页。

③ 胥兴春、李晴:《具身视角下儿童教育中身体的缺位与回归》,《当代教育科学》2022 年第 1 期，第 13—22 页。

二、运动促进儿童专注力发展的效益来源

（一）儿童注意力发展的效益

1. 注意力网络系统功能提升效益

注意力系统主要由警觉、定向和执行控制三个子系统构成。不同系统间相互配合，共同影响注意力的多个方面。警觉系统负责维持大脑的觉醒状态，是注意力的基础，涉及前额叶、丘脑和脑干等脑区。前额叶对儿童在学习过程中的自我调节、专注和坚持至关重要。长期进行有氧运动的人，前额叶区域的灰质密度比久坐不动的人高[1]。低强度运动可增加前额叶区皮质的血流量，激活左背外侧前额叶和额极区，提高注意的唤醒水平[2]。运动通过增加血氧含量和改变脑区结构等途径，提升注意的警觉系统功能。此外，运动还可以刺激神经递质的释放，如多巴胺和去甲肾上腺素，提高警觉性，并使注意力集中。定向系统与大脑的顶叶和额叶脑区有关，负责将注意力从广泛的刺激中选择性地集中到特定的刺激或任务上。研究证明定向运动可以提高儿童的识图和路线记忆能力，改善顶叶的功能，优化注意力。[3]执行控制系统与前额叶皮层的多个区域密切相关，特别是背侧前额叶皮层，涉及高级的认知过程，如问题解决、任务切换和抑制控制。它负责处理复杂的任务，如在多个信息源之间进

① Hillman, C. H., Pontifex, M. B., Raine, L. B., et al. "The Effect of Acute Treadmill Walking on Cognitive Control and Academic Achievement in Preadolescent Children", *Neuroscience*162(2009):1044-1054.

② Byun K, Hyodo K, Suwabe K,etal. "Positive effect of acute mild exercise on executive function via arousal-related prefrontal activations: an fNIRS study".*Neuroimage*98(2014): 336-345.

③ 杨宁、刘晨、刘阳等:《定向运动练习对儿童执行功能的影响》,《中国学校卫生》2021 年第 6 期, 第 850—852 页。

行选择和决策时的注意力调节。运动能改变背外侧和腹外侧前额叶、前扣带回、顶叶等脑区激活模式，增加脑区之间的功能网络连接，改善抑制控制功能[①]。运动干预还能够改变前额叶皮层和运动皮层中的氧合血红蛋白水平，有助于抑制控制功能的提升[②]。另外，运动还通过调节神经递质的水平刺激神经发生、神经网络连接等中介路径，提高执行功能进而改善注意执行控制系统的功能。运动可以通过多种机制促进注意网络系统功能的发展，包括大脑结构改变、大脑皮层功能激活、神经递质调节等，为儿童专注力的发展提供生理基础。

2. 认知处理优化效益

认知功能包括记忆、注意、执行功能。运动与认知任务的耦合，可以促进认知功的发展，提升课堂注意行为的表现。[③] 运动和认知发育之间的密切联系，是由小脑和大脑前额叶皮层共同激活介导，因此肢体动作协调与注意力之间存在供求关系[④]。运动对认知功能的作用效益体现在工作记忆功能、执行控制、注意力以及认知灵活性等方面。工作记忆涉及暂时存储和处理信息的能力，可帮助儿童筛选和维持相关信息、排除干扰、协调多任务处理和适应环境变化，从而提高注意力的集中和稳定。有氧运动能够增加大脑的血流量和氧气供应，从而提高工作记忆的能力。运动通过调节大脑的唤醒水平来解决生物运动工作记忆的前摄抑制作用，

---

① 蔡春先、张运亮：《运动改善大脑执行功能机制的研究进展》，《成都体育学院学报》2019 年第 6 期，第 120—126 页。

② Shen, Q.-Q., Hou, J.-M., Xia, T., et al. "Exercise Promotes Brain Health: A Systematic Review of fNIRS Studies" ,*Frontiers in Psychology15*(2024):1327822.

③ 乔玉成：《体育何以能够提升学业成绩——脑神经科学解释框架》，《沈阳体育学院学报》2022 年第 4 期，第 43—49 页。

④ 胡静、顾佳怡、王文渊：《学龄前儿童动作技能与注意集中和注意转移的相关性》，《中国学校卫生》2022 年第 2 期，第 274—279 页。

提高工作记忆的能力 ①。执行控制包括抑制控制和任务切换，可以提高儿童执行任务时的专注度、认知灵活性，并抑制分心行为、调节情绪状态，对儿童的注意力产生积极影响。有氧运动通过激活大脑前额叶皮层的功能，提升抑制控制、任务切换和处理信息能力，有助于注意力的集中和选择性。认知灵活性是大脑快速适应新任务和环境变化的能力，帮助儿童更好地在不同任务之间切换注意力，减少转换时间，影响注意力的分配和转移。运动通过增强大脑关键区域的功能，促进神经的可塑性，调节神经递质，提高认知灵活性，来有效地分配和调整注意力。运动对神经递质的调控效益能改善认知的灵活性，提升注意力转换功能。总之，运动通过提升工作记忆、增强执行功能、促进认知灵活性、激活神经生理机制和调节神经递质等方式，对儿童的认知功能产生积极影响，提高儿童注意力的品质和效率。

3. 动机激励效益

注意的本质，是选择与处理信息的过程。注意的选择，包括内源性注意（自上而下的目标驱动）和外源性注意（自下而上的刺激驱动），动机激励是内源性注意的主要推动力。运动促进专注力发展的动机激励效益来源于主要有两个途径：一方面，运动通过调控多巴胺、血清素、内啡肽、BDNF、去甲肾上腺素等神经递质分泌带来的内部奖励强化机制。多巴胺与奖赏和快感有关，运动可以增加大脑中的多巴胺水平，从而带来愉悦感和满足感，增强儿童的学习动机。BDNF 有助于新的神经连接的形成，修复衰竭的脑细胞，并保护健康的脑细胞，对提高学习兴趣和记忆力有积极作用。运动能刺激背侧纹状体 BDNF 的分泌，促进多巴胺

---

① 周成林、金鑫虹:《从脑科学诠释体育运动提升学习效益的理论与实践》,《上海体育学院学报》2021 年第 1 期，第 20—28 页。

释放[①]。运动时脑干神经网络的连接改善了睡眠—觉醒周期调控蓝斑—去甲肾上腺素系统。蓝斑—去甲肾上腺素系统,是奖励和注意之间相互作用的重要枢纽,蓝斑接收感知觉向外周输入释放去甲肾上腺素、多巴胺、神经肽,形成奖赏记忆,调控注意选择。[②]另一方面,运动通过自我效能中介增加儿童学习的坚持性和抗挫能力。自我效能感是儿童对完成特定任务能力的信心,能增加儿童的挑战性和抗挫能力,提高注意力的集中和稳定。有氧运动如跑步、游泳等,因其持续性和节奏性的特点,可以提高心肺功能和耐力,增强自我效能感[③]。运动通过调控神经递质激活奖赏环路,强化内部动机,又以自我效能感为中介,增强完成任务的坚持性和抗挫能力。

(二) 促进儿童专注力发展的运动剂量关系

剂量关系是指运动的各构成要素与运动特定效果之间的量化关系。运动干预方案的有效性,取决于剂量—效应及其调节因素的交互影响。[④]运动的剂量关系不仅具有倒 U 型特征,还具有药学中的"毒理效应"[⑤]。

---

① Bastioli, G., et al. "Voluntary Exercise Boosts Striatal Dopamine Release: Evidence for the Necessary and Sufficient Role of BDNF", J Neuroscience 42(2022):4725-4736.

② Zhang, Y., Chen, Y., Xin, Y., Peng, B., et al. "Norepinephrine System at the Interface of Attention and Reward", Progress in Neuro-Psychopharmacology and Biological Psychiatry(2023):110751.

③ Baghbani S M G, Arabshahi M, Saatchian V. "The impact of exercise interventions on perceived self-efficacy and other psychological outcomes in adults: a systematic review and meta-analysis", European Journal of Integrative Medicine62(2023): 102281.

④ 金鑫虹、王姁如、周成林:《体育锻炼效益的剂量—效应关系理论探新》,《北京体育大学学报》2022 年第 11 期,第 12—24 页。

⑤ 张连成、王肖、高淑青:《身体活动的认知效益:量效关系研究及其启示》,《体育学刊》2020 年第 1 期,第 66—75 页。

科学的运动剂量有益身心，但过量运动则容易造成身体的负面损害。[①] 有效发挥运动的最佳效益，关键在于运动剂量的科学把控，而运动强度、运动时间、运动方式是影响运动剂量效应的主要因素。

1. 运动强度与专注力发展的剂量关系

运动强度是指运动时身体所承受的负荷和紧张程度，包括低强度、中等强度、高强度三种。

低强度运动可以增加大脑的血氧含量，且对认知资源占用较少，更有利于注意的集中。与大强度运动相比，小强度有氧运动更有利于激活警觉系统提升注意的集中，且在运动期间和运动后即刻的效益更为明显。

中等强度运动是认知功能和执行功能的最佳运动强度，更有利于注意的分配与转移。中等强度运动在注意唤醒和脑神经递质浓度方面的效应量，比低强度和高强度运动更显著[②]。

高强度运动后的血液回流和多巴胺等神经递质增加，对注意的稳定产生延时效益。

不同强度的运动，对认知、执行功能的影响存在交互作用，对注意功能的影响存在差异。[③]Brush（2016）研究发现，高强度运动在短期内对抑制控制有益，而中等和低强度运动则在工作记忆和认知灵活性方面

[①]　Lee IM. "Dose-Response Relation between Physical Activity and Fitness: Even a Little Is Good; More Is Better", *JAMA* 297(2007):2137-2139.

[②]　McMorris, T., Hale, B. J. "Differential Effects of Differing Intensities of Acute Exercise on Speed and Accuracy of Cognition: A Meta-Analytical Investigation", *Brain and Cognition*80(2012):338-351.

[③]　陈爱国、殷恒婵、颜军等:《不同强度短时有氧运动对执行功能的影响》,《心理学报》2011 年第 43 卷第 9 期，第 1055—1062 页。

有更持久的积极效应。^①低强度运动剂量的效益主要来源于注意警觉网络功能提升，中等强度运动以认知处理优化效益最为突出，高强度运动则在动机激励方面具有良好效益。

运动强度的差异主要体现在：（1）运动强度与认知、执行功能的倒 U 型关系。中等强度运动从脑部的氧供应、氧利用和增加神经递质分泌方面获得最大效益的认知维度提升，中等强度运动的干预效益优于小强度运动^②。随着运动强度的提升，脑区激活、神经递质含量增加，认知与执行、记忆等功能效率更强，但高强度和力竭运动会消耗较多认知资源从而带来一定的负面影响。认知功能、执行功能与运动强度呈倒 U 型关系，影响与之相关的注意抑制控制、注意转换的功能。（2）运动强度与信息处理的线性关系。运动强度的提升增加了信息输入的刺激量，更有利于神经元的募集。神经系统的觉醒水平越高，则信息的处理加工速度越快，就越有利于注意的转换。高强度阻力运动以线性剂量反应方式减少任务反应时，能提升信息处理加工速度，但力竭运动与任务完成的错误率呈线性量效关系，从而影响注意的抑制控制^③。

因此，运动强度剂量具有一个最佳有效区间，无论是在注意的选择、抑制控制，还是注意转换，中等强度运动均具有良好的干预效益。低强度运动有利于注意的集中和脑区激活，改善运动期间注意的警醒功能，而高强度运动则有利于注意的转换和内部动机强化，改善运动结束后注

---

① Brush CJ, Olson RL, Ehmann PJ, et al. "Dose-Response and Time Course Effects of Acute Resistance Exercise on Executive Function", *Journal of Sport & Exercise Psychology*38(2016):396-408.

② 翟芳、童昭岗、颜军等:《不同强度项目的身体锻炼对男大学生心理健康认知维度若干指标影响的实验研究》,《天津体育学院学报》2003 年第 1 期, 第 49—50 页。

③ 张连成、王肖、高淑青:《身体活动的认知效益：量效关系研究及其启示》,《体育学刊》2020 年第 1 期, 第 66—75 页。

意的抑制控制。

2. 运动类型与专注力发展的剂量关系

按照运动时所需氧量的不同，可将运动类型分为有氧运动和无氧运动两种。

有氧运动，如跑步、游泳和骑自行车，能够提高心肺功能，增加大脑的血流量和氧气供应，缩短儿童的反应时间，提高信息加工速度。研究表明，有氧运动能够提高儿童的注意力和执行功能，尤其是在抑制控制和注意的选择上特别突出。[1] 有氧运动通过增强大脑的神经可塑性，促进神经生长因子的表达，获得认知处理优化效益。无氧运动，如短跑、力量训练，因短时间内的高强度活动，在提高反应速度方面有积极作用，且在对运动动机的激活效益上优于有氧运动，但会降低复杂任务执行的准确性。

按照运动时所需认知的投入量，可将运动分为高认知投入的运动和低认知投入的运动。

不同的运动方式对认知和执行功能需求不同，所以在注意网络和行为表现方面存在运动类型差异。高认知投入的运动，如花样跳绳、乒乓球，因在运动过程中需要进行更多的思考和决策，所以更有利于认知与执行功能的提升，促进注意的转换和抑制控制。花样跳绳的注意转换干预效果优于跑步[2]，乒乓球、羽毛球相对于健身拳、举重则具有更好的注意稳定性干预效果[3]。低认知投入的运动，如跑步、跳绳，因运动的节奏

---

① 蒋长好、高晓妍:《短时身体活动对儿童认知功能影响的系统综述》,《中国康复理论与实践》2023 年第 6 期，第 667—672 页。

② 殷恒婵、李鑫楠、陈爱国等:《5 种运动干预方案对小学生脑执行功能影响的试验研究》,《天津体育学院学报》2015 年第 1 期，第 7—10 页。

③ 孔久春:《不同锻炼方式对儿童注意力稳定性影响的实验研究》,北京体育大学硕士论文，2012。

性和持续性而对注意集中更为有效。低认知投入的运动还具备长期认知健康的储备，同样对认知功能和执行功能产生积极的影响。

运动类型的剂量差异主要体现在：（1）运动所需摄氧量差异。含氧量高的运动有益于空间记忆、注意和抑制控制。[①]有氧运动因心肺功能的提升带来脑部血氧含量增加，更有利于脑区激活和注意神经网络连接，对注意的转换和集中，效果显著。无氧运动因肌肉耗氧量的增加导致脑部血氧含量下降，影响注意的集中性。[②]但无氧运动能增加神经递质的分泌，如多巴胺、BDNF、血清素等，对认知功能改善和动机激励具有良好作用，有利于注意的稳定。（2）运动认知投入量差异。运动所需的认知投入越多对注意的影响越大，运动能够提升注意网络的神经传导速度，减少信息加工处理的时间。高认知参与的运动对大脑前额叶神经网络的联结影响优于一般运动，在注意的集中性、持续性方面，干预效果优于一般运动。[③]低认知参与的有氧运动能够提高心肺功能，增加神经递质的分泌，起到调节情绪、调控注意稳定的作用。

因此，有氧运动和高认知投入的运动有利于注意的转换和集中，无氧运动有利于运动后一段时间的注意稳定。低认知投入的有氧运动则具有长期认知健康的储备，有利于注意稳定。高认知投入的有氧运动是注意的集中、稳定与转换的最佳运动类型组合。

3. 运动时间与专注力发展的剂量关系

按照运动参与的频次和时间，可将运动分为急性运动和长期运动。

---

① 赵梅玲：《两种训练干预方案对学龄前儿童体质与不同认知任务的影响》，《北京体育大学学报》2020年第5期，第89—97页。

② 迟立忠：《运动人群与非运动人群注意特征比较及注意机制研究》，北京体育大学硕士论文，2005。

③ 武艳钦：《不同活动量和认知投入的体育锻炼对儿童注意力和认知灵活性的影响》，首都体育学院硕士论文，2022。

急性运动又称单次运动，是持续时间为 10～60 分钟的单次运动，常见的运动时长为 20～30 分钟。急性运动干预效益主要体现在反应准确性、信息处理能力提升方面，通过激活背外侧前额叶皮层，诱导多巴胺释放，来提高注意力的分配和抑制。如 Hillman（2009）研究发现，20 分钟跑步运动后儿童的反应准确性提高，注意的抑制控制能力提升。30 分钟的中等强度有氧运动，能提升 ADHD 儿童 Stroop 测试和威斯康星卡片分类测试表现[1]。

长期运动是指多次长时间的规律运动。长期规律性体育运动，可以有效调节睡眠—觉醒周期，改善睡眠质量。长期运动可改善睡眠期间内分泌、免疫应答、自主神经系统等功能，对认知功能产生积极影响。相比急性运动，长期运动干预具有时间累积效应。以每周 3 次的健美操干预为例，12 周组的注意转换功能干预效益优于 6 周组，并显著高于每周 2 次的常规组。[2] 杨孟超（2022）发现，ADHD 儿童长期运动干预时间最佳组合为：30～90 分钟的单次时长、4～24 周的运动周期、1～5 次 / 周的运动频次。[3] 但单次长时的运动干预，将会带来大脑认知功能的疲劳，降低儿童的注意功能。如 50 分钟介入时间过长造成认知负荷，降低注意的觉醒状态。[4]

运动时间的剂量差异主要体现在:（1）运动持续时间与认知的曲线

①　Chang YK, Liu S, Yu HH, et al. "Effect of acute exercise on executive function in children with attention deficit hyperactivity disorder", *Arch Clin Neuropsychol* 27(2012):37-225.

②　颜军、马山山、陈爱国等:《不同持续时间健美操锻炼对大学女生执行功能影响的实验研究》,《体育与科学》2012 年第 6 期, 第 88—91 页、第 96 页。

③　杨孟超、金鹏、王德新等:《运动改善注意缺陷多动障碍儿童执行功能和注意力的研究进展》,《体育科学》2022 年第 5 期, 第 77—87 页。

④　张庭然、罗炯:《健身运动对儿童认知功能的影响及其作用机制研究进展》,《中国全科医学》2018 年第 12 期, 第 1461—1466 页。

关系。运动持续时长与认知功能改善效益显著相关。身心效益的最佳剂量组合为 20～30 分钟 / 次，每周 3 次的最佳运动强度。20～30 分钟的运动持续时间，在注意的抑制控制、脑区激活、增加摄氧量等方面均具有积极效应。在适当延长干预时间的情况下，运动效益呈现时间累积特征。而随着运动持续时间的延长，带来了生理和心理方面的疲劳，从而降低了注意的转换、集中功能。在注意觉醒方面，随着运动持续时间的延长，认知功能改善呈倒 U 型特征。研究普遍认为，30 分钟的中等强度运动，是改善认知功能的最佳阈值。（2）运动时程效应。运动后即刻注意、执行功能的干预效益最佳，运动干预的时程效应因强度不同而存在差异。高强度运动延时效应达 15～30 分钟，中低强度为 180 分钟。[30] 高强度间歇运动、急性运动在注意转换方面的时程效益可达 30 分钟，高强度间歇运动为运动后持续的 30 分钟，中等强度运动为运动后 30～60 分钟才有显著改善 [1]。因此，20～30 分钟的急性运动为脑区激活与神经网络连接效益最佳运动干预时长，30 分钟为最佳认知功能改善运动时长。高强度运动时程效应可持续保持 30 分钟，中等强度运动的时程效应为运动后的 30～60 分钟。20～30 分钟为最佳运动持续时间，运动后即刻 30 分钟为最佳时程效应。

---

① Tian S, Mou H, Fang Q, et al. "Comparison of the Sustainability Effects of High-Intensity Interval Exercise and Moderate-Intensity Continuous Exercise on Cognitive Flexibility", *International Journal of Environmental Research and Public Health* 18(2021):9631.

第三节　促进专注力发展的运动课程体系

一、课程体系构建的基本原则

1. 针对性原则

针对性原则是指课程体系的构建要针对儿童不同的专注力问题，有针对性地选择效益来源并合理调配运动剂量。儿童专注力的发展受环境、任务难度、情绪、动机和唤醒水平等因素的相互影响。运动对专注力的干预效益主要通过注意网络系统功能提升、认知优化、动机激励三大途径改善注意的集中、转换、持续等功能。例如，数字化时代儿童的"蚱蜢思维"让学习呈现跳跃式、图形化的特征，导致他们失去许多关注细节的机会[①]。学习专注问题主要表现为注意的集中性不够，需要充分利用运动的脑区激活与神经网络连接效益，提升注意网络的优化功能。在运动剂量调控方面，运动强度与注意唤醒呈倒 U 性特征，高认知投入的运动干预更有利于注意的集中和转换。提升注意集中性训练的课程内容以中等强度、高认知投入的有氧运动为主。课程体系的构建要针对不同对象的专注力问题，结合效益来源和干预剂量差异，安排合适的教学内容。

2. 组织效应原则

组织效应原则是指教师利用运动干预效益来源的差异，根据课程内容、学习任务、教学条件等因素，灵活调整教学组织形式的基本原则。不同的课程组织方式的干预效果不同。运动干预课程体系分为运动干预型、体智结合型和体智融合型三种，其差异体现如表 9-1 所示。

---

① 顾小清、林仕丽、汪月：《理解与应对——千禧年学习者的数字土著特征及其学习技术吁求》，《现代远程教育研究》2012 年第 115 卷第 1 期，第 23—29 页。

表 9-1 课程组织效应的对比分析表

组织结构	组织形式	运动剂量	效益来源
运动干预课程	体育活动（课前）	20～30 分钟的中高强度有氧运动	运动后长期效益： 1. 脑的可塑性 2. 神经网络连接
体智结合课程	领域课程间穿插的体育活动（课间）	5～10 分钟中高强度有氧运动	运动后即刻效益： 1. 脑区激活 2. 神经网连接
体智融合课程	领域课程知识技能的运动游戏化教学（课间）	时间和强度根据教学内容自由调控	感官学习多元效益： 1. 认知优化 2. 动机激励

注：表格内容来自作者整理。

运动干预课程是指以运动技能学习为主要形式的相对独立的课程组织结构。其运动技能学习与学科内容无关，具有固定且独立的课程时间，主要通过运动促进儿童生长与发育的功能，达到促进注意神经系统发育成熟的目的。代表性的运动干预课程有零点体育、SPARK（Sprot, Play and Active Recreation for Kids）项目。零点强调在一天学习开始之前先进行一定时间的运动。SPARK 项目在增加运动时间、运动强度和运动内容的基础上，以培养运动兴趣、体验运动成功与快乐为目的；包括身体活动、自我管理、运动技能学习等三个部分。运动干预课程在教学内容和时间安排方面与学科内容教学相对独立，以中高强度每次 20～30 分钟的长期有规律性的有氧运动为佳，主要发挥运动干预的长期效应，通过大脑的可塑性改善儿童的身体素质、体质健康，促进身心发育成熟。

体智结合课程是指以提高运动技能和身体素质为主要内容，将运动内容整合到领域课程教学的课堂中或课间的一种组织形式。运动内容与学科内容的相关度较低，主要通过运动改善课堂行为表现。体智结合型运动课程包括微运动、Brain Breaks（大脑休息）、Energizers（能量激发器）等。例如，微运动以 5 分钟中高强度的室内健身操（包括坐姿操和站姿操）为主要内容，改善注意的集中性和视觉追踪能力[①]。体智结合课程在课程内容和时间安排方面与领域课程有一定的依附性，主要利用运动后即刻脑区激活和神经递质调控的效益改善儿童的课堂行为表现。

体智融合课程是指将运动技能学习、身体素质训练与认知训练相结合，将运动融合到领域课程教学中的一种组织形式。领域课程知识学习以运动或游戏的形式进行，利用运动的多感官学习渠道帮助儿童理解和记忆知识概念，主要以课堂融合的方式开展。运动内容、时间安排与学科课程的依附性较高，通过"运动—认知—学业"的效益路径进行认知干预，加深对学习内容的理解、记忆与运用。

因此，课程体系的构建与选择要遵循组织效应原则，综合考虑不同组织结构在运动剂量、效益来源方面的差异，合理安排教学计划。

3. FITT-VP 原则

FITT-VP 原则是指运动锻炼方案制定的运动频率、运动时间、运动方式、运动总量和运动进度等六大剂量要素[②]。运动剂量的六大要素之间与干预效应具有交互影响的特点。运动时间和运动项目对注意的转换和注意的稳定具有交互作用，相同强度下，运动负荷的恒定与变化具有不同的改善效果[③]。不同项目间存在组合干预效应，有氧与无氧运动的结合

[①]　全海英、李海涛：《"微运动"改善大学生课堂注意能力的效应研究》，《沈阳体育学院学报》2018 年第 37 卷第 5 期，第 81—86 页。

[②]　金鑫虹、王姁如、周成林：《体育锻炼效益的剂量—效应关系理论探新》，《北京体育大学学报》2022 年第 45 卷第 11 期，第 12—24 页。

[③]　杨宇：《不同项目运动干预对初中生自我控制与注意力的影响研究》，扬州大学硕士论文，2022。

对注意转换的干预效果显著优于单一运动[①]。另外，运动总量受运动强度影响与运动时间存在交互影响。随着运动强度的提升，运动持续时间应相应减少。课程体系的构建要有效把控 FITT-VP 六要素对运动干预效益的直接影响，合理调配运动方案。

二、课程体系的内容

培养儿童专注力发展的课程体系，以运动为主要载体，以促进儿童专注力、大脑健康和身心发展为核心目标，通过注意力网络系统功能提升效益、认知处理优化效益、动机激励效益等多重路径，构建以目标、内容、评价等体系为核心的系统化课程。利用运动的剂量效益和"运动—学业"效益的多途径作用，开展多种形式的运动整合教学模式。具体课程体系如下（图 9-2）：

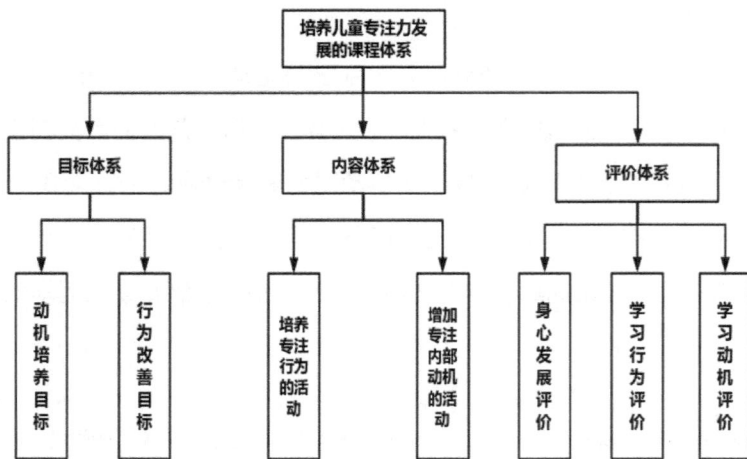

图 9-2 培养儿童专注力的课程体系

① 乔玉成：《体育何以能够提升学业成绩——脑神经科学解释框架》，《沈阳体育学院学报》2022 年第 41 卷第 4 期，第 43—49 页。

（一）目标体系

专注属于学习品质的行为维度，包括注意和坚持，其中坚持更强调儿童获得满足感（成就动机）[①]。儿童专注行为既需要良好的生理基础，也需要强烈的学习动机。对专注力的培养不能仅局限于学习行为表现层面，还应深入到行为表现背后的生理和心理机制的提升上。专注力课程目标体系包含学习行为目标和学习动机目标。《儿童学习品质发展变化连续表》中，专注维度发展目标包括：3—4岁可以集中注意力较长时间，即使有干扰或打断也无所谓；5—6岁可以持续地集中于一个项目较长时间[②]。鄢云超解读《3—6岁儿童学习与发展指南》时也指出，能够集中注意力、不容易被干扰或感到沮丧也是学前期儿童专注品质的重要表现。因此，专注行为改善目标包括保持较长时间的学习专注性和抵抗一定次数的失败与外部干扰两个部分。学习动机培养目标包括激发主动学习的欲望、能在学习中获得愉悦体验的成就感。动机目标主要是改善儿童内部动机缺乏问题，以内部动机取代外部物质奖励，通过运动的方式增加儿童的自尊、自信，最终达到主动学习和收获成就感的目标。

（二）内容体系

课程内容体系围绕行为改善目标和动机培养目标，提出改善专注行为的活动和培养专注内部动机的活动两部分。专注行为需要良好的神经生理基础，具有脑区激活和神经递质调控效益的运动能帮助改善注意的集中，具有认知功能优化效益的运动在注意的转换和抑制方面有独特作用。前庭系统和网状系统的成熟又能帮助儿童保持学习时的静坐和良好

---

① ［美］安·S.爱泼斯坦：《学习品质——关键发展指标与支持性教学策略》，霍力岩等译，教育科学出版社，2018，第50页。

② ［美］马里奥·希森：《热情投入的主动学习者——学前儿童的学习品质及其培养》，霍力岩等译，教育科学出版社，2016，第162页。

觉醒状态。专注内部动机来源于经递质和奖赏网络带来的激励效应。培养专注力的课程内容包括培养专注行为和增加专注内部动机两大活动。

1. 培养专注行为的活动

专注行为包括注意与坚持。注意是指集中注意力于目标任务上的能力，主要表现为注意的集中与稳定。适当的注意唤醒水平有利于注意的集中与稳定，运动通过脑区激活和神经递质调控两大途径调节注意的唤醒水平。运动通过调节神经系统的兴奋与抑制水平提升大脑的唤醒水平。急性运动和耐力运动均具有调节神经递质的功效，急性运动后即刻去甲肾上腺素／血清素比值升高，耐力训练可提高多巴胺与去甲肾上腺素的平衡能力[1]。运动的复杂程度与大脑的激活模式以及信息处理的程度有关，排球和篮球的协调性运动能激活前额叶皮层，提高注意的反应速度和准确性[2]。60%～69%最大心率的有氧功率自行车运动能增加前额叶、顶叶、小脑等的区域同质性（ReHo）水平，即短时中等强度的有氧运动能增加脑功能局部的一致性[3]。另外，大量的前庭觉信息输入，能达到激活抑制的平衡，前庭刺激活化具有安定及抑制的功能，有利于调控注意的唤醒水平[4]。速度和方向上的变化能刺激前庭活化，手眼协调、跳跃、旋转等运动有利于前庭功能的发育。单次有氧运动有利于额叶脑区活化，长期有氧运动有利于小脑活化。因此，综合运动干预的剂量关系，改善专注

① 王斌、张蕴琨、蒋晓玲：《耐力训练及力竭运动对大鼠纹状体、中脑和下丘脑内单胺类神经递质的影响》，《中国临床康复》2005 年第 48 期，第 153—156 页。

② Budde, H., Voelcker-Rehage, C., Pietrabyk-Kendziorra, S., et al. Acute coordinative exercise improves attentional performance in adolescents[J]. Neuroscience Letters,2008.441(02):219–223.

③ 陈爱国、朱丽娜、王鑫等：《短时中等强度有氧运动对儿童脑的可塑性影响——来自脑功能局部一致性的证据》，《体育科学》2015 年第 35 卷第 8 期，第 24—29 页。

④ [美] 安妮塔·邦迪、[美] 雪莱·莱恩主编：《感觉统合理论与实践》，韩平等译，厦门大学出版社，2022。

行为的活动主要以单次 10～30 分钟中等强度的排球、篮球、移动性动作、有氧运动、力量训练、手眼协调性运动、跳跃、旋转等运动为主。

坚持是指在完成任务过程中抵抗外界干扰和挫折而采取抑制分心行为的能力，主要表现为注意的抑制控制。运动以认知功能的改善为中介因素提高注意的抑制控制，改善分心行为。认知功能与注意力发展密不可分，其中工作记忆和抑制控制是影响注意抑制控制的主要因素。在提升抑制控制能力方面，长时运动的效果优于短时运动；中等运动强度的影响最大，低强度次之；阻力运动的影响最大，有氧运动次之，最后为灵敏运动[1]。在工作记忆方面，有氧运动、无氧训练与精细协调的动作训练均能增加海马体积，提高工作记忆能力。有氧运动可以提高工作记忆的反应速度，长期高强度有氧运动的效果更佳，其中排球运动比跑步运动效果好，而单次有氧运动比长期有氧运动更有利于情景记忆[2]。开放性运动项目比闭锁性运动项目更能改善记忆功能，中等强度运动对工作记忆的积极作用最强，急性有氧对听觉注意的效果显著[3]。因此，综合运动干预的剂量关系，改善注意抑制控制以 20～30 分钟中高强度、高认知参与的有氧运动为主。长时间中高强度的阻力运动最适合改善抑制控制，而中等强度的开放性有氧运动对提高工作记忆的效果最佳，有氧运动、无氧运动和协调性的开放运动均适合提高注意的转换。

2. 增加专注内部动机的活动

在内部动机强化方面，运动不仅能增加多巴胺，更重要的是可以利

---

① 颜军、王源、陈爱国等：《短时中等强度不同类型运动对小学生执行功能的影响》，《体育与科学》2014 年第 35 卷第 6 期，第 94—100 页。

② 柯金宏、汪波：《有氧运动对记忆的影响及其神经生物学机制》，《心理科学进展》2022 年第 30 卷第 1 期，第 115—128 页。

③ 王素：《不同体育锻炼项目与锻炼强度对大学生工作记忆的影响》，天津体育学院硕士论文，2022。

用运动愉悦感和团体活动获得内啡肽带来的持久的内部动机。与 45 分钟训练组相比，90 分钟训练组的内啡肽含量更高，静力训练效果优于动力训练[①]。60% 的最大摄氧量强度是增加内啡肽的最低阈值，80% ～ 90% 最大摄氧量为峰值强度[②]，即获得内啡肽效益的运动强度必须达到 60% ～ 80% 最大摄氧量。中高强度运动产生的疲劳才能刺激内啡肽浓度水平升高，而运动时间与运动强度共同协调影响内啡肽水平。运动时心率达到 150 次 / 分钟以上（如跳绳、跑步、篮球、足球等项目），能提高儿童的自信心和自我效能感[③]。因此，综合运动干预的剂量关系，增加专注内部动机的活动以 30 分钟以上中高强度抗阻运动为主要内容。

（三）评估体系

评估体系是对课程目标达成情况的评估架构，具体包括身心发展评价、学习行为评价、学习动机评价，具体的评估体系如下表 9-2 所示。

表 9-2 专注力发展课程评估体系

评估结构	评估内容	评估方式	评估参与对象
身心发展评估	1. 感知模式评估（涉及执行功能、认知功能、感觉统合功能）	问卷、测试、观察相结合	教师、家长、儿童发展相关领域专家
	2. 运动技能评估		
行为改善评估	1. 保持专注的时长及分心次数	记录、观察、测试相结合	教师、家长
	2. 抵抗失败和外部干扰的行为		

① 严振、吴信忠、徐俊等：《静力训练对大鼠 β - 内啡肽及 POMC 基因表达的影响》，《上海中医大学学报》2003 年第 1 期，第 45—47 页。

② 孙鲁月、周跃辉：《运动干预毒品成瘾环路——内啡肽的调节作用研究进展》，《中国运动医学杂志》2021 年第 40 卷第 4 期，第 298—305 页。

③ 龚海培、柳鸣毅、孔倩倩等：《体教融合的科学循证——体育锻炼和文化学习的相互关联》，《中国体育科技》2020 年第 56 卷第 10 期，第 19—28 页、第 88 页。

评估结构	评估内容	评估方式	评估参与对象
动机培养评估	1. 情绪表现	记录、观察、问卷、儿童自我评估相结合	儿童、教师、家长
	2. 学习中的体验、收获、成就感自我评估		

注：表格内容来自作者整理。

对身心发展的评估能帮助教师了解儿童的能力，从而根据儿童的发展水平制定挑战难度适宜的任务。富有挑战性的任务能激活儿童的内部动机，提高其专注的行为表现。身心发展评估包括感知模式和运动技能评估两部分。感知模式影响儿童对任务的理解和计划能力，运动技能影响任务的执行状态。感知模式评估主要分析儿童是否具有良好的学习准备状态、身体感知能力，可采用威斯康星卡片分类测试（WCTS）、斯特鲁普（Stroop）测验、感觉统合与运用能力测验（SIPT）等。运动技能评估主要判断神经—肌肉的协调性和身体姿态的控制能力，可采用平衡能力测试、协调能力测试等。身心发展评估需要教师、家长和儿童发展相关领域专家以问卷、测试、观察相结合的方式对儿童专注力的生理功能进行全面评估。

行为改善评估通过记录儿童的行为表现来评估其专注力，行为观察、记录和专注程度测试是主要的评估方式，如 Conners 儿童行为问卷、活动风格观察表、学习品质观察表。专注力是要考察儿童在那些需要付出努力、需要专注才能完成的活动中的表现[1]。因此，儿童的专注行为可从保持专注的时长、分心次数、问题行为的观察与记录，以及抵抗失败和

① 全海英、李海涛：《"微运动"改善大学生课堂注意能力的效应研究》，《沈阳体育学院学报》2018 年第 37 卷第 5 期，第 81—86 页。

外部干扰的行为表现等方面进行评估。

动机培养评估以儿童自我评估为主，教师、家长负责记录和观察学习活动中儿童的情绪表现，判断儿童参与的主动程度。如教师对儿童积极情绪、负面情绪出现次数的记录，儿童提问次数的记录，活动后师幼交流等。

总之，课程的评估方式要灵活，评估内容要全面，评估角度要多元，遵循真实性、针对性的原则对每个儿童进行全面评估。

学前期是儿童专注力发展的关键时期。运动通过促进身心发展、调节唤醒水平、激活内部动机三种效益来源来提升儿童的专注力。对儿童专注力的培养要由内而外，从激发儿童的内部驱动力着手，为其提供活动时间、活动材料、活动创意等方面的支持。运动在儿童认知能力、执行功能、专注行为表现方面均有显著作用，但并非所有的运动和身体活动都能改善儿童的专注力，干预效果因项目、强度和时间等因素而存在差异。运动强度与运动时间在运动总量上存在交互影响，在调控运动剂量时要综合考虑各要素间的相互作用。时间累积、时程效益、运动项目组合效益等都是影响剂量标准的重要因素。课程体系的构建要在了解剂量—效益关系和效益来源的神经机制的基础上，制定合理、可控的实施方案，确保运动剂量的精准落实。课程体系构建要遵循效益来源与儿童专注力发展障碍之间的针对性原则、组织结构与剂量效应间的组织效应原则、运动效益与运动剂量间的 FITT-VP 原则。基于运动剂量效应的专注力发展课程内容包括：调节注意唤醒水平的 10～30 分钟中等强度的有氧运动；改善注意抑制控制的 20～30 分钟中高强度、高认知参与的有氧运动；增加专注内部动机的 30 分钟以上中高强度抗阻运动。专注力的评估应从身心发展、学习动机、学习行为三个方面进行综合、全面、有针对性地评价。

参考文献

一、中文著作

1. 邓树勋、王健、乔德才：《运动生理学》，高等教育出版社，2005。

2. 冯丽娜：《儿童学习品质——概念、方法与应用》，复旦大学出版社，2021。

3. 高丽芷：《感觉统合》，南京师范大学出版社，2007。

4. 洪秀敏：《儿童发展理论与应用》，北京师范大学出版社，2015。

5. 黄人颂：《学前教育学》（第三版），人民教育出版社，2015。

6. 韩纳馥：《运动促学》，身脑中心有限公司（香港），2012。

7. 纪树荣：《运动疗法技术学》，华夏出版社，2011。

8. 李季湄、冯晓霞：《〈3—6岁儿童学习与发展指南〉解读》，人民教育出版社，2013。

9. 李晓捷：《实用小儿脑性瘫痪康复治疗技术》，人民卫生出版社，2016。

10. 李娟：《儿童感觉统合训练》，中国妇女出版社，2016。

11. 林崇德：《发展心理学》，人民教育出版社，2018。

12. 刘晶波:《游戏和儿童发展》,江苏教育出版社,2011。

13. 刘焱:《儿童游戏通论》,北京师范大学出版社,2008。

14. 梁宁建:《当代认知心理学》,上海教育出版社,2014。

15. 茅于燕:《智力落后与早期干预》,上海教育出版社,2007。

16. 任彦怀、李介至、李静晔等:《感觉统合游戏与儿童学习》,华格那企业(台中),2017。

17. 索长清:《幼儿学习品质的发展及其培养》,知识产权出版社,2022。

18. 吴端文:《感觉统合》,华都文化(台北),2018。

19. 肖非:《智力落后儿童心理与教育》,辽宁师范大学出版社,2002。

20. 于振峰、赵宗跃、孟刚:《体育游戏》,高等教育出版社,2007。

21.《运动解剖学》编写组:《运动解剖学》,北京体育大学出版社,2013。

22. 中华人民共和国教育部:《3—6岁儿童学习与发展指南》,首都师范大学出版社,2012。

23. 周喆啸:《3—6岁幼儿身体功能性动作体系的构建与实证》,浙江大学出版社,2021。

24. 郑信雄:《如何帮助学习困难的孩子》,九州出版社,2004。

二、译著

1. [美]安·S.爱泼斯坦:《学习品质——关键发展指标与支持性教学策略》,霍力岩等译,教育科学出版社,2018。

2. [美]安妮塔·邦迪、[美]雪莱·莱恩主编:《感觉统合理论与实践》,韩平等译,厦门大学出版社,2022。

3. [美] 奥拉西奥·桑切斯:《教育变革——利用脑科学改善教学与校园文化》,任红瑚等译,华东师范大学出版社,2021。

4. [美]Dennis Coon, [美]John O. Mitterer:《心理学导论——思想与行为的认识之路》(第 13 版),郑钢等译,中国轻工业出版社,2014。

5. [美]E. Bruce Goldstein, [美]James R. Brockmole:《感觉与知觉》(第十版),张明等译,中国轻工业出版社,2018。

6. [美] 卡罗尔·格斯特维奇:《发展适宜性实践——早期教育课程与发展》(第 3 版),霍力岩等译,教育科学出版社,2016。

7. [英]H. 鲁道夫·谢弗:《儿童心理学》,王莉译,电子工业出版社,2016。

8. [美] 琳恩·E. 科恩、[美] 桑德拉·韦特 - 斯图皮安斯基主编:《幼儿教师须知的教育理论——13 个世界著名理论流派的幼儿教育观》,刘富利等译,中国轻工业出版社,2021。

9. [新西兰] 吉尔·康奈尔、[美] 谢丽尔·麦卡锡:《运动塑造孩子的大脑 I:0—7 岁关键运动全方案》,方菁等译,华夏出版社,2018。

10. [美] 卡洛尔·斯多克·克朗诺威兹:《帮孩子找到缺失的"感觉拼图"》,周常译,中国发展出版社,2017。

11. [美] 马里奥·希森:《热情投入的主动学习者——学前儿童的学习品质及其培养》,霍力岩等译,教育科学出版社,2016。

12. [以] 摩谢·费登奎斯:《动中觉察》,林若宇等译,北京科学技术出版社,2019。

13. [美] 约翰·瑞迪、[美] 埃里克·哈格曼:《运动改造大脑》,浦溶译,浙江人民出版社,2013。

14. [英] 萨利·戈达德·布莱斯:《平衡良好的孩子——运动与早期学习》,南京师范大学出版社,2021。

15. [美] 朱迪斯·范霍恩、[美] 帕特里夏·莫尼根·努罗塔:《以游戏为中心的幼儿园课程》(第六版), 中国轻工业出版社，2020。

16. [美] 伊恩·朱克斯、[美] 瑞恩·L. 沙夫:《教育未来简史——颠覆性时代的学习之道》, 钟希声译, 教育科学出版社，2020。

三、外文著作

1. American Psychiatric Association. *Diagnostic and Statistical Manual of Mental Disorders (5th ed.)* (Arlington, VA: American Psychiatric Publishing, 2013).p.31-87.

2. Ayres,A.J. *Sensory Integration and Learning Disorders* (Los Angeles, CA: Western Psychological Services, 1972).

3. Ayres,A.J.*Developmental Dyspraxia and Adult-Onset Apraxia*(Torrance,CA:Sensory Integration International, 1985).p.96.

4. Ayres, A. J. *Sensory Integration and the Child* (Los Angeles: Western Psychological Services, 1979).

5. Calvert G,Spence C, Stein B. *The Handbook of Multisensory Processes(*MA: MIT Press, 2004).

6. Dunn,W.*The Sensory Profile—Second Edition*(TX: The Psychological Corporation, 2013).

7. Hautus M J, Macmillan N A, Creelman C D. *Detection theory: A user's guide*(New York:Routledge, 2021).

8. Kagan SL, Moore E, Bredekamp S. Reconsidering Children's Early Development and Learning: Toward Common Views and Vocabulary(Washington,DC:National Education Goals Panel,1995).p.1-65.

四、中文期刊

1. 陈爱国、殷恒婵、王君等:《短时中等强度有氧运动改善儿童执行功能的磁共振成像研究》,《体育科学》2011 年第 10 期。

2. 陈爱国、熊轩、朱丽娜等:《体育运动与儿童青少年脑智提升:证据与理论》,《体育科学》2021 年第 11 期。

3. 成尚荣:《极高明而道中庸——儿童立场的完整性》,《人民教育》2020 年第 7 期。

4. 陈乐乐:《论儿童教育中"身体"的缺位及其复归》,《中国教育学刊》2016 年第 8 期。

5. 陈思维:《具身认知研究进展综述》,《心理学进展》2024 年第 1 期。

6. 陈银芳、刘钊:《身体经验对儿童概念习得的影响——具身认知的视角》,《心理学进展》2019 年第 8 期。

7. 陈欣:《心流体验及其研究现状》,《江苏师范大学学报(哲学社会科学版)》2014 年第 5 期。

8. 仇索、仇乃民:《身体与学习——运动技能习得的新理论视角》,《体育学刊》2022 年第 5 期。

9. 崔洁、李琳、朱春山等:《屏前静坐行为与学龄儿童认知灵活性的关系》,《体育学刊》2021 年第 3 期。

10. 邓邦桐、谭华、李幸民等:《体育游戏对治疗不同年龄段感统失调儿童的疗效分析》,《天津体育学院学报》2008 年第 2 期。

11. 范燕燕、章乐:《儿童的自然缺失症及其教育对策》,《教育科学研究》2018 年第 5 期。

12. 冯丽娜:《家庭社会经济地位与幼儿学习品质的关系——家庭学

习环境的中介作用》,《学前教育研究》2020 年第 4 期。

13. 冯竹情、葛岩:《物质奖励对内在动机的侵蚀效应》,《心理科学进展》2014 年第 4 期。

14. 顾小清、林仕丽、汪月:《理解与应对——千禧年学习者的数字土著特征及其学习技术吁求》,《现代远程教育研究》2012 年第 1 期。

15. 高海龙:《从"离身"到"具身"——当代学习方式的重要转变》,《上海教育》2022 年第 14 期。

16. 高敬:《学前教育实践应坚守怎样的儿童立场》,《教育发展研究》2020 年第 12 期。

17. 郭凯、胡碧颖、陈月文:《幼儿体力活动水平——基于幼儿身体活动观察记录系统的评估》,《学前教育研究》2022 年第 1 期。

18. 龚海培、柳鸣毅、孔倩倩等:《体教融合的科学循证——体育锻炼和文化学习的相互关联》,《中国体育科技》2020 年第 56 卷第 10 期。

19. 韩文娟、邓猛:《国外感觉统合疗法与自闭症儿童循证实践相关研究综述》,《中国特殊教育》2019 年第 2 期。

20. 黄晨、孔勉、张月华等:《儿童感觉统合及感觉统合失调》,《现代临床医学》2019 年第 2 期。

21. 黄悦勤、王玉凤、刘宝花:《父母养育方式与幼儿感觉统合关系的初步研究》,《中国心理卫生杂志》1998 年第 4 期。

22. 胡静、顾佳怡、王文渊:《学龄前儿童动作技能与注意集中和注意转移的相关性》,《中国学校卫生》2022 年第 2 期。

23. 华红艳:《学习品质——概念内涵与结构要素》,《教育与教学研究》2023 年第 3 期。

24. 霍力岩、黄双、高游:《基于美国 10 州早期学习标准的学习品质本质、内涵与特点分析》,《外国教育研究》2022 年第 10 期。

25. 霍力岩、黄双、高游等:《基于文本分析的学前儿童学习品质结构指标比较研究》,《基础教育》2022 年第 6 期。

26. 洪培琼、陈妮娅:《亲子互动质量对 5—6 岁幼儿学习品质的影响与提升》,《福建技术师范学院学报》,2023 年第 5 期。

27. 金芳、李娜娜:《3—6 岁幼儿问题行为与其学习品质的关系》,《陕西学前师范学院学报》2019 年第 5 期。

28. 金鑫虹、王姁如、周成林:《体育锻炼效益的剂量—效应关系理论探新》,《北京体育大学学报》2022 年第 11 期。

29. 柯金宏、汪波:《有氧运动对记忆的影响及其神经生物学机制》,《心理科学进展》2022 年第 30 卷第 1 期。

30. 李岩、张杰、顾博雅等:《有氧运动改善尼古丁成瘾小鼠中脑腹侧被盖区多巴胺能神经元 "去抑制"》,《北京体育大学学报》2022 年第 2 期。

31. 李燕芳、吕莹:《家庭教育投入对儿童早期学业能力的影响——学习品质的中介作用》,《中国特殊教育》2013 年第 9 期。

32. 李婉怡、高君妍、林苏扬等:《认知干预和运动干预对阿尔茨海默病防治的作用机制》,《中国细胞生物学学报》2020 年第 12 期。

33. 李亚华:《多感官训练系统培养自闭症儿童交往能力的个案研究》,《乐山师范学院学报》2014 年第 5 期。

34. 李哲、王莹莹、杨光:《幼儿感觉统合失调的体医融合防治体系构建——基于我国 2120 名幼儿的横断面研究》,《早期儿童发展》2023 年第 1 期。

35. 梁海萍:《AAMR2002 智力落后定义评析》,《中国特殊教育》2005 年第 56 期。

36. 林朝湃、叶平枝:《家长教养方式对小班幼儿学习品质的影响:自我效能感的中介和家长参与的调节》，《学前教育研究》2020年第1期。

37. 刘彩倩、安燕、李永久：《小班幼儿问题行为与其同伴交往能力的关系研究》，《陕西学前师范学院学报》2020年第1期。

38. 刘欣然、张娟：《生命的记忆——童年消逝的文化危机与身体教育的哲学拯救》，《成都体育学院学报》2021年第4期。

39. 路毅、邓文冲：《不同运动方式对大脑结构及认知功能的调节作用及差异》，《中国组织工程研究》2021年第20期。

40. 马晓、唐炎：《国外小学体智融合教学学业效益研究的方法学问题探析》，《体育科学》2021年第6期。

41. 马亚玲、杜文英：《3—6岁幼儿学习品质发展现状研究》，《陇东学院学报》2021年第6期。

42. 梅建、王淑萍、董中旭等：《"3.3.3"研究体系对儿童学习能力和智力发展影响的研究》，《中国儿童保健杂志》1999年第2期。

43. 彭杜宏：《儿童早期学习品质的本质内涵、因素结构及学习效应》，《学前教育研究》2020年第3期。

44. 彭云栋、雷静、尤浩军：《运动诱导的镇痛效应相关神经递质的研究进展》，《中华物理医学与康复杂志》2023年第8期。

45. 彭贤智：《对学习品质的结构与培养策略的研究》，《唐山师范学院学报》2004年第1期。

46. 乔玉成：《体育何以能够提升学业成绩——脑神经科学解释框架》，《沈阳体育学院学报》2022年第4期。

47. 全海英、李海涛：《"微运动"改善大学生课堂注意能力的效应研究》，《沈阳体育学院学报》2018年第37卷第5期。

48. 任桂英：《儿童感觉统合与感觉统合失调》，《中国心理卫生杂志》1994年第4期。

49. 任桂英、王玉凤、顾伯美等:《儿童感觉统合评定量表的测试报告》,《中国心理卫生杂志》1994 年第 4 期。

50. 单大卯:《儿童感觉统合训练在幼儿体育中的应用》,《山东体育学院学报》2000 年第 1 期。

51. 施凌云:《具身认知视域下学习观念的重构》,《教学与管理》2022 年第 6 期。

52. 施冬卫、唐艳萍、许桔静等:《感觉统合训练用于语言发育迟缓患儿的治疗》,《保健文汇》2021 年第 18 期。

53. 邵珊珊、江澜、章琴等:《新型冠状病毒肺炎疫情控制期无锡市学龄前儿童视屏行为及影响因素分析》,《中国学校卫生》2020 年第 5 期。

54. 索长清:《美国早期学习结果框架中的学习品质——内容、理念及启示》,《外国中小学教育》2017 年第 9 期。

55. 索长清:《幼儿学习品质之概念辨析》,《学前教育研究》2019 年第 6 期。

56. 索长清、王秀青、张德佳:《幼小衔接阶段儿童学习品质的预期行为、培养策略及其启示——以〈K-3 阶段学习品质指南〉为例》,《教育与教学研究》2023 年第 10 期。

57. 索长清、马洪瑞、张德佳:《基于学习过程的幼儿学习品质——结构要素及其培养》,《江苏教育研究》2023 年第 17 期。

58. 苏婧、李一凡:《家园协同视角下幼儿学习品质的培养研究》,《中国教育学刊》2022 年第 5 期。

59. 孙耀鹏:《北京"八区"城市轻度智力落后学生身体形态、机能与素质特点及其评价标准的研究》,《体育科学》1990 年第 6 期。

60. 孙鲁月、周跃辉:《运动干预毒品成瘾环路——内啡肽的调节作用研究进展》,《中国运动医学杂志》2021 年第 40 卷第 4 期。

61. 滕宇：《浅析幼儿园感觉统合训练存在的问题及对策》，《辽宁师专学报（社会科学版）》2015 年第 4 期。

62. 王宝华、冯晓霞、肖树娟等：《家庭社会经济地位与儿童学习品质及入学认知准备之间的关系》，《学前教育研究》2010 年第 4 期。

63. 王斌、张蕴珺、蒋晓玲：《耐力训练及力竭运动对大鼠纹状体、中脑和下丘脑内单胺类神经递质的影响》，《中国临床康复》2005 年第 48 期。

64. 王谦、罗蓉、俞丹：《儿童感觉统合失调和感觉统合训练》，《中华妇幼临床医学杂志》2009 年第 2 期。

65. 王春燕、张传红：《学前教育变革中儿童立场的审思》，《幼儿教育》2020 年第 9 期。

66. 王斐、朱宗顺：《塞甘与蒙台梭利智障儿童感觉训练理论的比较研究》，《绥化学院学报》2018 年第 10 期。

67. 王之春、李涛、骆意：《中轻度智力障碍学生体育运动特征及干预策略》，《安庆师范学院学报》2016 年第 4 期。

68. 汪毅、赵昊、田亮等：《督导下短时程个性化前庭康复训练与固式化前庭康复训练对复发性外周性眩晕的疗效比较》，《中华医学杂志》2024 年第 14 期。

69. 吴永军：《我们需要正确对待"儿童立场"》，《教育发展研究》2018 年第 22 期。

70. 温煦：《体育锻炼对青少年认知能力和学业表现的影响——研究的历史、现状与未来》，《体育科学》2015 年第 3 期。

71. 徐莹莹、戚瑞丰：《家庭教育投入对大班幼儿学习品质的影响》，《早期教育》2021 年第 51 期。

72. 徐子乔、张新发：《学龄前儿童体育教育中融入感觉统合理论的意义、困境与策略》,《教育进展》2024 年第 5 期。

73. 胥兴春、李晴:《具身视角下儿童教育中身体的缺位与回归》,《当代教育科学》2022 年第 1 期。

74. 鄢超云:《学习品质——美国儿童入学准备的一个新领域》,《学前教育研究》2009 年第 4 期。

75. 鄢超云:《关于儿童的学习品质及其评价》,《学前教育（幼教）》2021 年第 11 期。

76. 鄢超云、魏婷:《〈3—6 岁儿童学习与发展指南〉中的学习品质解读》,《幼儿教育（教育科学）》2013 年第 6 期。

77. 鄢超云、张子照:《学习品质：回顾、反思与展望》,《幼儿教育》2022 年第 34 期。

78. 颜军、马山山、陈爱国等:《不同持续时间健美操锻炼对大学女生执行功能影响的实验研究》,《体育与科学》2012 年第 6 期。

79. 颜军、王源、陈爱国等:《短时中等强度不同类型运动对小学生执行功能的影响》,《体育与科学》2014 年第 35 卷第 6 期。

80. 严振、吴信忠、徐俊等:《静力训练对大鼠 β - 内啡肽及 POMC 基因表达的影响》,《上海中医大学学报》2003 年第 1 期。

81. 杨辉、丰丽娟:《基于儿童立场的小学低年级写字教学策略探究》,《齐鲁师范学院学报》2021 年第 5 期。

82. 杨鑫悦、于宏达、于晶:《感觉统合训练干预儿童注意力缺陷多动障碍效果的 Meta 分析》,《体育科技文献通报》2022 年第 9 期。

83. 于涛:《运动从外周调控脑内 BDNF 表达促进认知的研究进展》,《中国体育科技》2020 年第 11 期。

84. 于素红:《智力落后儿童感觉统合失调状况调查报告》,《中国特殊教育》1999 年第 2 期。

85. 袁文娟:《教育需要坚守"儿童立场"》,《中国教育学刊》2017 年第 9 期。

86. 翟芳、童昭岗、颜军等:《不同强度项目的身体锻炼对男大学生心理健康认知维度若干指标影响的实验研究》,《天津体育学院学报》2003 年第 1 期。

87. 赵非一、段怡汝、夏小芥等:《基于感觉统合理论的体育游戏对发展障碍儿童临床康复疗效的评价》,《体育学刊》2016 年第 4 期。

88. 张连成、王肖、高淑青:《身体活动的认知效益——量效关系研究及其启示》,《体育学刊》2020 年第 1 期。

89. 张庭然、罗炯:《健身运动对儿童认知功能的影响及其作用机制研究进展》,《中国全科医学》2018 年第 12 期。

90. 庄甜甜、郭力平:《对美国早期儿童学习标准中"学习品质"领域的分析研究》,《山东教育》2010 年第 18 期。

91. 周成林、金鑫虹:《从脑科学诠释体育运动提升学习效益的理论与实践》,《上海体育学院学报》2021 年第 1 期。

92. 周朝昀:《运动诱导神经可塑性生物学机制的研究进展》,《国际精神病学杂志》2023 年第 2 期。

93. 周孟秋、周鸿:《家长教育焦虑对小学生学习品质和学习体验的影响——基于浙江省综合评价监测数据的分析》,《上海教育科研》2023 年第 10 期。

94. 邹晓敏:《"儿童立场"视域下高品质幼儿园的课程改革》,《教育科学论坛》2021 年第 20 期。

95. 邹晓燕:《幼儿的学习方式及理论依据——〈3～6 岁儿童学习与发展指南〉解读》,《辽宁师范大学学报(社会科学版)》2013 年第 1 期。

96. 邹红军、柳海民:《重新认识儿童——论"数字土著"的四维特征》,《教育研究与实验》2022 年第 2 期。

97. 赵梅玲:《两种训练干预方案对学龄前儿童体质与不同认知任务的影响》,《北京体育大学学报》2020 年第 43 卷第 5 期。

98. 赵非一、段怡汝、夏小芥等:《基于感觉统合理论的体育游戏对发展障碍儿童临床康复疗效的评价》,《体育学刊》2016 年第 4 期。

99. 郑会杰、李高、陈睿:《3—6 岁幼儿感觉统合能力与记忆发展的关系研究》,《滇西科技师范学院学报》2021 年第 4 期。

100. 赵亚茹:《感觉统合失调及其临床意义》,《国外医学（儿科学分册）》1997 年第 2 期。

五、外文期刊

1. Ayres, A. Jean. "Types of Sensory Integrative Dysfunction among Disabled Learners", *The American Journal of Occupational Therapy*,26(1972): 13-18.

2. Adolphs, R. "What Does the Amygdala Contribute to Social Cognition?", *Annals of the New York Academy of Sciences* 1191(2010): 42-61.

3. Ando S, Fujimoto T, Sudo M, et al. "The Neuromodulatory Role of Dopamine in Improved Reaction Time by Acute Cardiovascular Exercise" ,*The Journal of Physiology* 602(2024): 461-484.

4. Bastioli, G., et al. "Voluntary Exercise Boosts Striatal Dopamine Release: Evidence for the Necessary and Sufficient Role of BDNF", *J Neuroscience* 42(2022): 4725-4736.

5. Baranek G T. "Efficacy of Sensory and Motor Interventions for Children with Autism", *Journal of Autism and Developmental Disorders* 32(2002):

397-422.

6. Bundy,A.C., Shia,S., Qi, L., & Miller, L. J. "How Does Sensory Processing Dysfunction Affect Play?" ,*American Journal of Occupational Therapy*61(2007): 201–208.

7. Bradley R H,Corwyn R F. "Socioeconomic status and child development", *Annual review of psychology*53(2002):371-399.

8. Carter M J. "Diagnostic and Statistical Manual of Mental Disorders" ,*Therapeutic Recreation Journal* 48(2014): 275.

9. Carro E, Nuñez A, Busiguina S, et al. "Exercise Effects on Brain Insulin-like Growth Factor I Are Dependent on Age and Sex", *Journal of Neuroscience*20(2000): 8562-8567.

10. Cermak, S. A., Katz, N., Weintraub, N., et al. "Participation in Physical Activity, Fitness, and Risk for Obesity in Children with Developmental Coordination Disorder: A Cross-Cultural Study", *Occupational Therapy International* 22(2015): 163-173.

11. Chen, F.-T., Etnier, J., Wu, C.-H., et al. "Dose-Response Relationship between Exercise Duration and Executive Function in Older Adults", *Journal of Clinical Medicine*7(2018): 279.

12. Chen K., Zheng Y., Wei J. A., et al. "Exercise Training Improves Motor Skill Learning via Selective Activation of mTOR," *Sci Adv*, 2019, 5(7): eaaw1888.

13. Christiane D. Wrann, James P. White, John Salogiannn, et al. "Exercise Induces Hippocampal BDNF through a PGC-1 α /FNDC5 Pathway" ,*NOVEMBER*5(2013): 649-659.

14. Colcombe, S. J., Kramer, A. F., Erickson, K. I., et al. "Cardiovascular

Fitness, Cortical Plasticity, and Aging", *Proceedings of the National Academy of Sciences of the United States of America*101(2004): 3316-3321.

15. Cosbey, J., Johnston, S. S., & Dunn, M. L. "Sensory Processing Disorders and Social Participation", *American Journal of Occupational Therapy* 64(2010): 462–473.

16. Ding Q, Li J, Zhang Q, et al. "Exercise Promotes the Expression of Insulin-like Growth Factor-1 and Its Receptor in the Hippocampus of Aged Rats" ,*Neuroscience Letters*513(2012): 140-144.

17. Fantuzzo, J., Perry, M. A., & McDermott, P. "Preschool Approaches to Learning and Their Relationship to Other Relevant Classroom Competencies for Low-Income Children" ,*School Psychology Quarterly*19(2004): 212-230.

18. Fantuzzo J W, Bulotsky-Shearer R, Fusco R A, et al. "An investigation of preschool classroom behavioral adjustment problems and social–emotional school readiness competencies" , *Early Childhood Research Quarterly*20(2005): 259-275.

19. Hillman, C. H., Pontifex, M. B., Raine, L. B., et al. "The Effect of Acute Treadmill Walking on Cognitive Control and Academic Achievement in Preadolescent Children",*Neuroscience*162(2009): 1044-1054.

20. Hilton, C., Graver, K., & LaVesser, P. "Relationship between Social Competence and Sensory Processing in Children with High Functioning Autism Spectrum Disorders", *Research in Autism Spectrum Disorders*1(2007): 164–173.

21. Hitier M, Besnard S,Smith PF." Vestibular pathways involved in cognition" , *Frontiers in Integrative Neuroscience*8(2014):1-16.

22. Janssen M, Chinapaw M J M, Rauh S P, et al. "A Short Physical

Activity Break from Cognitive Tasks Increases Selective Attention in Primary School Children Aged 10–11",*Mental Health and Physical Activity* 7(2014): 129-134.

23. Katz Lilian G. "Disposition in Early Childhood Education", *ERIC/ EECE Bulletin*18(1985): 1-3.

24. Katz Lilian G. "Approaches to Learning: Dispositions as a Dimension of School Readiness" , *Manuscr. Prep. Goal*(1992):1.

25. Kirby A, Sugden D, Purcell C. "Diagnosing developmental coordina-tion disorders" , Archives of disease in childhood99(2014): 292-296.

26. Kuwaminzu R.,Suwabe K.,Damrongthai C.,et al." Spontaneous eye blink rate connects missing link between aerobic fitness and cognition" ,*Medicine and science in sports and exercise*53(2021):1425-1433.

27. Lane S J, Mailloux Z, Schoen S, et al. "Neural Foundations of Ayres Sensory Integration®," *Brain Sciences*9(2019): 153.

28. Lee IM. "Dose-Response Relation between Physical Activity and Fitness: Even a Little Is Good; More Is Better", *JAMA* 297(2007): 2137-2139.

29. Leger C, Quirié A, Méloux A, Fontanier E, Chaney R, Basset C, Lemaire S, Garnier P, Prigent-Tessier A. "Impact of Exercise Intensity on Cerebral BDNF Levels: Role of FNDC5/Irisin," *International Journal of Molecular Sciences*, 2024, 25(2): 1213.

30. Liu C, Cai X, Ritzau-Jost A, et al. "An Action Potential Initiation Mechanism in Distal Axons for the Control of Dopamine Release," *Scienc*e, 2022, 375(6587): 1378-1385.

31. Liu Y, Liu Y, Zhang Y, et al. "Exercise-Induced Increase in Serum Insulin-like Growth Factor-1 Is Associated with Improved Cognitive Function

in the Elderly," *Journal of Alzheimer's Disease*, 2019, 68(4): 1191-1201.

32. Mailloux Z, Parham L D, Roley S S, et al. "Introduction to the Evaluation in Ayres Sensory Integration®(EASI)",*The American Journal of Occupational Therapy*72(2018): 7201195030p1-7201195030p7.

33. McMorris, T., Hale, B. J. "Differential Effects of Differing Intensities of Acute Exercise on Speed and Accuracy of Cognition: A Meta-Analytical Investigation",*Brain and Cognition*80(2012): 338-351.

34. McClelland M., Morrsion F J. "The Emergence of Learning-Related Social Skills in Preschool Children", *Early Childhood Research Quarterly*18(2003): 206-224.

35. Miller L J, Schoen S A, Mulligan S, et al. "Identification of Sensory Processing and Integration Symptom Clusters: A Preliminary Study",*Occupational Therapy International*24(2017): 2876080.

36. Pekrun R. "The Control-Value Theory of Achievement Emotions: Assumptions, Corollaries, and Implications for Educational Research and Practice," *Educational Psychology Review* 18(2006): 315-341.

37. Phelps E A, O'Connor K J, Cunningham W A, et al. "Performance on Indirect Measures of Race Evaluation Predicts Amygdala Activation" ,*Journal of Cognitive Neuroscience*12(2000): 729-738.

38. Shen, Q.-Q., Hou, J.-M., Xia, T., et al. "Exercise Promotes Brain Health: A Systematic Review of fNIRS Studies" , *Frontiers in Psychology* 15(2024): 1327822.

39. Smith, P. J., Blumenthal, J. A., Hoffman, B. M., et al. "Aerobic Exercise and Neurocognitive Performance: A Meta-Analytic Review of Randomized Controlled Trials",*Psychosomatic Medicine*72(2010): 239–252.

40. Squire L R. "Memory Systems of the Brain: A Brief History and Current Perspective", *Neurobiology of Learning and Memory*82(2004): 171-177.

41. Stillman C M, Esteban-Cornejo I, Brown B, et al. "Effects of Exercise on Brain and Cognition across Age Groups and Health States" ,*Trends in Neurosciences*43(2020): 533-543.

42. Tian S, Mou H, Fang Q, et al. "Comparison of the Sustainability Effects of High-Intensity Interval Exercise and Moderate-Intensity Continuous Exercise on Cognitive Flexibility",*International Journal of Environmental Research and Public Health*18(2021): 9631.

43. Zhang, Y., Chen, Y., Xin, Y., Peng, B., et al. "Norepinephrine System at the Interface of Attention and Reward", *Progress in Neuro-Psychopharmacology and Biological Psychiatry*(2023): 110751.

44. Zwicker, J. G., Missiuna, C., Harris, S. R., et al. "Developmental Coordination Disorder: A Review and Update", *European Journal of Paediatric Neurology*16(2012): 573-581.

六、论文

1. 陈沛瑶：《教师教学风格对幼儿学习品质的影响》，广西师范大学硕士论文，2023。

2. 迟立忠：《运动人群与非运动人群注意特征比较及注意机制研究》，北京体育大学硕士论文，2005。

3. 李芳雪：《大班幼儿学习品质与家庭文化资本的关系研究》，天津师范大学硕士论文，2015。

4. 丁丽珍:《学前儿童感觉统合运动能力与智力发展之相关的研究》,台北市立体育学院运动科学研究所硕士论文,2019。

5. 胡秀杰:《感觉统合训练融入幼儿园课程的策略研究》,东北师范大学硕士论文,2006。

6. 谭雪莲:《幼儿园智力落后儿童与普通儿童同伴关系研究》,重庆师范大学硕士论文,2009。

7. 许梦宇:《幼儿园学习环境对3—6岁儿童学习品质的影响研究》,塔里木大学硕士论文,2023。

8. 杨荣旺:《注意缺陷多动障碍共病肥胖儿童的执行功能和生活质量的研究》,浙江大学硕士论文,2017。

9. 杨宇:《不同项目运动干预对初中生自我控制与注意力的影响研究》,扬州大学硕士论文,2022。

10. 张瑾瑜:《长沙市城郊幼儿感觉统合失调现状及运动干预研究》,湖南师范大学硕士论文,2019。

11. 张晓梅:《师幼互动质量对学期儿童学习品质的影响及其教育促进》,东北师范大学硕士论文,2016。

12. 邹静怡:《3—6岁幼儿学习品质发展状况的调查研究——以L市幼儿园为例》,洛阳师范学院硕士论文,2022。

13. 王素:《不同体育锻炼项目与锻炼强度对大学生工作记忆的影响》,天津体育学院硕士论文,2022。

14. 武艳钦:《不同活动量和认知投入的体育锻炼对儿童注意力和认知灵活性的影响》,首都体育学院硕士论文,2022。

七、网页

1. 艾瑞网:《2019 年中国幼小衔接行业调研白皮书》,2019-10-25,https://report.iresearch.cn/report/201910/3460.shtml.

2. 百度百科:《周围神经系统》,2023-12-05,https://baike.baidu.com/item/%E5%91%A8%E5%9B%B4%E7%A5%9E%E7%BB%8F%E7%B3%BB%E7%BB%9F/1561008.

3. 北大医疗脑健康《CASI 儿童感觉统合系统化评估软件》,2023-10-26,https://www.pkucarenjk.com/61.html

4. 中华人民共和国教育部:《合力筑牢学生心理健康防线》,2024-05-25,http://www.moe.gov.cn/jyb_xwfb/s5147/202405/t20240527_1132711.html。

5. National Education Goals Panel,http://govinfo, library, unt. edu/ negp/ Reports/child - ea. Htm,1995.